Coordenação editorial:
**Andréia Roma
Tatyane Luncah
Vanessa Cotosck**

1ª edição

São Paulo, 2016

Copyright© 2016 by Editora Leader
Todos os direitos da primeira edição são reservados à **Editora Leader**

Diretora e idealizadora do projeto
Andréia Roma

Projeto gráfico e diagramação
Roberta Regato

Capa
Kobra

Revisão
Miriam Franco Novaes

Apoio editorial
Jozi Alice e Vanessa Cintra

Diretor executivo
Alessandro Roma

Gerente comercial
Liliana Araujo Moraes

Impressão
Prol Editora Gráfica

Dados Internacionais de Catalogação na Publicação (CIP)
Bibliotecária responsável: Aline Graziele Benitez CRB8/9922

E45	Empreendedoras de alta performance: mulheres como você contando suas estratégias / coordenação de Andréia Roma, Tatyana Luncah, Vanessa Cotosck. – 1.ed. – São Paulo: Leader, 2016.
	ISBN: 978-85-66248-60-9
	1. Empreendedorismo. 2. Administração de empresa. 3. Estratégia de mercado. I. Luncah, Tatyana. II. Cotosck, Vanessa. III. Título.
	CDD 658.4

Índice para catálogo sistemático: 1. Empreendedorismo 658.4
2. Estratégia de mercado 658.4

EDITORA LEADER
Rua Nuto Santana, 65, 2º andar, sala 3 - Jardim São José, São Paulo - SP
02970-000 / andreiaroma@editoraleader.com.br / (11) 3991-6136

Agradecimento

Ver materializadas nesta obra as histórias de grandes empreendedoras é mais um sonho realizado. Como editora e empreendedora sempre considerei importante registrar a biografia das pessoas para que, no futuro, a sociedade e a família pudessem resgatar esse legado intelectual.

Quando muitas empreendedoras aqui presentes iniciaram suas carreiras, eu ainda era uma adolescente, trabalhando como recepcionista em uma papelaria, aos 16 anos de idade. Hoje, aos 38 anos de idade, não posso nesta obra deixar de agradecer a meu querido pai, Joel, e minha mãe, Paula, que me deram de presente um legado que carrego comigo até hoje, me ensinaram a importância do trabalho, me motivaram em momentos difíceis da minha vida e, graças ao incentivo deles, me tornei uma grande profissional no que faço.

Meu agradecimento a todas as coautoras convidadas que aceitaram compartilhar suas histórias.

Registro também, em especial, meu muito obrigado às coordenadoras convidadas, Tatyane Luncah e Vanessa Cotosck.

Não existe fórmula exata para o sucesso, aprendi isso com minha experiência, porém, tudo começa com a dedicação, o comprometimento, cercar-se de pessoas que te completam e estar sempre aberta para novos desafios.

Minha missão como editora é registrar o legado biográfico e isso continuarei fazendo com maestria.

Agradeço a todos que colaboraram com esta obra, que será de muito valor para todos que querem trilhar o caminho da Alta Performance.

Boa leitura!
Andréia Roma

Índice

Prefácio - Luiza Helena Trajano 8
Introdução - Tatyane Luncah. 12
Introdução - Andréia Roma. 14
Introdução - Vanessa Cotosck. 16
1. Alini Figueiredo 19
2. Analicia Mauger Toledo 29
3. Andréa Weichert 39
4. Anna Paula P. B. de Freitas 47
5. Annie Lezan Bittencourt de Moura 55
6. Auricleide Carvalho 69
7. Beatriz Galloni 75
8. Bruna Timbó 85
9. Cacilda Silva 95
10. Camila Meirelles 105
11. Carla Renata Sarni Souza 111
12. Carla Trentin 117
13. Célia Natale Moscardi 127
14. Daniela Cruz Cunha 135
15. Esther Schattan 145

16. Francesca Romana Diana 153
(troca da ordem alfabética solitada pela coautora)

17. Fabiola Pulga Molina 159

18. Gil Vasconcelos 171

19. Graciela Carvalho 181

20. Ika Coelho 193

21. Janete Ribeiro Vaz & Sandra Soares Costa 201

22. Janine Brito 209

23. Juliana de Oliveira Nasciutti 219

24. Juliana Lourenço 229

25. Karen Louise Mascarenhas 233

26. Kelly Beltrão 245

27. Kelly Freire 255

28. Luciana Augusto Guimarães 269

29. Manuella Curti de Souza 275

30. Maria Claudia Villaboim Pontes 281

31. Maria Gabriela Prado Manssur 291

32. Maria Stoze de Almeida 301

33. Milena Cavichi 309

34. Mônica Pires 319

35. Natália Leite 327

36. Rachel Maia 333

37. Reny Okuhara 339

38. Roberta Ramalho 347

39. Simone Caggiano 353

40. Solange Ribeiro 361

41. Tais Pereira Forte 367

42. Tatiana M. O. Ponce 377

43. Tatyane Luncah 385

44. Telma dos Santos 397

45. Yazmin Trejos 405

Conclusão - Vanessa Cotosck 414

Prefácio

Mulheres transformando a sociedade

Estou muito confiante com os avanços da equidade e do empoderamento das mulheres no mercado de trabalho. É lógico que ainda temos muito a crescer e imensas conquistas à frente, mas não podemos deixar de comemorar e relembrar o quanto progredimos nesse campo.

Assim como a minha carreira, vejo mulheres que hoje ocupam altos cargos em empresas em mercados totalmente masculinos. No varejo, na década de 90, quando assumi a superintendência do Magazine Luiza, era a única representante mulher neste segmento e, ainda no meu caso, vinda do Interior.

Nunca procurei me equiparar a um modelo masculino, nunca deixei de ser feminina para poder exercer minha liderança, pois sempre tive a certeza de que nossa maneira de gestão, de utilizar as coisas que foram permitidas à mulher desenvolver, ia fazer a diferença nas organizações, pois acreditava que nossa hora ia chegar, como chegou, com a valorização das pessoas e da intuição, com a flexibilidade no lidar e o poder de realizar várias atividades ao mesmo tempo, que são algumas das qualidades necessárias aos líderes de hoje.

Outra questão sobre liderança com mulheres são as cotas em conselhos de administração. Sou totalmente favorável a qualquer tipo de cota temporária que venha a corrigir uma distorção causada pela sociedade e que levará dezenas de anos para ocorrer se não for adotada. Os países que adotaram cota conseguiram corrigir essa distorção.

As causas para ainda haver um número pequeno de mulheres comandando grandes empresas são variadas, mas é óbvio que as mulheres estão aptas a ocupar essa maior participação em conselhos de administração, totalmente preparadas e em sintonia com as modernas tendências de administração.

Acredito que estamos ampliando nossas conquistas, mas temos de prosseguir firmes em nosso propósito. Temos, nós, mulheres, de ser agentes de transformação da sociedade. Já somos, mas precisamos ampliar nossa participação na economia e na política e fazer a diferença em nosso Brasil.

O livro "Empreendedoras de Alta Performance" aborda estratégias de empreendedorismo feminino de alta performance que devem ser conhecidas e aprendidas por mulheres que desejam ampliar seu conhecimento para se lançarem mais preparadas neste empolgante mundo do empreendedorismo.

Essas mulheres espetaculares apresentadas neste livro fizeram a diferença nas áreas de administração e empreendedorismo e podem servir de exemplo para milhares de mulheres empreendedoras que me surpreendem cada vez mais por sua dedicação em cada canto do Brasil.

Luiza Helena Trajano
Presidente do Conselho de
Administração do Magazine Luiza

Introdução

"Se eu ouvisse o que todos diziam, eu não teria voado. Não deixem que te desanimem."

Tatyane Luncah

Empresária, publicitária, coach e comunicadora por natureza, ama escrever artigos para diversos blogs e revistas, dar palestras e no seu canal no Youtube Dicas Inspiradoras conversa com diversas executivas e empresárias, compartilhando histórias, dicas e informações sobre o empreendedorismo no Brasil, é especialista em eventos corporativos, sua grande paixão, e nas horas vagas estuda Feng Shui, Astrologia e Filosofia. Fundadora do Grupo Projeto 10 em 1, grupo de empresas na área de comunicação, organização de eventos corporativos, catering e marketing promocional. Há 15 anos vem cuidando atentamente do desenvolvimento de suas empresas, com bastante pioneirismo, dinamismo e excelência. Dentre alguns prêmios que recebeu estão o Mãos e Mentes que Brilham, 2011, Executiva do Ano, 2012, e Mulher do Ano, 2014 e 2015, recebidos pela ADVB. Os maiores investimentos e valores dentro de sua empresa são sua paixão por pessoas, frutos e crença da presidente.

(11) 5533-8848
tatyane@grupoprojeto.com
www.grupoprojeto.com

Essa é uma dica da grande mulher que estampa a capa deste livro: Amelia Earhart, pioneira na aviação dos Estados Unidos, defensora dos direitos das mulheres e a primeira mulher a voar sozinha sobre o Oceano Atlântico. Um verdadeiro exemplo feminino de visão, coragem e empreendedorismo.

E são exemplos de grandes mulheres o que formam o nosso livro. Mais que fatos sobre executivas e empresárias bem-sucedidas, você conhecerá histórias de mulheres confiantes, determinadas, persistentes e apaixonadas pelo que fazem.

Aqui, trajetórias tão diferentes e incríveis de realização mostrarão que é possível sim e, quem sabe, de alguma maneira, poderão te motivar e transformar sua vontade em ação.

Acredito verdadeiramente que as histórias dessas mulheres, que acreditaram em si mesmas e foram buscar o seu espaço no mundo corporativo, sejam a inspiração para outras mulheres que desejam chegar ao topo de suas carreiras ou alcançar qualquer objetivo de vida.

Espero que você, leitor(a), possa se surpreender com o ponto de vista dessas mulheres de alta performance, que representam e carregam em si a força do empoderamento feminino de hoje.

Fico muito feliz por poder fazer parte de uma obra realizada com tanto amor, dedicação e desejo real de ser a mudança que outras mulheres esperam em suas vidas.

Agradeço a todas as coautoras convidadas, aos 45 cafezinhos realizados e aos bate-papos que me valeram como um MBA de gestão e liderança. Tenho muita admiração e paixão por todas elas, que altruistamente compartilharam partes de suas vidas e conhecimentos conosco.

Agradeço a Deus, à minha mãe Luzia, aos meus irmãos Aguinaldo e Tiago, à minha família e a todos os meus colaboradores do Grupo Projeto, que vibram comigo a cada conquista e me acompanham em cada passo.

É com prazer que compartilhamos com você, caro leitor(a), este conteúdo de medos e inseguranças superados, metas alcançadas e sonhos realizados das nossas "Empreendedoras de Alta Performance".

Sucesso sempre!

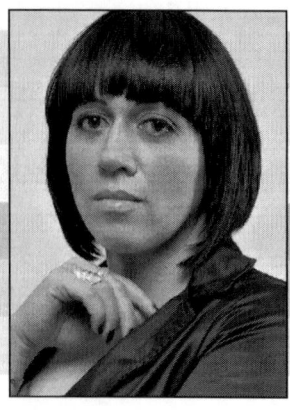

"Quando eu desejo algo, não meço esforços. No começo da carreira, atendia de domingo a domingo. Folgava só um domingo do mês. Isso me fazia mal? Ao contrário, eu ia trabalhar feliz porque aquele era o meu sonho."

(Carla Sarni, fundadora e presidente da rede de franquias Sorridents)

Andréia Roma - Idealizadora do projeto

É fundadora e diretora de projetos da Editora Leader, com mais de dez anos de experiência na área de vendas e no mercado editorial, com forte atuação nas áreas de marketing editorial, consultoria e vendas. Master coach, mentora e master em PNL, certificada por vários institutos no Brasil.

Está sempre em busca de conhecimento em diferentes áreas do desenvolvimento humano, com foco em criar e apresentar novos projetos para o mercado. Premiada pelo RankBrasil pela criação e publicação do livro Segredos do Sucesso, obra para a qual organizou uma estrutura para 105 presidentes e diretores da Alta Gestão, que participaram com suas histórias de sucesso. Recomendada e parabenizada pelo trabalho executado em uma de suas obras pelo apresentador Jô Soares em rede nacional, recomendada e parabenizada pelo trabalho executado em uma de suas obras pelo apresentador Faustão em rede nacional, recomendação em um dos livros idealizados pela revista Você S/A entre os 12 melhores livros de negócios, carreira e empreendedorismo para se ler em 2016. Além de conduzir a Editora Leader na criação de vários projetos, dedica-se a projetos que visam apoiar novos escritores, entre eles artistas, coaches, empresários, executivos, educadores e demais profissionais que desejam ampliar seus horizontes e alçar voos mais altos em suas carreiras.

(11) 3991-6136
andreiaroma@editoraleader.com.br
www.editoraleader.com.br

Elas estão mudando o mundo há muito tempo, fazendo a diferença e influenciando culturas e países. Essas mulheres representam todas as empreendedoras do mundo, inovações, sucessos que aprenderam com erros e acertos. E estão aqui para mostrar a você, através de suas histórias, que ter alta performance é possível, ser um diferencial no mercado é possível, evoluir é possível.

Alta performance significa atingir todo o seu potencial, e esta obra traz mulheres que fizeram e fazem isso todos os dias em suas empresas e podem, por meio de seu trabalho, desfrutar de tudo que suas habilidades proporcionem a cada uma delas.

A Editora Leader vem com uma proposta inovadora ao mercado editorial: transformar livros em obras de arte, um verdadeiro compêndio, que apresenta *cases* do dia a dia da liderança e tem como finalidade contribuir para o registro biográfico em nosso país.

É extremante importante termos a consciência deste momento histórico que estamos vivenciando, empreendedoras e futuras empreendedoras, unidas, vivendo o agora e nos posicionando para o futuro. Já não estamos sozinhas quando buscamos vencer barreiras no mundo empresarial.

O objetivo desta obra, além de inspirar você, empreendedora, é convidá-la a colocar em prática alguns dos casos, dicas e estratégias apresentadas aqui por meio de cada uma destas empreendedoras de alta performance, em sua vida pessoal e profissional.

Citei, em destaque, uma frase da Dra. Carla, inclusive uma das coautoras da obra, que ao falar sobre seu sonho nos motiva a correr atrás dos nossos, afinal, quantas de nós ainda não trabalham de domingo a domingo.

Encerro com a dona da inspiração da capa do nosso livro desenhada pelo artista Kobra, Amelia Earhart, mulher pioneira na aviação dos Estados Unidos.

A decisão mais difícil é a de agir, o resto é meramente obstinação. Você pode fazer qualquer coisa que decidir fazer. Você pode realizar mudanças e assumir o controle de sua vida. Esse é o processo e ele a sua própria recompensa.

Lembrem-se, empreendedoras, de que vocês não estão mudando apenas as suas vidas, estão marcando uma geração através dos seus exemplos.

"Antes de qualquer coisa, a alta performance tem a ver com o modo como você pensa, sente e age. Significa planejar, sentir e realizar."

Vanessa Cotosck

Empresária, apaixonada por gente de alta performance. Palestrante, treinadora, coach e escritora. Proprietária da Consultoria Valor. Masterfranqueada da FRVendas - Solução em Vendas. Professora da Faap – Curso Gestão de Varejo. Já treinou mais de 10 mil líderes, vendedores e franqueados. Especialista em programas de Liderança, Gestão de Vendas e Times de Alta Performance. Consultora em Varejo, Indústria e Formatação de Franquias.

vanessa@consultoriavalor.com.br

Frequentemente pensamos em alta performance como algo que tem a ver com um título, um estado, números de pessoas que lideramos ou de dinheiro com que lidamos.

Muitas vezes nos sentimos frustrados com o resultado ou com as pessoas que trabalham conosco, por perceber uma baixa performance e comprometimento.

E se você se sente assim, espera uma mudança e que coisas novas aconteçam, entendo que este livro é uma importante ferramenta para todos que desejam aprender, crescer, agregar e melhorar a performance do seu trabalho e da vida.

Antes de qualquer coisa, a alta performance tem a ver com o modo como você pensa, sente e age. Significa planejar, sentir e realizar.

Ao adicionar ainda o empreendedorismo a essa questão, melhor dizendo, trazemos um ingrediente especial, a mulher empreendedora.

Seja uma funcionária administrativa, de vendas, operacional, líder, uma dona de casa, ou empresária, todas podem ser empreendedoras de alta performance.

Ser responsável e entender seu papel, além de optar por fazer uma contribuição significativa, positiva, sem importar qual é sua função, posição hierárquica que ocupa.

Para empreender precisamos nos desprender, colocar em prática a responsabilidade pessoal, responder por nossas atitudes e escolhas.

Alini Figueiredo

Alini Figueiredo

Neurocoach e palestrante Comportamental.
Coautora do livro Planejamento Estratégico Para a Vida. Facilitadora de Resultados, especialista em Comportamento Humano Cognitivo com mais de 6.000 horas práticas vivenciais com Coaching e PNL. Graduada em Direito, Licensed Practitioner of NLP – (EUA), Licensed Master Practitioner of NLP - (EUA), Licensed Coaching Sistêmico of Word Coaching Society – Licensed Coaching Eriksoniano por Jeffrey D'zaig (USA), Licensed Training The Transformative Power of Presence – dr. Richard Moss (USA). Analista e pesquisadora da mente humana, estudiosa do funcionamento do cérebro e suas funcionalidades. Mais de 20 anos de experiência profissional, atuou em mais de 15 multinacionais. Milhares de pessoas participaram de seus cursos e treinamentos, e milhares de cases de sucesso desenvolvidos.

(11) 97121-3840 / 99870-1137
afc@alinifigueiredocoach.com
www.alinifigueiredocoach.com

Quem EU SOU começa AGORA

Tudo o que nego não enfrento e se eu não enfrento não transformo, prolongo.

Chega de negar e assuma definitivamente o controle de sua vida, seja autora da sua história.

Melhore sua vida e a qualidade do seu presente, transcenda os pensamentos, emoções e comportamentos, porque quem eu sou começa agora.

Isso mesmo, você merece e pode começar agora a escrever uma história apaixonante, você tem o poder de escolher o tema de sua história e adicionar as imagens mais brilhantes, coloridas e felizes, é você quem escolhe o melhor cenário e a música favorita, pode criar e desenvolver a emoção que desejar. Você tem esse poder de construir tudo isso e muito mais.

É a sua história e hoje você pode recomeçar do jeito que quiser, como quiser, onde quiser e com quem desejar. Brinque, sonhe, crie e ouse ser você mesma e se apaixone por você e por sua história todos os dias. No final da vida é você com você mesma.

Pouco importa o que você fez no ano passado, o que importa é quem você deseja se tornar a partir de agora. O poder está em você, em sua mente e em suas mãos.

Fica comigo nesta maravilhosa leitura que vou te mostrar como eu consegui dar um novo sentido na minha vida e na vida de milhares de pessoas, e nós conseguimos transcender a nossa vida e você vai conseguir também usufruir de uma vida mais plena e feliz.

Talvez você esteja se perguntando: mas Alini, será que eu realmente consigo dar um salto quântico na minha vida em poucos dias?

Minha resposta é SIM!

Em meus treinamentos as pessoas ficam surpresas quando eliminamos depressão, procrastinação, medos, baixa autoestima, insegurança e traumas de toda uma vida em minutos e resolvemos questões profundamente arraigadas em apenas alguns dias e horas.

Se você ignora o autoconhecimento, ou seja, o seu aperfeiçoamento e aprimoramento, então você está ignorando o percurso natural da vida. A vida se resume em evolução e tudo está evoluindo mais para o bem do que para o mal.

Ao longo dos anos dedicando-me à orientação pessoal e profissional, desenvolvi uma habilidade incomum, acredite, em poucos minutos de conversa sou capaz de detectar padrões limitantes superficiais e profundos nas pessoas, isto de fato é uma habilidade cognitiva desenvolvida após muito estudo, pesquisa e aplicabilidade. Esta habilidade incomum fez-me tornar especialista em desbloqueios de padrões limitantes e inconscientes.

Quebrando padrões limitantes

Dependendo da sua decisão e ação, hoje poderá ser um dia de grande transformação em sua vida, mas é preciso primeiro que entenda e compreenda a função do seu cérebro e saiba de fato como usá-lo e acessá-lo acertadamente e assertivamente. A mente (cérebro) não sabe o que é felicidade e prosperidade, a mente sabe o que é preservação, e uma pequena parte da mente quer apenas preservar a espécie, isto é, fazer com que você permaneça na zona de conforto e pratique as mesmas coisas de "sempre", no entanto, esse padrão de comportamento de permanecer na zona de conforto são apenas historinhas contadas, muitas vezes tornam-se padrões limitantes inconscientes por passarem de geração para geração ou simplesmente pelo hábito repetitivo.

Muitos desses padrões de comportamentos limitantes vêm de nossos pais e ancestrais e sem perceber copiamos os padrões em nível inconsciente. Eu te convido a dar um basta nessa pequena parte primitiva da mente, dar um basta nas historinhas limitantes e negativas, dar um basta em toda insatisfação e, uma vez por todas, interromper esses padrões limitantes que atrapalham a sua vida.

Sabemos que a zona de conforto é uma grande ilusão e essa ilusão mata diariamente pessoas com depressão, de insatisfação e acaba com qualquer sonho. A decisão está em suas mãos e você pode dar um basta ainda hoje. Você provavelmente deve estar curiosa para saber como cessar definitivamente esse padrão limitante. Criei um exercício muito simples e eficaz e já apliquei em meus alunos e clientes, na prática do exercício eles experimentaram a eficácia da quebra de padrão, pois aprenderam a ter a consciência e desligaram o modo automático e cessaram as historinhas limitantes e negativas.

Eu quero te fazer um convite muito especial, envie uma mensagem diretamente no meu WhatsApp, no número +55 (11) 97121-3840 com a seguinte mensagem "Interrupção de Padrão" - você vai receber meu vídeo e vai aprender cessar qualquer padrão e historinha limitante, e creio que daqui para frente a sua vida vai fluir como nunca antes. Quer ver a simplicidade e a eficácia desse exercício? Aguardo receber a sua mensagem ainda hoje.

Esse desafio é para você reescrever uma nova história de felicidade e vitórias, desafio lançado para você cessar definitivamente tudo o que te atrapalha e começar agora uma nova história incrível, e você vai viver a sua melhor versão. No vídeo explico como interromper padrões negativos e limitantes, e como desfrutar de muitas melhorias na vida de forma simples e funcional.

A minha principal ferramenta de trabalho é a PNL, Programação Neurolinguística, em minha opinião uma ferramenta poderosa para mudança de hábitos limitantes. Em PNL, não existe certo ou errado, o que existe é: isso funciona e isso não funciona.

A mente humana (o cérebro) usa a generalização como princípio de aprendizagem e quando você era criança, por exemplo, aprendeu o que fazer para abrir e fechar a porta e a mente generalizou completamente esse aprendizado, entretanto, isso aconteceu de modo inconsciente para que fosse aplicado em todas as outras portas e não importa onde, que horas e em qual lugar você esteja aplicará esse princípio de aprendizado para todas as outras coisas. Esse princípio de aprendizagem chama-se generalização e existe tão somente para facilitar a nossa vida, no entanto, esse princípio generaliza praticamente tudo.

As histórias que contamos a nós mesmos e aos outros são exemplos de generalizações, há pessoas que têm o hábito limitante de reclamar e se queixar de tudo e de todos. Esse mau comportamento e mau hábito estão no nível inconsciente, às vezes a pessoa sequer tem consciência desse padrão limitante. Talvez você saiba que esse modelo de padrão limitante é altamente tóxico, prejudicial à vida e poucas pessoas sabem como interromper e há duas formas de fazer isso: a) Conscientização e b) Exercício "Interrupção de Padrão".

Após finalizar a leitura deste capítulo quero te mostrar o caminho para desaprender hábitos negativos e reaprender hábitos saudáveis e, principalmente, contribuir com a sua nova história de conquistas e felicidades. Lembre-se de enviar a mensagem diretamente para o meu WhatsApp e receba o vídeo com o exercício incrível "Interrupção de Padrão" – ele é prático, simples e eficaz.

Acionador subsequente

Há em nosso corpo vários acionadores subsequentes, o nome técnico e científico desse acionador é âncora, conhecido como um processamento mental de sensações, reações e respostas imediatas. Em PNL, significa um estímulo que provoque em você uma ação imediata e as âncoras são instaláveis, às vezes, de forma imperceptível e inconsciente, em segundo caso de modo perceptível e consciente. As âncoras mudam e alteram o nosso estado emocional e comportamental, e ocorrem de duas maneiras: a) Natural e b) Proposital.

Exemplos de âncoras: bandeira nacional, fotografia, propaganda, seu nome, música, tom de voz, um banho relaxante, cheiro de hospital, cacoetes (hábitos repetitivos) cheiro de café etc.

O acionador subsequente é pura e simplesmente uma ou várias âncoras e com um procedimento automático para associarmos uma coisa à outra. Provavelmente, você deve saber que existem milhares de âncoras visuais, auditivas, olfativas, gustativas e sinestésicas instaladas em nossa mente inconsciente e em nosso corpo e, acredite, tais âncoras provocam em nós diversas ações e estados emocionais positivos e negativos. Conhecê-las lhe dá poder e controle emocional para você controlar a sua vida e não o mundo externo controlar você. Conscientize-se de seus estados emocionais.

Curiosidade e aprendizado

Saiba que não há nada de errado com você e não há nada para ser "consertado", você é incrível e nasceu com um poder interior ilimitado. Você possui todos os recursos internos necessários para ser feliz, plena e próspera. Talvez você ainda não saiba como usar a sua mente e seus melhores recursos internos a seu favor, porque talvez ainda você não tenha aprendido ou alguém ainda não tenha lhe ensinado. Tudo bem, os nossos pais, nossos familiares, nossos professores nos ensinaram aquilo que eles sabiam até determinado momento e nada impede que você aprenda coisas novas para escrever a sua nova história de felicidade e vitórias.

As crianças são ótimos exemplos de aprendizado, elas adoram aprender e são curiosas nesse processo de aprendizagem contínua. A todo instante elas estão descobrindo e aprendendo algo novo e desfrutando de cada instante da vida. Libere agora mesmo a sua criança interior, aquela criança curiosa por aprender, crescer e desenvolver-se, sua criança interior quer viver desperta e feliz. Deixe essa criança interior alegre e feliz, deixe-a agir em você e através de você.

> "Aproximar-se do essencial é aproximar-se da atenção que você é – e isso te põe mais alerta. De repente você vê, de longe, aquilo que pode ser descartado ou de que você deve desviar. Tem um cocô na calçada? Não pise, desvie. É simples! E o mesmo pode ser feito com cocôs internos – mentais, emocionais, psicológicos. Fluindo com o agora você começa a ver que existe, pragmaticamente, o crescimento magnético de outro ambiente, de algo absolutamente novo em você. Este resgate promove um recomeço. É quase como se você pudesse escolher como se comportar a partir de agora. E a ideia é que você se esqueça de tudo o que você já foi até hoje. Uma extraordinária aventura está diante do seu nariz. Você se tornou uma criança novamente." (Autor desconhecido)

Comportamento transformável

Um dos pressupostos da PNL que eu amo é de que o comportamento é transformável, e o comportamento atual é a melhor escolha que temos no momento presente. Se por algum motivo as coisas não saíram do seu jeito, relaxe, aceite-se como você é e como o outro é também. Transforme o comportamento e transformar seria como trocar os óculos e ampliar a percepção e melhorar os recursos internos, seria dar um novo sentido a um acontecimento passado. Saiba que nós sempre realizamos as melhores escolhas no presente momento e isso se aplica a todas as outras pessoas. Aceite-se como você é, respeite sua identidade e transforme o comportamento porque o comportamento é transformável.

Não é fácil encarar os próprios medos e os pontos fracos, mas a partir do momento em que enfrentar, a transformação dos estados e comportamentos indesejáveis acontece.

O primeiro passo importante é aceitar que precisa melhorar e o segundo passo é encarar e enfrentar com responsabilidade, porque somos responsáveis pela nossa comunicação bem como pelos nossos comportamentos e escolhas. O terceiro passo é transformar o comportamento consistentemente. Alguns hábitos levam 21 dias para se transformar, enquanto outros hábitos levam horas e em alguns casos, minutos.

Padrões de comportamentos

Ao nascer você recebeu as primeiras impressões, mensagens e sugestões dos seus pais, familiares e de seus responsáveis legais. Sem dúvida, você recebeu as primeiras impressões e sugestões positivas, no entanto, nem todas as sugestões foram saudáveis para você e algumas vezes você foi chamada de "lindinha", "fofinha", "bonitinha", "engraçadinha", "inteligente", outras vezes você foi ridicularizada como: "burra", "idiota", "chata", "teimosa", "incapaz", "desajeitada" e muitas outras sugestões negativas, e que de certo modo impactaram a sua identidade e a sua vida.

Saiba que uma pesquisa nos Estados Unidos revelou que, para cada elogio feito aos filhos americanos, os pais americanos os criticavam, em média, oito vezes, e isso é muito sério. Talvez por isso existam tantos conflitos familiares entre pais e filhos. E essa pesquisa apontou que 98% dos jovens possuem uma autoimagem negativa e sérios problemas de baixa autoestima e baixa autoconfiança, que piora muito com o tempo.

Fico imaginando como seria essa pesquisa aqui no Brasil!

Em minhas experiências profissionais afirmo que aqui no Brasil essa questão é grave. Cerca de 97% da população sofre com problemas graves na identidade por conta da baixa autoimagem e baixa autoestima, afetando negativamente seu comportamento.

Mudança de paradigma

Talvez você tenha recebido muitas sugestões negativas e talvez tenha sido ridicularizada por pessoas queridas, eu compreendo. Mas agora eu te convido a pegar um papel e uma caneta, de preferência escreva sem pausar a caneta, adicionando no papel as histórias negativas mais recorrentes que você conta para si mesma e para as pessoas em torno de você, escreva todas as insatisfações que esteja vivenciando e vivenciou, coloque absolutamente tudo no papel, inclusive ponha para fora todas as emoções, é essencial neste exercício, aproveite este momento para dar um grande salto em sua vida.

Após escrever e colocar toda sua insatisfação e emoção para fora e no papel, olhe para a folha e antes de queimá-la repita mentalmente: "Eu perdoo o meu passado porque ele me trouxe até aqui, mas agora eu decido ser uma nova pessoa, mais feliz, mais plena, mais segura e confiante. Porque quem eu sou começa agora". Queime a carta, lembre-se de que este ciclo se encerra após a queima total da carta. Após queimar a carta da insatisfação, respire fundo e agora é a vez de pegar uma nova folha em branco e escrever sua nova história, dessa vez a história dos seus sonhos, imagine sua vida perfeita, o que você verá, ouvirá e sentirá nessa vida perfeita. Coloque absolutamente tudo o que deseja de fato, escreva com toda a sua emoção e amor, o desafio é praticar a leitura dessa carta todos os dias, duas ou mais vezes por dia, de preferência ao acordar e ao deitar-se. Confie no processo e aguarde essa nova história se realizar.

Desejo fortemente muitas felicidades e grandes vitórias em sua vida. Ficarei muito contente em receber uma mensagem sua me contando sobre suas novas experiências.

EMPREENDEDORAS DE ALTA PERFORMANCE

2

Analicia Mauger Toledo

Analicia Mauger Toledo

Tem mais de 20 anos de experiência como intraempreendedora em empresas de grande porte de diversos setores como AmBev, Bauducco, Nokia, Mondelez, Multilaser e Coty Consumer Beauty, onde assumiu posições diversas de liderança nas áreas de Marketing, Vendas e Trade Marketing.

É formada em Propaganda e MKT pela ESPM, pós-graduada em Administração pelo CEAG- FGV e hoje participa do Programa de Mentoring da ESPM no papel de mentora dos novos talentos. É CDF desde pequena e acredita que o único lugar onde dinheiro e sucesso vem antes de trabalho é no dicionário.

analiciamtoledo@gmail.com

Acho que foi aos 15 anos que decidi que eu queria ter uma carreira para me orgulhar. Na verdade, não foi bem uma decisão, foi mais uma necessidade. Eu havia passado minha infância vivendo em uma família privilegiada. Eu era a caçula de quatro irmãos, aquela que é mimada e ao mesmo tempo infernizada pelos mais velhos. Morávamos com nossos pais numa casa confortável no interior de São Paulo, estudávamos em escola particular, passávamos os feriados na casa da praia da família, as tardes no clube, fazíamos Inglês, balé, natação... Tudo que toda criança deveria ter. Não nos faltava nada, muito menos amor! Aparentemente éramos felizes. Mas de uma hora para outra a situação mudou um pouco. Meus pais se separaram e o processo todo não foi lá muito agradável nem divertido para ninguém. Ficamos, nós quatro, com a minha mãe, que era quem mais precisava de nosso amor naquele momento. Mas meu pai não encarou isto muito bem e resolveu começar de novo com outra família. Normal! Isso acontece muito por aí, eu sei. Mas, quem vive na pele sabe que é bem sofrido. Mudar de realidade, de *status* social, de filha para "órfã de pai vivo", tudo de uma hora para outra, deixa marcas profundas. No caráter, inclusive.

Bom, eu estava em plena adolescência, mas já era de personalidade forte e determinação mais ainda. Sempre fui daquelas que faz "pra valer" tudo a que se propõe. Se é para estudar, tem de tirar 10. Se é para fazer balé, tem de ser destaque no final do ano. É, eu era daquelas CDFs mesmo. No fundo, ainda sou. E aí, este tipo de pessoa, quando vê que a vida está lhe desafiando, quando vê a segurança que ela julgava inabalável ir embora, vai "pra cima" com uma força impressionante que nem sabia que tinha.

E eu segui meu caminho, com minha mãe e meus irmãos me mostrando a direção. Terminei o colegial (sim, sou da época do colegial) e prestei vestibular para Propaganda e *Marketing*. Nem tentei as faculdades da região, pois meu alvo era São Paulo e mais precisamente a ESPM. Era lá que eu sabia que estavam as melhores oportunidades do ramo e onde meu objetivo estaria mais perto de mim. Consegui meu 1º estágio numa grande agência de publicidade, no 2º ano de faculdade e, de lá para cá, nunca mais parei minha carreira de intraempreendedora... ou de executiva obstinada, para quem nunca ouviu esta expressão comprida que anda meio na moda.

Confesso que eu mesma só me dei conta de que realmente tinha o empreendedorismo no sangue há pouco tempo. Sempre achei que empreender era somente para aqueles que tinham coragem de arriscar suas economias e se aventurar em voo solo, explorando novas oportunidades e vivendo o sonho de ser seu próprio chefe. Mas não! Do mesmo jeito que um empreendedor tradicional está em constante busca da oportunidade, o intraempreendedor também está! Ele está sempre em constante observação na empresa que trabalha, buscando, às vezes até mesmo de forma inconsciente, a tal da oportunidade. Ele nunca está satisfeito e sempre acha que é possível encontrar formas melhores de fazer as coisas acontecerem. O intraempreendedor tem o senso crítico aguçado porque muitas vezes é ele que o conduz à oportunidade de melhoria, à transformação, à construção do novo. É... Acho que sou mesmo uma intraempreendedora. Que bom que não foi um engano terem me convidado para participar deste livro. É mais ou menos isto que tenho feito nos meus 20 e poucos anos de carreira... E é um pouco dessa experiência, com seus tropeços e suas glórias, muitas lições aprendidas, que gostaria de dividir agora com vocês.

Tudo começou na tal agência de publicidade. Como toda estudante do ramo, eu me achava muito criativa, sonhava com o glamur da propaganda, dos prêmios em Cannes... E de repente o dia a dia da agência, aquela rotina de *jobs*, prazos, cliente estressado, não era bem como eu imaginava. E aí você percebe que você não é tão criativa assim, ou ao menos que sua criatividade é mais caretinha e é baseada demais em lógica, mais do que é necessário para ser um publicitário realmente criativo. E aí, seu mundo desaba? Não! Você vai e começa de novo! Simples assim! Você troca o emprego efetivo como atendimento, nada mal para seus 20 aninhos, e volta a ser estagiária "do lado de lá", do lado do cliente. Foi assim que fui parar na Ambev, na época Brahma, e aprendi minha primeira lição: NÃO TER MEDO DE SE ARRISCAR A FAZER ALGO NOVO! Mal sabia eu, na época, que colocaria esta lição em prática tantas vezes nesses últimos 20 anos.

Entrei na Brahma pela porta de *marketing*. Troquei os criativos pelos produtivos e, pasmem, fui feliz! Muito feliz, por sinal, provando para mim mesma que vale a pena experimentar novos mercados, novas experiências, novas oportunidades e novas amizades... Trabalhei nas unidades de negócio de Brahma e de Pepsi na matriz, e depois fui para a Regional SP onde descobri e me apaixonei por *trade marketing*, o *marketing* mais comercial e antiglamur que existe, de "pegada forte", de resultado na veia, de conversão imediata e satisfação mais ainda. Fiquei na regional por dois ou três anos até voltar para a matriz como gerente nacional de *trade* para o canal mais importante da empresa. Foram seis anos ao todo! Entrei na Brahma e saí da AmBev! Vivi a fusão com a Antarctica com suas dores e louvores. Alguns diriam que sou uma sobrevivente, mas eu diria que fui apenas uma aluna aplicada de uma escola de grande valor! Daquelas que ensinam muito bem, mas também exigem disciplina e horas de preparação. Daquelas que reconhecem o bom aluno, mas cobram resultados concretos. Ah... foram tantas experiências.... Lembro-me de quando fui promovida a gerente, na época com 23 anos de idade, recém-saída da faculdade. Lá fui eu, toda orgulhosa, cheia de gás, pensando que ia ser fácil gerenciar um time maduro que não estava lá tão entusiasmado quanto eu com minha nova função. Não foi nada fácil! Mas como desistir não era uma possibilidade, tive de aprender, na marra, quanto era bom ter, ser e pertencer a um time. Quanto uma constelação de estrelas de brilho mesmo que mediano é infinitamente mais poderosa que uma estrela-guia brilhando sozinha. Que um líder de verdade não precisa do título de chefe, ele pode liderar legitimamente pela competência que tem, pelo exemplo que dá e pela empatia que oferece. Saí da Ambev seis anos depois, com bastante maturidade na bagagem e mais uma lição aprendida: TRABALHAR EM TIME IMPULSIONA O CAMINHO DE TODOS PARA O SUCESSO. Dar espaço, autonomia e autoconfiança ao time permite que cada um ponha para fora o melhor de si. Dar orientação, respaldo e até "puxões de orelha" permitem que o melhor de cada um os impulsione na direção certa. Foi assim na AmBev e foi assim também em todas as empresas em que trabalhei até hoje.

E acho que, de certa forma, é assim também em casa com meu marido. Casamos nesse período, há 15 anos, quando a rotina pesada da AmBev não me deixava muito tempo livre. E desde aquela época, nós dois formamos um "time" que se complementa e se apoia, para que ambos atinjam seus sucessos individuais e assim seja possível chegar ao sucesso da família. Formamos um time sem líder definido. Ou de líderes que se alternam na liderança, dando apoio um ao outro dependendo do tema que nos apresentam. Cada um oferece sua melhor expertise, de acordo com a disponibilidade de cada um, tendo por base a cumplicidade, o companheirismo e o amor que nos une. Sem sombra de dúvida, meu caminho profissional seria muito mais difícil e menos prazeroso sem ele ao meu lado.

E aí, de repente, veio uma proposta tentadora: construir a área de *trade marketing* da Bauducco, que até então não existia. Construir a área "do zero", colocando em prática tudo o que eu acreditava sobre *trade marketing* para uma marca admirada como a Bauducco soava como um convite. Não pensei duas vezes e mergulhei de cabeça. Era meu sangue empreendedor falando mais alto. Naquela época, pouco importava que a empresa tivesse perfil familiar, que os processos não eram tão sólidos quanto eu estava acostumada, que o profissionalismo ainda era insuficiente em alguns departamentos... O que importava era que eu ia ser *"head"*, aos 27 anos, da área de *trade marketing* de uma empresa como aquela e ia construir a área com a minha própria "cara". Só que não (SQN)! Não demorou muito para eu perceber que a cultura da empresa tinha personalidade própria e era bem diferente do modelo que eu conhecia. Logo a ficha caiu: se eu quisesse transformar todas as oportunidades que eu vislumbrava para o negócio, eu não ia poder simplesmente fazer do meu próprio jeito e com a "minha própria cara". Seria necessário chegar devagar, ir com calma. Era preciso entender a empresa, sua gente, sua cultura, sua filosofia, seus recursos e arquitetar as mudanças com cautela, para surpreender ao invés de chocar. Naquele momento, mais importante que a velocidade era a direção. Era necessário conquistar a confiança primeiro, mostrar quanto *trade marketing* poderia agregar para cada time interno e assim conseguir o engajamento natural. Era necessário construir processos onde não existiam, convencer pessoas a mudar seus próprios processos ou até mesmo assumir processos que não deveriam ser seus, tudo para ver a oportunidade virar realidade sem traumas no meio do caminho. Em troca e a meu favor eu tinha um ambiente organizacional invejável, cheio de gente amigável, unida e a fim de realizar. E aos poucos fui colocando tijolo por tijolo até construir um castelo sólido e relevante chamado *trade marketing*. Saí da empresa seis anos depois, com a certeza de ter deixado marcas profundamente positivas no negócio da empresa e mais uma lição aprendida e gravada no meu DNA: ADAPTAR-SE E FLEXIBILIZAR-SE É SINAL DE INTELIGÊNCIA, como já diziam minha mãe e minha avó. Houve quem duvidasse que eu conseguiria ser feliz e bem-sucedida na familiar e semi-paternalista Bauducco, depois de seis anos na gigante e agressiva AmBev. Para estes, falo apenas que os seis anos que também passei na Bauducco foram os mais produtivos e felizes da minha carreira até agora. Falo que na Bauducco foi onde tive minha filha, que desde então é a paixão e a razão da minha vida. Foi a empresa que me permitiu ter uma gravidez digna e aprender que era possível conciliar meu papel de mãe e executiva sem prejuízo para nenhuma das partes. E basta.

Mas era hora de mudar e construir outros castelos. Meu espírito empreendedor ansiava por mais, e lá fui eu novamente em busca de novas possibilidades. Dessa vez, era na Nokia que eu ia começar uma nova história. Troquei o panetone pelo celular, a estrutura familiar pela globalizada, o mercado alimentar pelo de tecnologia... Assumi um time incrível e maduro que conhecia muito mais de tecnologia do que eu (óbvio) e minha rotina passou a ser de *calls* internacionais infindáveis, inúmeras reuniões internas, reportes e alinhamentos globais... Tudo muito diferente do que tinha sido minha realidade nos anos anteriores! E dá-lhe adaptabilidade! Lembrem-se de que eu sou CDF, eu confesso, e os CDFs não medem esforços para terem sucesso. Decepcionar minha chefe, meus pares e especialmente meu time era algo inaceitável para mim. Decepcionar minha filha e meu marido, nem se fala... Mas decepcionar a mim mesma seria a pior parte. Desistir, então, de novo não era uma possibilidade. O jeito era estudar, me preparar, me dedicar e abraçar esse novo mundo da tecnologia e globalização até então desconhecidos para mim. Passei a ler tudo o que encontrava sobre Telecom, estudei históricos de ações da Nokia, de concorrentes e de operadoras, buscava *cases*, consultava meu time e meus pares, me preparava o dobro para cada reunião ou *call* importante... Exigiu muita determinação e disciplina, ainda mais com uma bonequinha de dois anos em casa, precisando de colo e atenção. Aos poucos fui ficando cada vez mais à vontade no novo ambiente e os resultados começaram a surgir em forma de reconhecimentos. E mais uma lição foi somada à minha trajetória: PREPARAÇÃO, DEDICAÇÃO E TRABALHO DURO NUNCA SERÃO DEMAIS. Mesmo que você tenha anos de carreira, você nunca vai estar preparado o suficiente para um novo desafio ou, ao menos, sempre vai poder aprender um pouquinho mais. Quanto mais você se dedicar e trabalhar duro, mais sua autoestima vai brilhar e mais sucesso você vai ter.

Meu ciclo na Nokia não foi tão longo quanto eu imaginava a princípio. Estava há quase dois anos na empresa quando resolvi aceitar a proposta para trabalhar na Kraft Foods (atual Mondelez). O desafio imediato era bem atrativo, mas o mais tentador era a possibilidade de crescimento em curto prazo, a possibilidade concreta de assumir em breve uma diretoria importante numa empresa que sempre tinha sido desejada por mim. Claro que eu não podia recusar. Sabia que seria uma aposta, não uma promessa, mas estávamos ambos (eu e a empresa) entusiasmados com a possibilidade. O que eu não sabia é que três meses depois a Kraft anunciaria a compra da Cadbury e meus planos iriam evaporar como fumaça. Era o 2º processo de fusão/compra que eu vivenciava em minha carreira e, portanto, para mim não foi nenhuma surpresa quando a dança das cadeiras começou. Como acontece em todo processo de fusão, o "tabuleiro" ficou muito pequeno para as "peças" das duas empresas somadas e, embora não tenham tido demissões em massa, era claro para todos que não haveria lugar de destaque para todos os que ficariam. Instaurou-se uma espécie de "guerra fria" entre os dois lados da suposta mesma empresa. Os de "Legacy Kraft" e os de "Legacy Cadbury" se cumprimentavam cordialmente, mas no íntimo não aceitavam as diferenças profundas das duas culturas e seguravam-se nas cadeiras do jeito que podiam. E os raríssimos *no legacy* como eu, recém-chegados à empresa, viram–se sozinhos, contando apenas com a competência pessoal para garantirem seu próprio espaço. Eu tinha duas alternativas: ficar lamentando a oportunidade momentaneamente evaporada ou partir para cima e mostrar o meu valor. Fácil adivinhar qual foi minha escolha, não é? Falar que foi fácil seria mentira. O ambiente não estava nada favorável e bastante incerto, mas foquei no que estava sob meu controle: minha expertise, minha competência, minha habilidade de liderança e de entregar resultados. Juntei a tudo isso um pouco de habilidade política para circular entre os dois *legacies* e aos poucos essa fase foi passando e as realizações começaram a dar frutos. O maior deles foi liderar o time nacional dos 2.000 promotores da empresa. Foi uma experiência única e maravilhosa poder representar esse grande time cheio de garra e determinação, time de guerreiros de muito valor. Ensinei, mas também aprendi muito com eles. Da Kraft aprendi mais uma lição: TODA RESILIÊNCIA SERÁ RECOMPENSADA. Depois de quase quatro anos, deixei a empresa e parti para novos desafios. Confesso que levei comigo algumas mágoas profundas de momentos difíceis e muitas injustiças que lá passei, mas o residual que realmente importa é que tudo que se vive nesta vida te faz mais forte e mais preparado, e esta é a maior recompensa que a vida pode te oferecer.

    Lá estava eu novamente pronta para outra fase profissional, como não poderia deixar de ser, completamente diferente da anterior. Assumi a diretoria de *marketing* da Multilaser. Encantei-me com o desafio de fazer parte do processo de profissionalização e de construção da marca dessa grande empresa. Sua história de sucesso era empolgante e a possibilidade de ajudar a marca a se tornar forte, conhecida e de tanto sucesso quanto a empresa era mais ainda. Eu teria milhares de produtos no portfólio, entre eletrônicos (*tablets* e celulares), equipamentos de informática e de áudio e vídeo, acessórios automotivos e esportivos, brinquedos, puericultura e muito mais para me ajudar nessa tarefa. E lá fui eu de novo... Desta vez foi preciso juntar todas as lições aprendidas:

1- Abraçar o novo.

2- Trabalhar em time.

3- Adaptar-se.

4- Trabalhar duro.

5- Ter muita, mas muita resiliência mesmo.

Mergulhei fundo numa outra realidade de empresa e de cultura organizacional e tive de adaptar meu estilo de gestão para trabalhar com empreendedores natos e não mais executivos de carreira, com todas as glórias e infortúnios que esta experiência te traz. Só Deus sabe o quanto as mentalidades, estilos e gestões diferem e exigem habilidades sobre-humanas para nos reinventarmos... A empresa havia crescido exponencialmente tendo por base um trabalho admirável de vendas, diversificação de portfólio e tinha agora a necessidade de desenvolver com mais seriedade o trabalho de *trade marketing* e *merchandising*. Analícia: presente! Meu *background* sólido em *trade marketing* me qualificava para a função e logo os processos, ferramentas e ações foram criados, aprimorados e disponibilizados para impulsionar os negócios. O próximo passo era agora iniciar o processo de construção de marca praticamente do zero, definindo posicionamento, arquitetura ideal e identidade sólida para ela. Digo do zero porque, numa empresa de perfil comercial e imediatista como a Multilaser, falar de conceitos mais estratégicos e um tanto abstratos como construção de marca e de resultados em longo prazo soava como grego para um cidadão oriental. O enorme esforço que fiz até hoje para mover a empresa numa direção estratégica para a marca, sem perder o foco nos resultados imediatos, talvez tenha sido a base para a maior lição que aprendi nesse período: ENCONTRAR A MEDIDA CERTA ENTRE ESTRATÉGIA E TÁTICA. Achar o ponto de equilíbrio entre resultados imediatos e de longo prazo, entre a agilidade que sustente as metas do mês e profundidade de raciocínio que possibilite o crescimento no futuro, entre a necessidade de se tecer teorias e planos e de colocá-los em prática é uma busca incessante e muitas vezes inglória. Talvez nunca encontremos a dose certa e algumas vezes seja necessário optar por um lado ou por outro, mas ter sempre em mente a necessidade de se equilibrar os pratos da balança fará de você uma intraempreendedora que vai ao encontro da oportunidade que paira no ar e a transforma em realidade.

Esta é minha história até agora, com meus fracassos e conquistas, cheia de lágrimas, sorrisos, suor e aplausos. Ou ao menos como minha mente se lembra e meu coração sente hoje. Agora abro os braços, a mente e a alma para me entregar a um novo desafio como diretora de *Trade* MKT da Coty Brasil. Abro, acima de tudo, o coração e o sorriso para escrever mais um capítulo da minha história... E que venham mais e mais lições aprendidas para serem compartilhadas.

EMPREENDEDORAS DE ALTA PERFORMANCE

3

Andréa Weichert

Andréa Weichert

Sócia da EY desde julho de 2003. Por 12 anos liderou a área tributária de fusões e aquisições, suportando empresas no seu desenvolvimento inorgânico, através da análise dos impactos tributários da operação pretendida, do apoio à estratégia de negociação e da busca da colaboração e equilíbrio das relações em longo prazo. Primeira mulher a integrar o Comitê Executivo da EY Brasil, do período de 2004 a 2011. Também atuou no Americas Ethics Oversight Board da EY no período de 2006 a 2013. Hoje participa do Americas Advisory Council e do Global Advisory Council (board de governança global da EY). Ativista da causa de igualdade de gênero, é a líder das políticas de Empoderamento Feminino na EY Brasil, incluindo o Programa Winning Women, de mentoria a jovens empreendedoras. Participa do Grupo "Mulheres do Brasil", composto por mulheres de diversos segmentos com agendas propositivas em temas ligados ao empreendedorismo, educação, saúde, cultura e políticas públicas. Andréa acredita que a equidade de gênero, com o aprimoramento da qualidade de vida de mulheres e crianças, é um dos pilares para o desenvolvimento de um mundo melhor nos negócios e na política. É bacharel em Direito pela Universidade do Estado do Rio de Janeiro. Tem um MBA Executivo na Faculdade de Administração Kellogg, da Northwestern University. Adicionalmente participou de programa executivo na Columbia University "Managing Macroeconomic Risk in Emerging Markets" e do programa "Politics of International Economy and International Relations" na escola de estudos internacionais de John Hopkins University.

(11) 97543-3686
andrea.weichert@br.ey.com

Sucesso, triunfo, ganho, fracasso, frustração, perda. Diferentemente dos nossos pares masculinos que experimentam esses sentimentos em diversas etapas de sua carreira, nós, mulheres, experimentamos essas emoções em um só dia. É o sucesso de um projeto aliado ao jantar preparado para os amigos que ficou longe do seu paladar *gourmet*. É a perda de uma proposta importante à tarde contrabalançada pela compra do vestido de festa da filha que ficou maravilhoso.

Esta é a vida da mulher *high-performer*, sempre buscando o melhor em todas as suas atividades e a perfeição como mãe, mulher, esposa, amiga, filha e profissional. Todas nós, apesar de suficientemente inteligentes para saber que esse ideal não existe, buscamos alcançá-lo todos os dias. Sim, porque o que mais quer uma *high-performer* é apaziguar seu elevado senso autocrítico e, obviamente, obter o reconhecimento dos demais. Paradoxalmente, já se provou que as mulheres, ao contrário dos homens, que se autopromovem, trabalham incansável e silenciosamente, aguardando que seus líderes reconheçam seu talento. Ocorre que trabalhar muito gera tensão interna por acreditar que merece mais. Assim, combinando esta equação complexa temos que essas mulheres trabalham em demasia, ansiando por um reconhecimento que não verbalizam e que lhes gera extrema pressão.

Precisamos objetivar nossos reais desafios e planejar como driblá-los. Não podemos aguardar que outros percebam quão eficientes somos. Promoções de muitas mulheres foram postergadas porque, ao contrário de seus pares, que se autopromoveram, elas estavam ocupadas demais entregando um trabalho de excelência...

Muito se questiona sobre quais deveriam ser os atributos das mulheres bem-sucedidas. Ao longo da minha carreira aprendi alguns pontos-chave:

Primeiro, é necessário querer. Toda tarefa difícil para ser realizada requer uma força de vontade incrível, a qual, por sua vez, envolve o compartilhamento da vida como um todo. Sempre me vangloriei de nunca ter faltado a nenhuma reunião ou festividade na escola da minha filha. Recordo-me de uma vez que, estando alocada em um projeto em Campinas, voltei para São Paulo no começo da tarde para não perder uma reunião da escola e, depois, retornei a Campinas para finalizar o trabalho. Porém é importante entender que nem sempre isso será viável. No mundo globalizado em que vivemos, as viagens são demandas cada vez mais correntes. Nas cidades, o trânsito é cada vez mais caótico e a tecnologia, que deveria nos amparar, por vezes torna a nossa vida ainda mais complexa. Portanto, reconhecer que em alguns momentos será impossível equilibrar todas as demandas é uma boa estratégia para lidar com a sua carreira.

Por falar nisso, todas as mulheres bem-sucedidas que conheci desenvolveram pequenas estratégias ao longo de sua carreira. Eu, por exemplo, trabalhei uma boa parte da minha carreira apoiando fusões e aquisições de empresas. Usualmente, processos como esse envolvem diversos interlocutores, tais como bancos de investimento, auditores, consultores e advogados, universo este 90% masculino. Diversas vezes, estive em reuniões de mais de uma dezena de participantes nas quais eu era a única mulher presente. Uma tática que desenvolvi era sempre tentar retardar a minha fala ao máximo. É muito interessante como se espera a fala de uma mulher e quão impactante pode ser isso se você se calar por um período e somente se pronunciar quando todas as atenções estiverem voltadas para essa expectativa. Nunca falei sem que os demais estivessem totalmente atentos!

Outra lição que aprendi tardiamente foi o quanto é extremamente valioso aproximar-se de mulheres que tiveram trajetórias que você admira. É surpreendente como a experiência de outras mulheres pode nos ajudar a entender e a melhor avaliar as oportunidades e os dilemas. Muitas experiências se repetem com diferentes interlocutores e uma conversa aberta com outras mulheres pode apresentar diferentes perspectivas e te amparar na busca de soluções.

Existem mulheres no mundo empresarial que são capazes de enxergar como você realmente é, longe do estereótipo de mulher forte que alcançou uma posição bem-sucedida. Elas reconhecerão seus pontos fracos, irão te acolher quando necessário e dar valiosas contribuições. Escolha adequadamente essas mentoras/parceiras, que se tornam, muitas vezes, amigas de uma vida inteira. Você deve estar se perguntando se essas mentorias também podem ser exercidas por um homem. É claro que sim, embora sejam poucos os que realmente conhecem, a fundo, os dilemas e os desafios de uma profissional. Nesse contexto vale aplaudir as mulheres que nos antecederam e tornaram possível a existência de paradigmas. Diversas mulheres não tiveram no passado a oportunidade de ter outras mulheres com quem dialogar ou em quem se espelhar. Para as desbravadoras deixo meus aplausos!!!

Se você faz o tipo "ativista/combativa", aprenda a selecionar suas lutas. Lute pelo que fere os seus valores. Brigar por tudo é rebeldia, que dificilmente guarda convergência com sucesso.

Como sabemos, mulheres são seres, por natureza, emotivos. Choramos, nos desesperamos por buscar sempre o melhor. Nunca tive vergonha de demonstrar as minhas emoções, embora reconheça que nem sempre esses sentimentos foram adequadamente interpretados. Porém sempre julguei que fingir ser o que não sou envolve um pior custo-benefício.

O importante é reconhecer que homens e mulheres, desde a primeira infância, se comportam de forma totalmente diversa. Os meninos se julgam amigos quando fazem travessuras ou participam de jogos/competições comuns. As meninas, por outro lado, se reconhecem como amigas quando confidenciam segredos. Isto nos leva a interagir de forma diferente nas organizações e interpretar erroneamente as reações/falas do outro gênero.

Uma questão que sempre me despertou muita atenção foi o uso da palavra "desculpe". Muitas vezes as mulheres, dentre as quais me incluo, usam essa palavra para iniciar uma fala na qual entendem que o interlocutor não compartilha da mesma opinião. Assim, é comum a frase iniciar-se com "desculpa, mas...". Isso nada mais é do que uma forma de buscar uma empatia inicial em um assunto controverso. É muito interessante como essas desculpas são por vezes interpretadas como um prejulgamento de não ter razão (afinal você já começou se desculpando!!!).

Temos, sempre, de estar preparadas para as competições. As performances têm por base um parâmetro de comparação e a maior das competições é lutar contra o senso de perfeccionismo que acompanha algumas de nós. Precisamos entender que podemos manejar muito dos projetos que executamos, mas sempre existirão imprevistos. Nós podemos gerenciar as regras, mas sempre haverá as suas exceções.

Também é importante entender que toda carreira tem altos e baixos. O importante é buscar entender o porquê dos eventos para não repetirmos os mesmos erros. Também é importante descobrir motivadores que te apoiem quando a sua carreira não está no ápice. Desistir, jamais! E se em algum momento você pensar que está diante de um dilema sem solução, espere. Minha mãe me ensinou que o tempo dá todas as respostas. Se você não tem a resposta, provavelmente o tempo de sabê-la ainda não chegou.

Se você tiver sorte - melhor, mas como já disse uma querida mentora: "A sorte só ajuda quem está em movimento" - ela não baterá à sua porta com um ramalhete de flores. Portanto, você tem de mostrar seu valor para que a mereça.

Também precisamos escolher adequadamente quem vai nos acompanhar na jornada. Bons companheiros são os que compartilham os cuidados com os filhos e dividem a governança da casa. Existem pares que são verdadeiras âncoras com os quais ninguém consegue sair do lugar.

Importante, ainda, é não menosprezar a questão patrimonial entre o casal. Conheço formas diversas com as quais os casais lidam com esse tema, porém nunca vi uma fórmula perfeita ou, ainda, casais que discutissem isso com a profundidade e transparência que o assunto requer. Cada vez mais mulheres têm assumido a função de principais provedoras dentre o casal, sendo que sobre elas a nossa sociedade machista impõe uma postura silenciosa, por vezes temerária da sua posição.

Quando você bem-sucedida for, usufrua da sua liberdade financeira. Poucas pessoas têm o privilégio de depender somente delas mesmas. O poder decidir o que fazer com a sua renda é uma declaração de autonomia e espontaneidade. É o direito de agir de acordo com a própria vontade.

Não se esqueça, porém, de poupar. Em regra, vamos viver pós-aposentadoria mais anos do que trabalhamos. Para que você possa aproveitar esse período é preciso planejamento e disciplina.

Sugiro uma especial atenção à tão propagada "generosidade feminina". Apoiar causas que você entende serem importantes é extremamente valioso e compensador. Em relação a outros suportes é preciso refletir. É interessante como se exige das mulheres bem-sucedidas o compartilhamento financeiro, como se o sucesso feminino impusesse alguma culpa implícita que a generosidade precisasse expiar.

E, por fim, quando o seu sucesso não for mais uma ambição prepare o seu legado. Bem-sucedida é a mulher que for lembrada pelo que agregou à carreira e à vida das outras pessoas.

Talvez você esteja pensando que eu tenha me esquecido de mencionar os filhos. O fato é que falar de filhos demandaria um capítulo à parte. Meu conselho é que você tenha dedicação e cultive a integração entre seus familiares. Traga seus filhos para seu ambiente profissional, apresente-os a seus amigos/colegas de trabalho. Leve-os para as suas viagens internacionais para que possam compartilhar com você o descobrimento de novos lugares e formas de viver.

Quando minha filha era pequena eu me esmerava para ser a mais eficiente possível para chegar cedo à casa e poder brincar com ela. Hoje, com o desenvolvimento tecnológico, o trabalho te acompanha 24 horas, sete dias na semana. Por isso, delimite os horários para que você possa se dedicar aos seus filhos. Reserve um tempo do jantar para conversar sobre como foi o dia. Se não puder ser no jantar, que seja no café da manhã. O importante é ter um horário diário reservado para as conversas. Hoje precisamos ter um equilíbrio entre a vida pessoal e profissional. Busque a integração, que possibilita que tudo funcione junto, ao mesmo tempo em que cada um tem o seu lugar.

Não carregue culpa e não tema os dias de ausência na família. Os filhos te darão sinal se você estiver ou não no caminho certo.

Recordo-me de diversas circunstâncias em que isso ocorreu. Lembro-me da vez em que a minha filha, ainda na infância, confessou para a professora, que achava que o colega de classe estava "colando" a prova dela, que, de fato, tinha ocorrido o contrário (lição de ética aprendida, ufa!). E as inúmeras outras manifestações que ela me deu em relação a cuidar do outro, de questionar o errado ou injusto e, mais que tudo, de lutar pelo país que queremos e merecemos ter. Minha filha, sem dúvida, foi o meu mais bem-sucedido projeto e o meu maior legado.

Finalmente, se preocupe e abra espaço para outras mulheres. Madeleine Albright já eternizou a frase de que "deve existir um lugar especial no inferno para as mulheres que não apoiam outras mulheres". Apoiar as diversidades, quer sejam elas de gênero ou não, trará ainda mais valor ao seu legado.

Mais sucesso que fracassos, mais ganhos que perdas e mais triunfos que frustrações é o meu desejo para você, que esteve comigo até agora.

4

EMPREENDEDORAS DE ALTA PERFORMANCE

Anna Paula P. B. de Freitas

Anna Paula P. B. de Freitas

Professional e Self Coaching pelo IBC, Analista Comportamental e Analista 360°, atua em Desenvolvimento e Liderança para novos gestores, com MBA em Gestão de Pessoas e Comportamento Humano e graduação em Administração de empresas, atua também como palestrante motivacional e desenvolvedora de equipes. Participante do Programa 10.000 Mulheres na FGV e sócia fundadora da Kapalê Comunicação Visual e VP Máquinas Dobradeiras Termoplásticas, com mais de 21 anos de experiência em empreendedorismo e negociação para novos mercados nacionais e internacionais. Sua missão é desenvolver e motivar pessoas na conquista de melhores resultados.

(11) 98555-0288 / (11) 2647-4916
www.vpmaquinas.com.br
www.kapale.com.br
vendas@vpmaquinas.com.br

Desde que me conheço por gente, carrego nas veias o espírito empreendedor. Lembro-me de no pré-primário fabricar *bottons* na tampinha de Coca-Cola com pinturas de pôr do sol usando o esmalte da minha mãe e o alfinete das fraldas de meu irmão mais novo. E eu já cuidava da qualidade, pois o cinza do Durepoxi eu cobria de esmalte dourado ou prata para ficar *chic*. Naquela época o meu foco era comprar o lanche de mortadela na chapa com o tradicional refrigerante Gini... kkk

Neta de meu avô Antônio, que abriu 16 empresas, e filha de minha mãe Ana, que teve malharia, comércio de roupas infantis, bijuterias e acessórios, foi professora universitária, contadora, fiscal do ICMS e hoje é nosso TI, eu tinha de honrar suas tentativas e seguir meu destino. Os presentes de Natal variavam entre fábrica de velas, fábrica de perfumes e até fábrica de bolos.

Do meu pai herdei o respeito ao próximo e o amor ao trabalho.

Sou mãe, esposa, irmã, filha, gestora, amiga. Gosto de cuidar de pessoas e depois que descobri isso minha vida fez todo o sentido.

A história da minha empresa começa no Senai – Serviço Nacional de Aprendizagem Industrial. Minha irmã Karen e eu acabávamos de nos formar em Artes Gráficas quando o então presidente da República, Fernando Collor de Mello, abriu as portas para as importações. Nosso negócio de família, a venda de acessórios para automóveis usados, começou a ter problemas na época. No entanto, as faixas decorativas para os veículos automotores davam os primeiros sinais de um setor da economia que se tornaria muito grande anos depois: a comunicação visual computadorizada. Imprimíamos os moldes das faixas em impressora de formulário contínuo e sobre a impressão preto e branco, feita de contornos impressa em vários pedaços no papel microsserrilhado, marcávamos com lápis o antigo "*contact*" e recortávamos as faixas manualmente. Até que soubemos da existência de um equipamento importado que recortava o vinil de forma computadorizada. Foi no ano de 1995, com a aquisição da primeira máquina de recorte de vinil (a décima a chegar ao Brasil) que abrimos nossa primeira empresa. Hoje contamos com duas empresas: a Kapalê e a VP Arte, mas vou falar de cada uma delas a seu tempo. Naquela época ainda se usava o *Corel Draw* 3 e os monitores dos computadores não eram coloridos. O trabalho com os clientes era explicar o que nossa empresa poderia oferecer em termos de rapidez e qualidade, perante os nossos concorrentes que, na ocasião, eram letristas que pintavam faixas de pano e faziam cartazes manuais. Em menos de seis meses de fundação já tínhamos comprado outras duas máquinas de recorte de vinil para atender a grande demanda de clientes como os Bombeiros de São Paulo, setor de Manutenção, Peugeot do Brasil, DB Brinquedos, lojas de CDs Music Store, Pincéis Tigre, Lojas Siciliano, Turismo Santa Rita, Americanas, Atacadão, Lojas e Cenários do Gugu, entre outros tantos especiais.

Recebemos ajuda do nosso avô Antônio e da avó Palmira que investiram suas economias na empresa e vinham ajudar a descascar os adesivos para atendermos os clientes dentro do prazo e também porque se divertiam em ficar com a gente. Lembro-me de um pedido grande da Peugeot do Brasil que, para atendermos, chamamos todas as tias e primos disponíveis para nos ajudar. Varamos muitas noites, pois mesmo já com três máquinas de recorte ela ainda era um gargalo nas grandes campanhas. Cumprir os prazos sempre foi um dos nossos principais compromissos. Nessa época o meu irmão, Alexandre, e a minha mãe, Ana, passaram a fazer parte da sociedade. Ficamos então com quatro sócios, sendo 25% das cotas para cada um. Embora meu pai não tenha entrado na sociedade, está conosco desde o início. Após seis meses de atividades, fechamos o atacado de autopeças e passamos a nos dedicar exclusivamente a este novo negócio.

A necessidade de mão de obra especializada sempre representou um desafio. Pensando nisso, resolvemos chamar os instrutores do Senai para ajudá-los a montar a oficina de recorte de vinil, no lugar da antiga oficina de tipografia. A iniciativa, que até nos rendeu matérias nos jornais, foi uma maneira de agradecer o ensino que recebemos gratuitamente.

O mercado exigia mais e em 1997 incrementamos nossos equipamentos, adquirindo uma fresa eletrônica CNC – com a ajuda do BNDES (Banco Nacional de Desenvolvimento) - e mais duas impressoras à base d'água, ambas provenientes de caixa próprio. Passávamos a ser uma empresa completa.

Em meados daquele ano, a "era dos *shoppings*" começou. Desde a fundação e ao longo de 11 anos, permaneci com uma loja de serviços no Shopping Metrô Tatuapé. No final de 1998, adquirimos nossa impressora de grandes formatos com tinta solvente, duas laminadoras e computadores novos para todas as máquinas. Vem daí a minha experiência com o segmento varejista. Fazer vitrines atrativas e colocar clientes dentro da loja era meu maior desafio. Nessa época, o forte dos produtos oferecidos na filial era cartão de visita, banner, quadro, foto produto e convite de casamento.

Em 2007 fundamos a Associação Beneficente e Cultural Casa da Avó América com o intuito de dar continuidade ao objetivo de capacitar pessoas. Recentemente ganhamos a concessão de uso de um casarão construído pelos meus bisavôs com a assinatura dos herdeiros por dez anos. Porém organizações não governamentais estão sem credibilidade e com a crise de 2009 os investimentos na ONG passaram a ser mínimos e os parceiros escassos.

Atendíamos clientes internacionais e gerávamos divisas exportando serviços e instalando nos *duty frees* das grandes capitais brasileiras, quando a crise do dólar em 2009 nos atingiu em cheio. O faturamento que girava em torno de R$ 150.000,00 ao mês e com 25 funcionários na folha de pagamento caiu para R$ 50.000,00 ao mês e seis funcionários, mais os sócios. Nem se ouvia falar em *pró-labore*. Nessa época meu irmão Alexandre ficou doente e em menos de um mês após o diagnóstico teve de se submeter a uma cirurgia craniana de emergência. Precisei sair da loja do *shopping* e voltar para a matriz. Seis meses depois foi a vez de minha irmã Karen apresentar o mesmo problema de Alexandre. Ela, porém, não conseguiu operar e teve de se afastar para se tratar com remédios muito fortes. Depois de alguns meses meu irmão voltou à ativa. Minha irmã voltou só no começo de 2015 e desde então não podíamos mais atender o Rio de Janeiro. Sem capital e sem funcionários, escolhemos apenas São Paulo e minha primeira ação foi anunciar na revista Freeshop para captar mais clientes.

Sem a ajuda dos bancos nem do governo passamos por muitas dificuldades e, como com os bancos não conseguimos nenhum acordo, ficamos durante um ano e meio com muitas dificuldades. Pagamos primeiro os fornecedores, depois cheque especial pessoa física e cartões de crédito. Atrasamos impostos e nossas máquinas foram penhoradas, mas continuamos, persistimos. Começamos a pagar os bancos novamente em meados de 2011 e conseguimos finalmente limpar o nome da empresa Kapale no final de 2014. Parcelamos os impostos atrasados e estamos lutando bravamente para criar oportunidades de negócios. Foi dessa busca que surgiu a VP Arte.

A história da VP Arte confunde-se com o surgimento da Lei Cidade Limpa de São Paulo, de janeiro de 2007. Naquela época, muitas empresas que atuavam com foco em fachadas foram levadas a encerrar suas atividades, por causa das restrições que a lei impunha ao mercado de Comunicação Visual. Pensando em nos reinventar e gerar receitas recorrentes, focamos nossos esforços no Ponto de Venda (PDV), na criação de *displays* expositores. Exatamente nesse momento detectamos uma nova necessidade de mercado, encontrar uma máquina que dobrasse materiais termoplásticos com qualidade em grandes formatos. Nascia assim a VP Arte, Máquinas Dobradeiras Termoplásticas. Projetada a partir do nosso conhecimento de mercado de materiais termoplásticos, as máquinas foram desenvolvidas para dobrar peças de até dois metros de comprimento, com espessuras que variam de 0,05mm a 20mm com precisão e qualidade de acabamento.

Em 2012, lançamos este novo equipamento no mercado durante a Feira Serigrafia Sign FutureTextil (maior evento do setor). Com apenas um ano de mercado, nossa linha de produção foi aprovada por 100% dos clientes e já começamos a exportação das dobradeiras termoplásticas para a América do Sul. Até julho de 2016, foram comercializadas mais de 450 máquinas em todo o território nacional. A inovação rendeu até matéria no programa televisivo Pequenas Empresas & Grandes Negócios, exibido pelas emissoras das Organizações Globo.

Em 2013 me inscrevi para o programa de gestão na FGV e fui selecionada, ganhei uma bolsa de estudos de capacitação para mulheres gestoras. Lançado em 2008, o 10.000 Mulheres é um programa global do banco de investimentos Goldman Sachs e da Goldman Sachs Foundation, que proporciona educação em administração e gestão de negócios a mulheres empreendedoras, a fim de ajudar a melhorar a qualidade da educação empresarial nos países em desenvolvimento. E realmente fez uma enorme diferença em nossas empresas. Conseguimos dobrar o faturamento em menos de dois anos e mesmo em épocas difíceis estamos conseguindo nos manter com metas desafiadoras.

Em 2014 ingressei em um curso MBA em gestão de Pessoas e Comportamento Humano na Unicid e daí se fortaleceu ainda mais a minha paixão.

Motivar pessoas e desenvolver novos talentos: esta é com certeza minha missão de vida.

Foi nesse MBA que ouvi falar em gestão de pessoas com ferramentas de *Coaching* e concluí em agosto de 2016 minha primeira formação em *Professional & Self Coaching* pelo IBC. Minha meta é concluir o *Executive Coaching* e o *Team Coaching* até final de 2017. Meu foco é treinar e motivar equipes em pequenas empresas familiares, a começar pela minha, afinal com tantos sócios eu me transformei numa *expert* em administrar conflitos... kkkk

O tema de meu TCC foi: Como atrair e reter talentos nas pequenas empresas, uma abordagem em tempos de crise, e meu estudo me levou a concluir várias ações dentro de minha própria empresa que surtiram bons resultados.

Desenvolvimento contínuo dos colaboradores e um propósito maior na oferta dos serviços, bem como o sentimento de pertencer a uma organização com metas bem definidas e claras, com missão visão e valores desenvolvidos recentemente por toda a equipe fizeram uma grande diferença positiva em nossa organização.

Voltar para o curso de Inglês e incluir um curso de Espanhol na hora do almoço para todos os colaboradores interessados da empresa foi uma ideia que tivemos a partir de uma dica de um professor nas aulas de Jogos Empresariais. Aumentar as bases de poder e oferecer nossas máquinas para o Exterior era a maneira correta de aproveitar a baixa valorização do real perante a moeda americana.

Atualmente estamos participando de um projeto da Apex, chamado Peiex, e nossa meta para final de 2016 é achar um distribuidor na Argentina, Paraguai e Bolívia que represente até final de 2017 10% de nossas vendas. Participamos da primeira missão empresarial para o Paraguai e para a Bolívia, o que mais uma vez nos rendeu matéria nas revistas, jornais e TV locais. Foi um sucesso!

Mudanças no site e confecção de material promocional em duas línguas foram mais uma meta vencida e estamos nos preparando para a primeira feira internacional.

Inovação é um ponto muito forte de nossa empresa. Meu irmão e sócio Alexandre, aquele que fez a cirurgia, pois é, voltou mais inteligente ainda e já projetou outras versões e outras máquinas voltadas aos segmentos de termoplásticos. Minha irmã e minha cunhada Valéria também fazem toda a diferença na criação de novos *templates* e arte.

Fazer parcerias para participação em feiras e *workshops* também é uma dica muito valiosa. Mais do que *networking*, faça amizades, se envolva, ajude, colabore, troque experiências, busque associações e apoio de pessoas mais esclarecidas no assunto que precisa resolver, pergunte, peça ajuda, seja humilde. O orgulho nunca trouxe felicidade a ninguém. Nunca espere por perfeição, quem se acha perfeito é muito chato, Deus me livre... Ninguém está 100% preparado para tudo, busque evolução contínua e se o retorno não vier daquela pessoa que esperava não se preocupe, toda ação tem uma reação e no momento certo a ajuda vem, porque quem deve paga e quem merece recebe. Cada etapa é única, celebre cada conquista e aproveite a jornada. Planeje sua vida para caberem também os amigos, os filhos e o amor da sua vida, no meu caso o Carlinhos, meu esposo.

Seja GRATO, aos seus sócios, seus colaboradores, fornecedores, bancos e principalmente aos seus clientes.

O melhor dia da sua vida: HOJE.

O melhor momento: AGORA.

Viva a vida!

5
EMPREENDEDORAS DE ALTA PERFORMANCE

Annie Lezan Bittencourt de Moura

Annie Lezan Bittencourt de Moura

É diretora pedagógica das sete unidades CNA Inglês Definitivo em Recife e Olinda e tem 32 anos de experiência na área de ensino de idiomas, com ênfase em formação de professores. Annie é graduada em Letras com Licenciatura em Inglês e Português. Tem mestrado em Ciências da Linguagem pela Unicap, MBA internacional pelo IPAM Portugal e especialização em Coordenação Pedagógica pela Faculdade Santa Fé. Annie foi premiada duas vezes nacionalmente na apresentação de trabalhos pedagógicos para professores, com título Mario Utimati Award. É professional coach, licenciada pela Academia Brasileira de Coaching e pelo Behavioral Coaching Institute. Atualmente ministra duas disciplinas na especialização Uso de Novas Tecnologias para o Ensino de Línguas Estrangeiras na Universidade Católica de Pernambuco.

(81) 3032-0654 / 3301-4222
anniebittencourt@gmail.com

De *teacher* a empresária, *coach* e líder
Minha trajetória

Comecei a minha carreira aos 16 anos dando aulas particulares de Inglês, após voltar de um programa de *high* School nos Estados Unidos. Naquele tempo, eu achava que tudo sabia sobre a língua inglesa... Ledo engano. No entanto, ao ensinar, descobri que esta era a minha grande paixão.

Aos 22 anos montei uma salinha onde ministrava aulas de Inglês das 6 da manhã até às 22h, diariamente. De apenas cinco alunos, logo cresci para 60.

Então, meu pai, ao assistir a um comercial de franquias de Inglês, resolveu me ajudar e abrimos nossa primeira escola de línguas em Recife, com uma franquia que estava há oito anos queimada em nosso mercado.

Devido à boa reputação que eu já tinha como *English teacher* em nossa cidade, ao abrir a nossa primeira escola, de 60 alunos pulei para 304. Um grande sucesso, mas também enorme responsabilidade, já que não poderia colocar a perder o investimento financeiro que minha família estava me ajudando a fazer.

Desse modo, aos 24 anos tornei-me verdadeiramente empresária, com CNPJ, folha de pagamentos e muitas contas a pagar. A essa altura eu estava casada e juntos, Zé Maria e eu, iniciávamos a nossa vida de empresários sem nada saber sobre esse mundo feroz das empresas.

Hoje, temos seis escolas de línguas e um núcleo dentro da maior universidade particular de Recife. São ao todo sete escolas, com 160 funcionários e mais de 25 anos como empresária do ramo da educação e uma digna reputação no mercado como educadora.

Ao longo desses 25 anos como empresária, vivenciamos muitas crises econômicas do país, vivemos muitas mudanças na educação devido à inserção da *internet* na vida das pessoas e muitas mudanças no mercado de ensino de línguas estrangeiras.

Com isso, também passamos por uma grande mudança quando meu franqueador de mais de 20 anos foi comprado por um grande grupo educacional. Essa compra veio atrelada à mudança de valores na gestão da franquia à qual pertencíamos e há três anos e meio tive de me reinventar, trocando de bandeira, mudando de uma marca conhecida para uma nova marca, pois não mais compactuava com o modo de trabalho do grupo que comprou a nossa antiga rede.

Reiniciar a nossa trajetória de sucesso após 22 anos defendendo uma marca não foi jornada fácil. Principalmente por termos mudado para uma marca quase desconhecida em meu mercado. Passados quase quatro anos após a troca de marca, tenho o orgulho de dizer que saímos muito mais fortalecidos dessa decisão, pois pude ver que eu inspirei meus mais de 100 funcionários e mais de 2.600 alunos a continuarem comigo. A virada de marca foi muito trabalhosa, mas saímos dela com maior número de alunos do que entramos e pudemos sentir o quanto um trabalho honesto e ético pode trazer pessoas leais para o nosso lado.

Com toda essa trajetória, aprendi muito... E tenho aprendido até hoje.

Portanto, quero compartilhar com você, leitor ou leitora, algumas lições que me orgulho de ter aprendido nesses mais de 25 anos como empresária, educadora e *coach*.

Selecionei aqui sete dicas de alta performance para compartilhar com você. Essas são as regras que eu utilizo no meu dia a dia para ter um resultado de alto desempenho.

Lições e dicas de alta performance:

Lição número 1: o que demite ou promove as pessoas é a atitude.

Assim que comecei a ter de selecionar e avaliar meus colaboradores, conheci as obras sobre Gestão por Competências da autora Maria Rita Gramigna. Essas leituras me auxiliaram imensamente a melhor poder avaliar, selecionar e até desligar pessoas da minha equipe.

Descobri que competência é o comportamento resultante da aplicação de conhecimentos, habilidades e atitudes que permitem o desempenho com sucesso (Gramigna, 2002).

Em sua obra, Gramigna cita a árvore das competências desenvolvida na ferramenta STAR pelo dr. Herbert Kellner. E, para mim, esse aprendizado foi fundamental para que eu conseguisse melhor selecionar e avaliar o meu time de funcionários.

Gosto muito de trabalhar com analogias, pois servem de ganchos cerebrais para ativar o conhecimento prévio do ser humano e com isso ajudam-nos a fixar melhor na memória de longo prazo os aprendizados do dia a dia. E Gramigna faz uma analogia do ser humano com a árvore que classifico como genial para ajudar você a visualizar o que eu quero ensinar aqui.

Essa analogia compara os seres humanos a uma árvore, com raiz, tronco e copa. E através dela facilmente entendemos o que temos de observar nos colaboradores que contratamos. Veja:

Segundo Gramigna e Kellner (2002), a raiz da árvore corresponde às atitudes da pessoa. Tem a ver com os valores, crenças e princípios que aprendemos desde crianças. Percebi que essas atitudes, valores e crenças são as mais difíceis de identificarmos num processo de seleção, pois essas são aquelas que o indivíduo mais esconde, que ficam "sob a terra", escondidas e camufladas nas entrevistas de seleção. Só que são essas atitudes que realmente nos mostram o verdadeiro caráter do indivíduo, as verdadeiras crenças e valores que norteiam a sua vida.

As atitudes ao longo da jornada de trabalho vão, muitas vezes, se sobrepondo às habilidades e aos conhecimentos. São essas atitudes que o "patrão" não consegue mudar no funcionário. A atitude está intrinsecamente ligada ao "querer" fazer ou querer ser do colaborador. É algo tão forte que muitas pessoas nem se dão conta de quão fundo no seu ego está a raiz de uma atitude qualquer.

Por isso, há um ditado popular que diz que só após juntarmos as escovas de dentes é que conhecemos realmente uma pessoa. Só no dia a dia, nas pequenas ações e na convivência é que se mostra quem se é verdadeiramente.

Já o segundo componente da competência é o conhecimento. E este corresponde ao tronco da árvore na nossa analogia das competências. Podemos dizer que o conhecimento é adquirido pela pessoa através de seus estudos, dos cursos que fez e das informações que você armazena.

Esse componente é o mais fácil de se verificar num processo de seleção de funcionários, pois através de qualquer prova ou teste podemos mensurar o seu grau de conhecimentos sobre determinado assunto.

O último componente da competência são as habilidades. As habilidades são representadas na analogia de Gramigna e Kellner pela copa da árvore. As habilidades dizem respeito àquilo que o indivíduo faz bem, com talento. Na verdade, podemos dizer que as habilidades são uma espécie de somatório das atitudes com os conhecimentos unidas a uma dose do seu tempero individual.

Desse modo, após aprender essas definições, percebi que comecei a observar mais atentamente o comportamento das pessoas ao meu redor. Comecei a identificar o quanto as atitudes de cada um interferiam na performance desse indivíduo no trabalho.

Com a prática, vi que muitas vezes tínhamos de demitir um profissional não por falta de competências técnicas, mas sim por suas atitudes. Aprendi que os líderes não conseguem mudar as atitudes do colaborador. Somente ele mesmo poderá lutar para melhorar cada atitude sua.

Aprendi que algumas vezes temos de "disponibilizar para o mercado" um colaborador com muitos certificados agregados ao seu currículo, com vasto nível de conhecimentos, porque as suas atitudes não condizem com os valores éticos que você quer que sua empresa transmita.

Desse modo, concluo e afirmo que contratamos pelos conhecimentos e habilidades, mas demitimos pelas atitudes.

Lição número 2: sair do seu aquário.

Uma vez estava preocupadíssima com o baixo número de captação de novos clientes, fui conversar com meu pai sobre as dificuldades empresariais que eu estava enfrentando.

Na ocasião, ele me disse: "Minha filha, saia do seu aquário para ver o mundo lá fora e aprender novas formas de fazer".

Fiquei pensando: como assim? E perguntei ao meu pai o que ele queria dizer com "saia do aquário".

Meu pai, então, respondeu: "Minha filha, você precisa olhar o mundo. Olhar outras práticas. Ver como os mais modernos fazem. Observar os *experts*. Olhar. Pensar. Comparar. Ver como os mais ricos agem e o que o público mais elitizado valoriza. Pois só assim você descobrirá como fazer melhor e diferente".

Hoje, eu percebo que este foi o maior e melhor conselho empresarial que eu recebi na vida.

Somente após refletir sobre cada palavra do meu pai, após eu entender que para gerar novas ideias para o meu negócio eu deveria participar de cursos mais difíceis, de palestras que me fizessem pensar ou queimar meus neurônios para entender, de congressos pelo Brasil afora e até no Exterior ao menos uma vez por ano, foi que eu aprendi que só saindo do nosso aquário é que poderia ver o mundo de forma diferente.

Conhecer novas arquiteturas, novas tecnologias, novos modos de pensar e agir me tornaram uma empresária com olho no que o meu cliente valoriza. Frequentar os ambientes que meu cliente frequenta me ensina a ter o olhar crítico deste cliente.

Aprendi, ao sair do meu aquário, que a criatividade é um exercício diário de olhar para se inspirar. Olhar outras ideias, outras formas de fazer, olhar até a arquitetura de outros lugares, simplesmente, olhar.

Percebo que, na maioria das vezes, o empresário está tão envolvido no operacional do seu negócio que se esquece de colocar a cabeça fora do seu próprio aquário. Esquece de olhar para fora. Só que olhar ao redor, se expor a novos aprendizados e perceber outros modos de agir é que nos faz repensar o modo de operar.

Temos sempre de estudar, participar de congressos até em áreas que não são as nossas, para aprendermos coisas novas e repensarmos o modo como estamos operando o nosso negócio. Eu sou da área pedagógica, sou mestre em Ciências da Linguagem. Mas só consegui olhar diferente o meu negócio quando comecei a participar de congressos de *marketing* ou de Recursos Humanos, por exemplo. E quando incorporei os conhecimentos do *Coaching* empresarial e educacional à minha vida.

Depois que incorporei a frase de meu pai ao meu modo de agir, tomei consciência de que me tornei mais criativa.

Um dia fui convidada para dar uma palestra em outro Estado e o colega que me apresentou na palestra me descreveu como a franqueada mais criativa que ele conhecia. Foi nesse dia que eu tomei um susto. Um susto bom. Pensei imediatamente que eu queria que meu pai estivesse ouvindo aquele elogio, pois só me tornei criativa porque resolvi sair do meu aquário de vez em quando. É muito bom poder olhar e ver o que há de diferente no mundo.

Só que, apesar de eu ter ficado feliz com o elogio do colega que me achou criativa, eu sei que não sou nem nasci criativa. Eu somente aprendi a olhar fora do meu aquário.

E mesmo quando não tenho dinheiro para viajar ou fazer novos cursos, eu uso o *Google* e a *internet* para ler e aprender com os *experts*.

Outra dica que me ajuda muito a aprender é viajar para cidades vizinhas à minha para lá visitar os concorrentes mais elitizados. Com ética e respeito, procuro conhecer outros negócios do meu segmento em cidades onde não atuo, pois em respeito aos meus concorrentes locais não faço essas visitas na minha praça. Isso se chama *benchmarking* ético e respeitoso.

Visitando os concorrentes mais elitizados das cidades vizinhas, você vai descobrir o que outros nichos de mercado valorizam e sairá mais uma vez do seu aquário.

Lição número 3: doar-se 100%.

Doo-me 100% ao que faço. Acredito no que faço e esforço-me em fazer bem feito o que faço.

Dedico-me 100% de corpo e alma ao que meus clientes me pagam para fazer. Não engano ninguém. Não minto. Sou 100% honesta nos meus atos, mas isso tem um alto custo.

Faço aqui outra analogia. Comparo o nosso esforço de empresários ao esforço da bailarina (Figura 1). Quem olha o pé calçado com esta linda sapatilha de cetim cor de rosa não tem ideia da dor dos calos e do esforço do pé dentro dela.

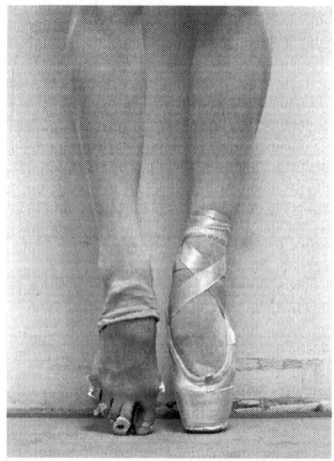

Imagem retirada da internet em 31 de julho de 2016, no link: http://www.mariabailarina.dance/news/cuidados-com-os-pes/

É importante mostrar esse esforço às nossas equipes e aos nossos filhos, porque não existe êxito no mercado de trabalho sem dedicação e esforço.

Por trás da "minha sapatilha de cetim cor de rosa", me orgulho dos calos que ganhei ao longo da vida, pois cada calo representa a minha dedicação de 100% à realização do meu projeto de vida.

Tenho muito orgulho em dizer que me dedico 100% a preparar a minha equipe, porque descobri que minha missão de vida é ensinar.

Posso hoje bater em meu peito com orgulho e dizer: dedico-me 100% com honestidade a cada centavo que meus clientes pagam para eu fazer meu trabalho bem feito.

Mas o melhor de tudo isso é saber que sua dedicação honesta de 100% da sua energia e tempo são visíveis aos que te cercam. Para mim, essa dedicação 100% é o que te faz diferente da mediocridade daqueles que só querem levar vantagem em tudo, sem esforço e sem ética.

Lição número 4: prometeu, cumpra.

Aprendi com o livro Fãs Incondicionais (1995), o primeiro que li sobre serviços ao cliente, que devemos prometer e cumprir. Cumprir consistentemente tudo o que você promete ao cliente. Portanto, prometa menos e entregue mais. Se você acredita que poderá entregar a encomenda dele em dois dias, prometa quatro e encante-o ao ligar no segundo dia dizendo que a sua encomenda já está pronta.

Cumpra sempre o que promete. Não às vezes, mas sempre. Sem exceções. Pois, para conquistar clientes como seus fãs incondicionais, você tem de entender que "a consistência é a chave da prestação do serviço" (BLANCHARD, 1995).

Lição número 5: não quero clientes satisfeitos.

Aprendi com os anos que o cliente sente e sabe quando dizemos a verdade ou mentimos. Por isso, não vale a pena mentir. O cliente prefere um belo pedido de desculpas sincero e honesto do que uma desculpa mentirosa.

Clientes contrariados não são clientes felizes. E clientes infelizes não voltam. Não indicam. Não nos recomendam. Portanto, prestar um serviço de qualidade para o cliente tem de ser nossa prioridade número um. Só assim nos manteremos no mercado.

Da mesma maneira, pude perceber que não adianta termos um cliente satisfeito, porque este se evade ao primeiro tropeço seu. Temos sim é de transformar nossos clientes em fãs incondicionais. Pois fãs incondicionais ficam e trazem novos clientes, afinal, eles nos recomendam aos seus ciclos de influência. Em vez de clientes satisfeitos, eu busco ter clientes encantados.

Lição número 6: trabalhar com planos de ação estratégicos.

Parece uma regra óbvia, mas aprendi que todas as ações da minha equipe têm de ser pautadas em PLANOS DE AÇÃO escritos passo a passo. Este é um dos segredos para fazer as ideias darem certo.

Uso com a minha equipe a tabela dos 5 Ws e 1H, que traduzimos da língua inglesa assim: What (o que), Why (por que), Where (onde), Who (quem), When (quando) e How (como).

O quê?	Por quê?	Como?	Onde?	Quem?	Quando?
(Usar verbos no infinitivo) Descrição da ação a ser implantada para eliminação de uma determinada causa	Razão do desenvolvimento da ação	Procedimento para desenvolvimento da ação (geralmente no Gerúndio)	Local de desenvolvimento da ação	Responsável pela execução da ação (Usar a primeira pessoa: EU)	Prazo para a execução da ação (prazos em datas e factíveis)

Para cada nova ação que vamos realizar sempre fazemos o planejamento nesse padrão. Essa organização e metodologia de trabalho nos ajudam a envolver a equipe e organizar o papel de cada um na ação. Consequentemente, as possibilidades de sucesso da ação crescem, já que cada envolvido toma a ciência da importância do seu papel.

Faço sempre essas seis perguntas (5 Ws e 1 H), de acordo com o que aprendi na frase de Jonas Salk (apud FINLAYSON, 2002): "Encontre as perguntas certas. Você não terá que inventar as respostas; elas simplesmente surgirão à sua frente".

Acredito que as perguntas filtram as ideias, os ruídos na comunicação, e nos permitem alinhar nossos pensamentos e ações para que possamos nos focar e nos concentrar no que realmente importa.

Como diz Peter Drucker: "Planejamento diz respeito não a decisões futuras, mas a impactos futuros de decisões presentes"[1].

Lição número 7: As perguntas resolvem.

Aprendi, neste meu trajeto de quase 26 anos como empresária, que a pergunta pode te ajudar a encontrar o foco. Descobri que a boa pergunta aberta pode resolver muitas coisas. Chamo de perguntas abertas aquelas que se iniciam com as famosas palavras mágicas: como, por que, quem, onde e quando.

Quando eu li sobre a "cultura de questionamento positivo" descrita por FINLAYSON, aprendi uma forma de mudar a minha maneira de gestão. Na juventude temos a ansiedade de fornecer todas as respostas aos nossos colaboradores, mas na verdade ganhamos muito mais quando em vez de respostas damos a eles as perguntas fundamentadas na cultura de questionamento positivo e genuíno.

Como as perguntas podem ajudá-lo a se tornar um líder mais flexível?

Você acredita que as perguntas podem nos ajudar a lidar com as ambiguidades e inconsistências na gestão dos negócios?

Tom Peters, um dos gurus da administração, disse que os líderes precisam fazer as perguntas certas. Mas como saber fazer as perguntas certas? Essa não seria uma tarefa muito difícil para qualquer jovem profissional?

Já Peter Drucker, o papa da administração, fala em suas obras que o líder do futuro será aquele que sabe fazer perguntas. Mas não perguntas idiotas ou perguntas que já induzam à resposta que você quer ouvir.

É preciso não só aprender a fazer novas perguntas, mas também precisamos aprender a fazer perguntas melhores. Perguntas que inspirem a criatividade da nossa equipe. Essas perguntas nos ajudarão a não usarmos apenas o nosso cérebro, mas também o cérebro dos outros.

---

[1] Frase retirada da internet em 31 de julho de 2016, no links: http://www.administradores.com.br /frases/peter-drucker/ e http://pensador.uol.com.br/frases_de_peter_drucker/

Contudo, temos de estar atentos às respostas a essas perguntas. Temos de ouvir com todos os nossos sentidos as respostas para as perguntas que fazemos.

Então, fica aqui a minha pergunta para você:

Você envolve a sua equipe com perguntas e ouve as respostas com 100% da sua atenção? Pense nisso. Ouça a sua resposta sincera interior.

Conclusão

Ao finalizar este meu capítulo, percebi que escolhi como minhas dicas lições que aprendi em livros do século passado...

Livros antigos como referências bibliográficas... O que isso quer dizer?

Eu mesma me perguntei ao finalizar a redação deste capítulo e aqui posso responder a mim e a você, meu leitor:

Com certeza, a minha experiência e conhecimentos foram mudando ao longo da minha trajetória nesses últimos 25 anos de trabalho. Mas verdadeiramente os autores que mais me marcaram foram os que sem dúvida citei ao longo deste capítulo, e que li logo no início das dificuldades que enfrentei como empresária. Por isso são autores do século XX. Mas não obsoletos ou sem a bagagem necessária para ajudar você, empresário ou gestor de alta performance do século XXI.

Foi através das dificuldades e na busca de conhecimento para solucionar os problemas que eu percebi que deveria mudar... Onde eu mais aprendi.

Desse modo, posso aqui declarar sem a mínima sombra de dúvidas que alta performance para mim é aprender sempre. Aprender com a leitura. Aprender com o estudo. Aprender com os mais experientes no segmento. Aprender saindo do aquário. Aprender ouvindo as respostas genuínas para as perguntas honestas que faço. Aprender...

Considero-me uma eterna aprendiz, uma eterna estudante e esta vontade de sempre aprender é a tática que eu utilizo para ter um resultado de alta performance.

Espero que as minhas sete dicas para você, neste capítulo, possam ajudá-lo a acertar mais, a refletir mais e a encontrar seus próprios caminhos.

Desejo-lhe, leitor, muito sucesso em sua jornada de vida. Mas antes de tudo, nunca tente vencer destruindo ninguém. Seja sempre um observador dos comportamentos humanos. E aja sempre dentro da ética e honestidade.

Deste jeito, você sempre terá alta performance em tudo na sua vida e irá angariar os frutos de uma vida inspiradora.

REFERÊNCIAS BIBLIOGRÁFICAS

BLANCHARD, Kenneth. Fãs incondicionais. Rio de Janeiro: Record, 1995.

FINLAYSON, Andrew. Perguntas que resolvem. Rio de Janeiro: Campus, 2002.

GRAMIGNA, Maria Rita. Modelo de Competências e Gestão dos Talentos. São Paulo: Makron Books, 2002.

EMPREENDEDORAS DE ALTA PERFORMANCE

6

Auricleide Carvalho

Auricleide Carvalho

Palestrante motivacional e de vendas, *coach* e contadora. Certificada pelo Negócios de Palestras do Roberto Shintashiki.
Professora homenageada, empresária da Contabilidade, escritora, consultora e treinadora empresarial. Graduada em Ciências Contábeis e MBA em Empreendedorismo e Gestão Empresarial pela UFPE.
Trabalha como contadora e consultora empresarial na Suécia, onde reside há sete anos, com dupla nacionalidade.
Autora do livro "Amor Atitude" e coautora do livro "Motivação - A chave para o sucesso pessoal e profissional", ambos pela Editora Leader, 2016.

auricleidecarvalho@gmail.com
auricleidecarvalho.com.br

Você está disposto a pagar o preço?

Precisamos incorporar ao nosso vocabulário vivencial algumas palavras que são virtudes, existem pessoas que não conhecem essas palavras, muito menos têm a prática na convivência.

Você e a forma com que se relaciona com os outros são o seu maior empreendimento. Estamos vivendo um momento em que ao vivenciarmos as virtudes, nas relações sociais, pessoais, familiares, comerciais, podemos ter o grande diferencial almejado por muitas pessoas, pois aí existe o *marketing* de atração, a ressonância de objetivos, as pessoas estão realmente procurando uma dinâmica personalizada, que visa um crescimento constante e progressivo, este é o valor agregado que otimiza os esforços e potencializa os relacionamentos. É preciso humanizar as relações pessoais e empresariais, afinal de contas, pessoas confiam em pessoas.

Pesquisas mostram que 80% da nossa felicidade e/ou do nosso sucesso depende da qualidade dos nossos relacionamentos.

Ser empreendedor é inovar, é ter autonomia na criatividade e na ação. Para se alcançar esse nível é preciso fazer o aprendizado interno, olhar dentro de si e ter o conhecimento de quem eu sou de verdade, quais são os meus próprios valores, os meus pontos fortes e fracos, qual a minha percepção de tudo que é externo a mim. Todas essas crenças ajudam a descobrir e alinhar nossa missão ao nosso projeto de vida. Projeto de vida formulado por nós mesmos e não por terceiros, pois, afinal de contas, só eu me conheço, só eu sei o que sou e o que ainda preciso aprender para me tornar um empreendedor usando o máximo do meu potencial.

É um engano pensar que ter e executar uma missão é apenas para grandes e conhecidos missionários, o fato de nascer e estar vivo nos garante que também temos uma missão a realizar, pois é no meio em que estamos inseridos, na nossa rua, no nosso bairro, na empresa em que trabalhamos que agimos como grandes empreendedores, sim, porque ter uma missão de vida é ser um empreendedor.

É primordial conhecer-se, para avaliar o verdadeiro potencial, você não vai ser feliz fazendo o que é do outro, por mais glamoroso que pareça, então não precisa se preocupar em querer fazer o trabalho do outro, viver a carreira que o outro vive, não adianta, nem a pessoa vai ser feliz nem vai ter habilidade para isso, você só vai ser feliz fazendo o que você tem de fazer, o que você sabe fazer.

Parafraseando Albert Einsten, "Aprendizado é experiência, tudo o mais é informação".

Não confundir informação com formação, muitas informações só servem para nos distrair e subtrair o nosso tempo produtivo.

É preciso ser claro, clareza é poder.

E a partir do momento em que temos clareza de objetivos e um plano de ação, é preciso agir. Só é quem age. Então ultimamente nós ouvimos falar muito que o ser se sobrepõe ao ter e que só pode ser quem age, se não agir, não se materializa nada de concreto. A felicidade não pode ser ancorada no ter e sim no ser, pois o ter é temporário, mas o ser é permanente e progressivo.

A pessoa só entra na frequência do desequilíbrio alheio quando este encontra ressonância no nosso desequilíbrio pessoal. A partir do momento em que a pessoa está mais emocionalmente equilibrada, ela não entra de forma nenhuma em desentendimentos com os outros à sua volta, por isso a importância de estar harmonizado consigo mesmo e principalmente saber quem é.

Precisamos nos educar, para não reagir ao que é negativo, o que é negativo não precisamos registrar, pessoas que já estão mais harmonizadas nem sequer registram, muito menos reagem a situações negativas.

Só tem uma coisa que é melhor do que o perdão, é a pessoa não se ofender, pois quando não nos ofendemos não há o que perdoar. Não é possível lograr êxito sendo assim, é preciso aceitar as pessoas, promover as pessoas, precisamos ser felizes, mas também precisamos ser felizes com a felicidade dos outros, precisamos dizer sempre às pessoas o que elas têm de melhor, o quanto elas são importantes e, desde que seja sincero, dizer também que as amamos; e por que não? O simples fato de agirmos assim consegue mudar a outra pessoa integralmente, isso é a base para muitas mudanças que se passam com a(s) outra(s) pessoa(s) e, consequentemente, volta para nós.

Se fizermos uma leitura criteriosa sobre o que está nos acontecendo, veremos que o mais importante não é o que acontece e sim o que fazemos com o que acontece, então é processo e é de dentro para fora, a vida é cheia de desafios, nós fomos criados por Deus, simples e ignorantes, porém, livres (livre-arbítrio) e inteligentes nós vamos construindo as soluções em torno dos desafios que aparecem.

Uma lição que aprendi com o meu inesquecível pai (em memória) é que ele era o seu próprio patrão e que toda vida trabalhou para si próprio. Cresci norteando minhas atitudes, meu desenvolvimento, nessas sábias palavras, quando se é o próprio patrão, não é preciso que alguém te diga o que fazer, você tem iniciativas e vai consolidando o seu projeto de aprendizado e consequentemente aprimorando o seu potencial empreendedor. A vida é um eterno aprender, e olha que com o passar dos anos a vida nos pede um aprendizado mais requintado, é como se fôssemos capazes de ser mais a cada dia.

O desenvolver da nossa maturidade empreendedora baseia-se nas nossas experiências vividas e trocadas, no que aprendemos ao longo da nossa vida, nos nossos sentimentos, cada um somos um universo de possibilidades, temos o nosso próprio processo, não existe uma fórmula pronta e acabada.

É preciso compartilhar, de que adianta ter o dom do mundo se não aprendermos a compartilhar este dom. E só aprenderemos a compartilhar, a doar, a nos doar, quando aprendermos a renunciar e diminuirmos o nosso ego.

Empreender está diretamente ligado a uma fundamentação de vida, essa fundamentação tem diversas implicações, se fizermos algumas perguntas: será que eu procuro ser feliz, ou eu sou uma pessoa permanentemente em crise? Em 15 dias, fui feliz por horas, dias, eu fui paciente, fui tolerante, ou sempre fiquei esperando o pior acontecer?

Será que eu posso doar para a minha saúde e a minha harmonia 20 minutos do meu tempo todos os dias?

Eu terei 20 minutos diários doados a mim, então eu vou colocar um relógio: eu vou me sentar e respirar normalmente por cinco minutos; nos outros 5 minutos eu vou perguntar o que é que eu quero para mim e vou relacionar o que eu quero com a minha saúde, minha vida, depois vou perguntar o que eu tenho de fazer para alcançar esses objetivos. Nos dez minutos finais eu vou procurar despertar um domínio físico e emocional, com equilíbrio mental, e harmonizar com a saúde.

Eu proponho o desafio dos 365 dias.

Um investimento de 20 minutos diários em nós mesmos não é muito, porém trará muitos benefícios, pois em harmonia vivemos melhor e ficamos mais livres para empreender.

Finalizando, proponho a reflexão de que a nossa vida é pautada pelo empreendedorismo, a vida é feita de escolhas, escolhemos onde empreender o nosso tempo, os nossos recursos materiais e imateriais, a nossa energia, a nossa atenção, então, todos somos empreendedores natos. Empreender é uma postura, é uma atitude na vida e para os empreendedores bem-sucedidos não existe o plano B, existe traçar metas realistas, objetivos e ir em busca da realização. O grande desafio hoje em dia não é apenas a falta de dinheiro, em muitos mercados promissores existe dinheiro, o consumidor tem dinheiro, por ter se tornado mais consciente ao consumir. O mercado está carente de novas ideias.

É difícil administrar um cotidiano diversificado, com uma diversidade intensa e extensa, não há possibilidade de homogeneidade, mas se tivermos como viga mestra a pessoa humana, a vida nas mais variadas formas, animal, vegetal etc., com uma linguagem coerente, positiva, construtiva, com mais afetividade ao próximo, iremos efetivando o processo de educação continuado, com os valores universais. A desordem é insustentável e por si só se degrada. O automatismo por parte de alguns empreendedores pode possibilitar a eles um avanço ético moral mais acelerado.

EMPREENDEDORAS DE ALTA PERFORMANCE

7

Beatriz Galloni

Beatriz Galloni

CMO Brasil e Cone Sul.
Trabalha há 11 anos na MasterCard e é responsável pela área de marketing da divisão Sul da América Latina, que inclui Brasil, Chile, Paraguai, Argentina e Uruguai. Sua área de atuação engloba todas as disciplinas do Marketing tanto no mundo B2B como B2C. É membro do Conselho da ABA (Associação Brasileira de Anunciantes) e do Conselho Deliberativo do Ibramerc (Instituto Brasileiro de Inteligência de Mercado), e uma das 20 pessoas eleitas para o Hall da Fama de Marketing no Brasil. É também bastante atuante na área de diversidade e desenvolvimento de lideranças femininas, atuando como presidente no Brasil do grupo MasterCard Women Leadership Network; atua ainda como conselheira do programa da EY "Winning Women Brasil" e participa do grupo "Mulheres do Brasil". Com 30 anos de experiência em Marketing e Vendas, Beatriz já passou por empresas como TetraPak, Unilever, Refinações de Milho Brasil, Quaker e Grupo Danone. Administradora de empresas formada pela PUC – São Paulo, Beatriz é pós-graduada em Marketing pela ESPM. Beatriz é casada e tem dois filhos, adora viajar e cozinhar. Além de mãe e profissional de marketing, ainda ajuda o marido na gestão de seu restaurante, Mezzogiorno, atividade que lhe dá uma outra visão dos negócios onde atua.

www.linkedin.com/in/beatrizgalloni

Dividindo um pouco do que aprendi nesta vida

Quando me convidaram para fazer parte deste projeto, confesso que me deu um pouco de medo. Afinal, o que tenho de especial que alguém gostaria de saber? Fui então recuperar a minha história e quem sabe tem algo nela que pode inspirar alguém. Vocês vão me dizer...

Bom, entrei muito cedo no colégio, com cinco anos estava no pré-primário e com 16 encerrava o colegial. Sempre na mesma escola. Externato Nossa Sra. de Lourdes, vulgo "Lourdão", uma escola pequena que foi a base da minha educação e até de alguns famosos como o Zeca Camargo.

Mas e daí? Daí, que saí do Lourdão aos 16 anos e fui direto para a PUC para fazer Administração. Na verdade, preferia ter entrado em Arquitetura (às vezes fico pensando como seria minha vida se tivesse sido arquiteta), mas, já que não rolou, decidi experimentar Administração e acabei gostando.

Importante comentar aqui sobre a influência do meu pai em toda a minha vida. Ele me deu muita força e me ensinou valores que me acompanham até hoje, principalmente o respeito pelo outro. "Meia boca" não é aceitável, se é para fazer algo, faça bem feito. Sempre "jogar limpo", ter responsabilidade pelos meus atos e assumir meus erros de frente. Economizar para o futuro (aqui não aprendi direito!!!), beber um bom vinho e curtir uma bela refeição e, principalmente, aproveitar cada momento buscando a felicidade nas pequenas coisas.

Bom, voltando ao início da minha carreira, comecei a estagiar na Danone em 1982. Não existia computador nos escritórios, portanto, Excel era algo que acho que nem tinha sido inventado. Era um trabalho "do cão" fazer planilhas e análises. *E-mail* era outra coisa que não existia, então, era tudo datilografado e enviado via memorando e carta!!! Celular era algo dos Jetsons ou dos filmes de ficção.

De lá para cá a tecnologia mudou muito. E o legal foi passar por tudo isso. Essa revolução cultural fez com que os profissionais da minha geração tivessem uma característica muito forte de adaptação ao novo, de encarar desafios e assumir riscos, pois as novidades apareciam todos os dias e evoluíam de forma exponencial.

1ª lição - Aproveitar cada momento e cada oportunidade. Não ter medo do novo, se atualizar e se adaptar a novas realidades.

E foi lá na Danone que aprendi a base de tudo que sei sobre *marketing*. Tive excelentes mestres, como a Fátima Marques e Willian Sallum, que me ensinaram a fazer um bom *briefing*, definir o posicionamento de um produto, avaliar a criação, realizar pesquisas, planos de mídia, enfim, todas as atividades de *marketing*. No meio do caminho, decidi fazer pós-graduação na ESPM, e foi muito bom, pois consegui integrar a teoria à pratica.

Passados sete anos, recebi um convite para ir trabalhar na Quaker. Esta oportunidade surgiu pois uma diretora de atendimento que já havia trabalhado comigo, ao assumir a conta da Quaker, soube que estavam buscando uma profissional de *marketing* e me indicou.

2ª lição - Invista no seu desenvolvimento pessoal, se desafie sempre e respeite seus parceiros. São as pessoas que cruzam a sua vida que vão te abrir oportunidades e não apenas um bom currículo.

Na Quaker, tive um chefe que me inspirou muito a ser a profissional que sou hoje. O Fernando Brito. Com ele aprendi todo o lado da gestão do produto, análise de custos, construção de preço, P&L etc. E ainda numa época em que a inflação era de 80% ao mês!!! Isso mesmo. Os preços quase dobravam todos os meses.

Depois de três anos, um novo convite. Desta vez para ir para outra empresa onde aprendi que a vida profissional nem sempre funciona tão bem quanto eu pensava. Era um local agressivo, com muita politicagem e pouco profissionalismo. Passei a duvidar da minha própria capacidade, chorava todas as noites, pois não sabia como conviver com aquela realidade, até que pedi demissão sem ter nada em vista. Foi um alívio tremendo!!! A melhor coisa que eu poderia ter feito.

3ª lição - Seja feliz onde você trabalha. Procure nunca se manter numa empresa onde a cultura e os valores não são alinhados com os seus princípios.

Neste momento, já que estava desempregada, resolvi trabalhar algum tempo com meu pai num escritório de comércio exterior e depois com minha sogra no restaurante dela. Amo muito a minha família e fui muito bem recebida por ambos, tendo toda a oportunidade para, caso eu quisesse, assumir papéis mais importantes e talvez no futuro herdar algum desses negócios, mas descobri que sou "bicho" de grandes empresas onde a pressão é enorme mas os aprendizados também e neste ano que fiquei fora do mercado senti muita falta disso.

4ª lição - Tem gosto para tudo!!! Aqui neste livro mesmo, vocês verão histórias opostas à minha, histórias de empreendedoras de sucesso que são muito mais felizes acertando e errando em seus próprios negócios, tendo liberdade para criar coisas novas, sem interferência de chefes e estruturas formais.

E aí surgiu um convite do Fabio Avari (muito querido, que infelizmente faleceu há alguns anos) para assumir a gerência da marca Maizena na RMB (Refinações de Milho Brasil) e, lógico, aceitei correndo. Já estava lá há uns três anos, tinha sido promovida e me dei conta de que não conseguiria crescer mais se não expandisse meus horizontes. Naquela época eu tinha muita dificuldade em implantar minhas ideias na área comercial, que sempre fazia pouco das atividades de *marketing*. Todas as interações eram muito estressantes e o gerente nacional de vendas da época era uma pessoa muito difícil e eu não conseguia convencê-lo de que as minhas propostas fariam a diferença.

Nessa época, engravidei do nosso primeiro filho, o Alberto, que hoje já esta com 21 anos cursando Publicidade na ESPM, e lá pelo 5º mês de gravidez tive uma ideia maluca: que tal na volta da licença maternidade tentar uma vaga em vendas? Eu tinha de conseguir falar a mesma língua deles. Não tive dúvida. Fui ao tal gerente de vendas difícil e abri meu coração. "Quero vir trabalhar em vendas. Quero a oportunidade de poder te enfrentar numa discussão de igual para igual." Sem nem disfarçar ele riu da minha cara e disse que eu não ia aguentar, que eu não iria conseguir me impor com os compradores de supermercado etc. Mas eu não desisti. Estava com aquela ideia fixa, fui bater na porta do meu chefe e consegui o apoio dele. Voltei ao gerente após uma semana e insisti. Disse que eu ia provar que conseguiria sobreviver naquele mundo machista de vendas. E ele acabou topando.

Bom, assim que voltei da licença maternidade, ele me perguntou: "Você tem certeza? Não vai desistir no meio do caminho?" Ai, aquilo me deu ainda mais garra. Então ele me entregou um jaleco branco e disse: "Tá bom, se é isso que você quer, vai começar como promotora de vendas na Zona Norte". Isso significou chegar todos os dias antes das 6 da manhã ao supermercado, do outro lado de São Paulo, pois moro na Zona Sul, abastecer as gôndolas, montar pontos promocionais, contar estoque, carregar caixas etc. Eu chegava em casa arrebentada, mas não desisti e aprendi a valorizar muito esta profissão. O promotor numa empresa de consumo é fundamental para fazer as vendas acontecerem, pois é ele que com jeitinho consegue aumentar os espaços na gôndola e ajudar o vendedor a vender mais. E é ali no chão de loja que a gente consegue observar os consumidores e entender seus hábitos e o que os leva a escolher a marca A ou B.

Nesse meio-tempo, meu marido abriu um restaurante, o Mezzogiorno, e portanto conseguia ter uma vida mais equilibrada que a minha. Podia estar mais presente com o Alberto, levando-o ao pediatra, passeando, ensinando e coordenando tudo em casa.

5ª lição - Atrás de uma mulher de alta performance tem sempre alguém que suporta e ajuda a dividir os papéis de gestão da casa. No meu caso, o supermaridão Aldo, que continua, depois de 30 anos de casados, sendo o grande amor da minha vida.

Depois de oito meses no campo, aprendendo e atuando também como vendedora, assumi o cargo de gerente *Key Account* da conta do Carrefour para todo o Brasil. Foi uma loucura, eu não tinha ideia do que me esperava. Aprendi técnicas de negociação, de gestão de equipe, a ter cara de pau na frente do cliente, mas o melhor foi sentir aquela vibração de brigar até o último minuto do mês para superar as metas e ser a melhor.

6ª lição - Quando perceber que não é boa o suficiente em algo e que isso pode atrapalhar suas entregas ou sua carreira, trate de resolver. Faça a diferença, assuma desafios e busque todas as ferramentas necessárias para se superar e fazer o melhor.

Passados dois anos e meio, nasceu a Fernanda (agora com 18 anos, começando a cursar Arquitetura), e recebo o convite para após a licença maternidade voltar para a matriz para gerenciar uma *joint venture* que a RMB tinha iniciado na área de sobremesas. Claro que aceitei esse novo desafio. Era diferente de tudo o que já havia feito.

Passei seis meses entendendo o negócio, buscando oportunidades e gerenciando o dia a dia até que cheguei à conclusão de que aquilo não tinha futuro. E aí me preparei para informar aos meus dois chefes que o melhor era encerrar esaa parceria. Ela não trazia nem iria trazer os resultados esperados por nenhuma das empresas. Minha recomendação foi aceita e, de uma hora para outra, não havia mais um cargo para mim, pois eu tinha acabado de acabar com ele!!

7ª lição - Mesmo que a decisão seja arriscada para sua carreira, faça o que é certo. E acredite nos seus instintos.

Mas, no fim, foi aí que surgiram novas oportunidades. Depois de participar de alguns projetos temporários, "pepinos e abacaxis" de monte, fui escolhida para assumir a diretoria da divisão Foodservice. Tudo ia maravilhosamente bem, até que adquirimos uma empresa e logo em seguida fomos adquiridos por outra e com isso de uma hora para outra passei de gerente de Hortifrutti (os tais pepinos e abacaxis) a gerente geral da Unilever Foodsolutions, uma operação de 150 funcionários, que vinham de três empresas completamente diferentes em cultura, processos e rentabilidade. Uma operação enorme, com decisões difíceis a serem tomadas. Confesso que houve momentos em que quis desistir, pois o desafio era enorme e eu não me achava capaz. Mas aí, mais uma vez, o apoio do marido e do meu chefe me deram aquele empurrãozinho que faltava para dar a volta por cima, reconquistar minha autoconfiança e colocar aquela operação em ordem. E consegui!!! No final do ano, saí da Unilever entregando os resultados esperados e comecei um processo de recolocação.

8ª lição - Não desista. Acredite em você. Tente um pouco mais e só saia do barco quando chegar ao porto.

Bom, depois de tantos anos em consumo, fui usar todo o meu conhecimento numa empresa de embalagens, a TetraPak. Assumi uma gerência de *marketing* de alimentos e bebidas, cargo sem dúvida muito menos importante que o anterior, mas que me trouxe muita realização. O meu trabalho consistia em agregar valor aos clientes, ajudando-os a encontrar oportunidades para crescer, a lançar novas linhas de produtos, a posicionar suas marcas e às vezes até a fazer a estratégia de vendas e distribuição, já que muitos clientes eram fazendeiros, porém sem experiência alguma no mercado. Foram três anos em que aprendi a dinâmica do mundo B2B, de passar de compradora a fornecedora e tive uma maravilhosa sensação de saber que eu estava usando todo o meu conhecimento para ajudar outras empresas a crescerem e gerarem novos negócios e empregos.

9ª lição - Cargo não é tudo, o importante é acreditar em algo maior. E, quando pensar em mudar, pense para quais empresas o seu conhecimento e experiência acumulada tem valor. Conhecer o seu valor abre portas e torna você desejável no mercado.

E aí, como eu mantive sempre meu *networking* muito ativo, fui chamada para assumir a Diretoria de *Marketing* da MasterCard. Confesso que fiquei muito dividida. Eu adorava a TetraPak, estava super-realizada, não tinha completado meu ciclo ainda, mas como dizem ... cavalo selado não passa duas vezes... e resolvi montar e partir para um mundo completamente desconhecido. Serviços financeiros, meios de pagamento, empresa de tecnologia. Eu só sabia gastar, mas não tinha ideia da complexidade que está por trás desse negócio. No entanto, realmente, a oportunidade de gerenciar uma marca como MasterCard, com uma campanha global "Priceless", era irrecusável.

E parece que foi ontem, mas já se passaram outros 11 anos. Foram muitos aprendizados e muitos desafios legais, como quando passei a gerenciar não apenas a área de *marketing* do Brasil mas também do Chile e da Argentina, com culturas diferentes, línguas diferentes e gestão de equipe a distância. Foram muitos projetos inusitados realizados aqui e copiados globalmente, sempre apoiada por uma equipe extremamente profissional e dedicada. Aliás, quanto mais crescemos na carreira, mais a gente tem de desenvolver competências de liderança e ter uma equipe de alta performance, que saiba mais, em quem a gente confie e que faça a diferença todo dia. E felizmente sempre estive rodeada de profissionais muito bons, a quem devo muito do meu sucesso.

No meio do caminho, em 2010 tive um grande baque. Descobri um tumor maligno no meu pé direito e de um dia para o outro pensei que teria de amputar meu pé. Foram muitos meses de tratamento com quimio e radioterapia. Mas, apesar de toda a gravidade do meu caso, dentro de mim eu sabia que ia ficar curada. E fiquei. A minha equipe maravilhosa segurou a barra, deu conta do recado e a MasterCard deu todo o apoio que eu precisava para me cuidar. Realmente investiram em mim. A vida continuou e, depois de cinco anos, quando começava a diminuir a frequência dos exames de controle, outro baque. Descobri uma metástase no pulmão, mas me livrei dela rapidinho apenas com uma cirurgia. E estou nova de novo!!

E tudo isso, ao invés de me derrubar, me deu muita força para dar a volta por cima, para ver a vida de uma maneira diferente, para valorizar ainda mais as pessoas a minha volta, minha família querida, minha equipe, os amigos que estiveram do meu lado e ao mesmo tempo ter certeza de que adoro o que eu faço, adoro meu trabalho e adoro viver cada minuto da minha vida.

Mas também descobri outro lado, que foi a religiosidade. Nada como um problema grave para a gente ir em busca de Deus, né? Pois é, acho que essa foi a dica que eu precisava para me aproximar da fé e da oração. E sou muito, muito grata a isso, pois hoje essa proximidade me reconforta, me dá paz, inspiração e força para superar os meus desafios. Hoje participo com muito orgulho e carinho do grupo de liturgia da Paróquia de São Dimas aqui no meu bairro, ajudo como posso nas atividades da Igreja, e fiz muitos novos amigos. De fato, hoje posso dizer que faço parte da comunidade.

Outro lado que tudo isso me fez perceber é que eu adoro ajudar os outros, dividir o que eu aprendi nesta vida, então participo ativamente de projetos de *coaching* e *mentoring* tanto dentro da MasterCard como fora, e de grupos cujo foco é valorizar a mulher como profissional, como empreendedora e prepará-la para desafios ainda maiores como o WLN da MasterCard, o Winning Women da EY e o Mulheres do Brasil.

Voltando para o aspecto profissional, percebi que, para continuar esta carreira de sucesso, agregando valor ao negócio, preciso estar muito atualizada e antenada com todas as mudanças que estão ocorrendo na vida das pessoas e entender como isso pode impactar os hábitos e atitudes delas em longo prazo e por consequência os resultados do negócio.

Hoje dedico cerca de 25% do meu tempo para me atualizar, me inspirar, fazer cursos, participar de palestras e *workshops* de inovação, conhecer gente diferente e entender novos modelos de negócios, pois o que funcionou até agora não vai funcionar nos próximos 10 anos. Mas sei que não adianta apenas focar em ser inovadora e trazer novos *insights* para ter sucesso. A capacidade de execução e de entrega é ainda mais importante. Uma boa ideia mal executada não vale nada. E para isso preciso contar com uma equipe em quem confio e vencer muitos desafios para mudar a cultura e o *status quo*. Competências de liderança, foco no negócio, dinamismo e visão de longo prazo são fundamentais.

10ª e última lição - Aprenda com os percalços da vida e descubra o que realmente é importante para você. E sempre se autodesafie a fazer a diferença onde quer que seja, a fazer mais do que o básico e impactar positivamente a vida das pessoas. Cuide muito bem do seu *networking*, respeitando e ajudando os outros. E não se esqueça nunca do equilíbrio pessoal e profissional.

Apesar de toda essa trajetória profissional, sempre estive muito perto do meu marido e filhos, sempre nos divertimos e viajamos muito juntos, participei da maioria das atividades e acontecimentos da vida deles e hoje me sinto muito orgulhosa de ter criado dois filhos maravilhosos, que estão se dando muito bem na vida, que são muito abertos conosco e nos respeitam muito.

Pena que só tenho um capítulo para dividir a minha história, mas se quiser bater um papo é só me avisar e vamos almoçar lá no Mezzogiorno, tomando uma taça de vinho e dividindo nossas experiências, afinal, você também deve ter muita coisa para me ensinar.

EMPREENDEDORAS DE ALTA PERFORMANCE

8

Bruna Timbó

Bruna Timbó

Advogada, pós-graduada em Direito Civil e mestre em Direito do Seguro pela Universidade Jean Moulin 3, Lyon, França. Possui MBA em Seguros e Resseguros e treinamentos técnicos e de liderança realizados nos Estados Unidos, Alemanha e México. É diretora executiva da LTSEG Corretora de Seguros, boutique especializada em consultoria em seguros para clientes corporativos. É também membro do Grupo Mulheres do Brasil, liderado pela empresária Luíza Helena Trajano e composto por mulheres líderes, e do Grupo Liga Empreendedora B2P, que reúne mulheres empreendedoras dos mais variados setores para compartilhar e trocar conhecimento, experiências e negócios. Defensora incondicional dos seus clientes, executiva, mulher multitarefas, mãe, esposa, companheira, amiga e inveterada sonhadora com um mundo melhor para todos.

(11) 99309-8707 / (11) 3053-3050
www.ltseguros.com.br
bruna@ltseguros.com.br

A vida nos leva por caminhos estranhos e diferentes. Essa é a única forma como posso começar a descrever a minha trajetória como empreendedora.

Advogada de formação, o Direito era o que eu queria para a minha vida. Amava – e ainda amo – o cheiro daquelas páginas intermináveis dos processos, as discussões sobre pontos de vista diferentes acerca da legislação, as sentenças favoráveis e ser reconhecida como *expert* era o que eu pensava como ideal para o meu futuro. E foi assim desde sempre, desde que tive notícia sobre a figura de um grande advogado amigo do meu pai, reconhecido nacional e internacionalmente no mundo do seguro e do direito do seguro... Ele tinha tudo o que eu entendia que precisava em termos profissionais.

Tendo ciência dessa minha vontade e vocação, meu pai me enviou, de Salvador, Bahia, onde eu morava à época, para uma conversa com esse seu amigo, que morava em São Paulo e nessa oportunidade lhe perguntei bem diretamente o que precisava para ser como ele dali a alguns anos. A sua resposta foi muito estudo, dedicação e alguns cursos fora do País (especialmente na França ou Bélgica) para ganhar foco na área em que eu queria atuar, que era justamente o Direito do seguro.

Após essa conversa tinha certeza de que a minha vida seguiria no rumo que planejei desde a adolescência, quando já sabia o que queria ser e em qual ramo atuaria, sempre circundando meu pai, grande profissional da área de seguros.

Seguindo os conselhos dados, enquanto fazia faculdade e posteriormente trabalhando, durante anos em um grande escritório de seguros regional, estudei Francês com afinco. Fui morar em Montreal, no Canadá, para praticar e, quando achei que estava pronta, transferi a minha vida (eu e meu marido) para Lyon, na França, onde estava o mestrado que eu deveria fazer. Mantive aceso o meu sonho de especialização e reconhecimento, tendo a certeza de que quando acabasse o meu período acadêmico francês eu voltaria para o Brasil e trabalharia com o amigo do meu pai, um grande ídolo e quem sabe um dia seria uma das eleitas para continuar o seu legado.

E assim aconteceu – ou quase aconteceu – e anos depois me flagrei em São Paulo, cidade que tive como meu lar definitivo desde o primeiro dia em que nela pisei para morar. O trabalho no escritório, que para mim era um sonho, se despiu da magia que um dia acreditei ter, muito embora o amigo do meu pai ainda fosse – e talvez ainda seja – o meu ídolo profissional, a quem certamente devo muito. Tanto que pouco tempo depois de começar a trabalhar no seu escritório cedi, quase sem resistência, às investidas de um dos maiores escritórios do País e, triste, abandonei voluntariamente aquele sonho para me reinventar em outro lugar.

Esse outro lugar não era também o que eu esperava e me senti pouco desafiada. Tudo aquilo que aprendi fora do Brasil, ideias novas, teorias mais avançadas de Direito do seguro e experiências diferentes ficavam escondidos atrás de um pano denso de vícios jurídicos quase intransponíveis. Com essa experiência percebi que o futuro, o novo interessa a poucos. Sem motivação, o dia a dia no escritório se tornou extremamente cansativo, passei a trabalhar vislumbrando sempre o final de semana e foi aí que percebi que ali não era o meu lugar. Comecei, então, a pensar qual seria a minha nova saída, uma saída que me permitisse inovar, trabalhar com o carinho e a dedicação que eu poderia oferecer a clientes, colegas e parceiros e que merecesse o meu investimento técnico, profissional e emocional de vida.

Quantas noites passei em claro pensando em qual seria o escape ideal da vida da mais valia até que fui "convidada" a abrir a filial São Paulo da corretora de seguros do meu pai (LTSEG Corretora), a quem devo muito nesta vida e a quem agradeço todos os dias. Coloquei o "convidada" entre aspas porque não foi bem um convite, mas sim uma imposição, destas de família, que se não for aceita pode gerar uma deserdação.

Diante de todas as experiências vividas e do novo desafio não havia outra opção que não aceitar – como se esta opção existisse de fato sem que eu fosse deserdada pelo meu pai. Só posso agradecer o fato de que esta "opção" veio na hora certa. Se eu soubesse então o que seria a minha vida depois dessa "escolha", eu, por conta própria, já teria proposto a criação da filial antes mesmo de o "convite" me ser apresentado.

A unidade da LTSEG São Paulo começou no quarto de hóspedes da minha casa, com a dedicação ímpar de uma sócia de fachada – já que, muito embora eu trabalhasse demais e muito mais do que qualquer outro na empresa, as cotas da sociedade pertenciam todas ao meu pai, que gentilmente me presenteava com o valor que ele achava devido pelo meu esforço. Sem subjetivismos, claro, se a ironia me é permitida.

Desde a abertura da filial, já passamos por duas sedes (sem contar o meu quarto de hóspedes) e agora estamos na primeira sede própria da empresa em São Paulo. Tive a felicidade de quintuplicar o faturamento da empresa desde a minha chegada, com muito afinco, dedicação, tecnicidade e prestação de serviço que considero de excelência. Consegui colocar em prática não somente o empreendedorismo que descobri latente em mim, mas tudo o que aprendi, o que vi e o que vivi, em prol, desta vez, do negócio da minha família.

Senti-me muito feliz até o final de 2011 e quando tudo parecia caminhar muito bem, eu grávida de cinco meses do meu primeiro filho, a vida me pregou a pior das peças. Em dezembro daquele fatídico ano, descobrimos que meu pai tinha um câncer no cérebro. Mas ainda tinha como piorar.

Dias depois da descoberta estávamos – toda a família – no Hospital Sírio Libanês para uma cirurgia que não poderíamos prever o resultado. Felizmente tudo deu certo, meu pai saiu sem sequelas e o câncer teria sido retirado. Entretanto, as nossas piores suspeitas tinham se confirmado e o câncer dele era do tipo mais agressivo, com expectativa mínima de tempo de vida (até dois anos) e teríamos uma batalha eterna pela frente.

Em janeiro de 2012 meu pai começou a quimioterapia. Quando se tem uma pessoa com câncer na família o aprendizado é diário, cada experiência é diferente da outra. O tratamento do meu pai, por exemplo, era inteiramente por via oral, nunca nada foi injetado no corpo dele de outra forma. E mesmo que os efeitos desta quimioterapia tenham sido mais brandos que as demais (não houve perda de cabelos, por exemplo), meu pai sofria diariamente com diversos problemas que, finalmente, culminaram no seu afastamento da empresa para que ele se cuidasse física e mentalmente.

E foi assim que um dia eu tinha um mentor, um CFO, um exemplo, uma solução e, no outro, era só eu para gerir, tocar, inovar, pensar, operar, trabalhar, comandar... e ainda ser mãe de primeira viagem. Da advogada que nunca gostou de números e virou uma empreendedora criativa, eu passei a COO, CEO, CFO, *compliance*, governança corporativa e tudo mais, responsável pela vida de colaboradores e suas famílias, clientes e responsável pela minha própria família, já que a empresa nos sustentava.

Não bastassem as complicações físicas, emocionais e profissionais envolvidas na situação, considerando que os problemas familiares atingem em cheio uma empresa familiar, logo que meu pai começou a quimioterapia eu, com pouco mais de cinco meses de gravidez, comecei a perder líquido amniótico por motivos desconhecidos e o Pedro, meu filho lindo, depois de muito lutar, teve de nascer prematuro de 34 semanas, pesando apenas 1,860 kg.

Apenas em dois momentos me afastei da empresa e o primeiro deles foi quando acompanhei o Pedro na UTI do hospital, na qual ele ficou por 20 dias e lutou pela pequena vida dele. Quando eu falo de afastamento, falo de desligar, não saber, não falar, focar apenas naquilo que naquele momento é prioridade. E a empresa não poderia ser a minha prioridade naquele momento. Nada se compara à dor de sair da maternidade sem o seu filho nos braços, consciente do abandono forçado e sem nada a fazer.

Eu chegava às 7 da manhã no hospital e saía às 23horas, numa rotina infindável que durou os 20 dias mais longos da minha vida. Caminhar pelas intercorrências pelas quais passamos junto com o Pedro não vem ao caso, então vou para a parte feliz, quando depois daquele fatídico período saímos do hospital e, viajantes pela primeira vez, fomos todos para casa tentar nos distrair com o nosso pequeno anjo.

O Pedro veio e nos deu a alegria que precisávamos para continuar lutando. Imediatamente após a nossa saída do hospital eu voltei a trabalhar. Zumbi passou de substantivo ao melhor adjetivo que se aplicava a mim na época. Eu reassumi o meu posto de executiva faz-tudo, mãe, dona de casa e esposa, tudo simultaneamente, em tempo integral. Quem disse que ser mulher é fácil, certo?

A empresa continuou prosperando malgrado o afastamento contínuo do meu pai. Eu sofri calada cada dia desde a descoberta da sua doença e decidi me dedicar ainda mais à empresa, até para ser um incentivo para meu pai, que precisava de qualquer força a mais para lutar.

E ele lutou. Nossa, como me orgulho. Mesmo doente, sofrendo, esteve presente o quanto pôde para fazer uma sucessão forçada da empresa especialmente perante os clientes, que um dia demandavam por ele e que depois, gradativamente, passaram a pedir por mim. Ele fez *calls*, participou de projetos a distância, compareceu em reuniões fingindo estar bem quando a sua doença estava a olhos vistos e mostrou aos clientes e funcionários a sua força quando, na realidade, ele já não tinha mais. Ele fez o que pôde e, como sempre, fez bem.

Ele foi bravo até o seu último minuto. Lutou para viver e seu último suspiro esperou a minha chegada de São Paulo até Salvador, onde ele estava internado e de onde nunca quis sair. Nesse mesmo dia da minha chegada tivemos de "desligá-lo" porque seu corpo já não aguentava mais a batalha contra a doença e nada na minha vida até agora foi mais duro do que lhe dizer adeus.

Na manhã seguinte, ainda em luto, era eu que tinha de continuar tocando a empresa. Essa foi a segunda e última vez que precisei me afastar. Contei com a equipe que construí para ter tempo de me recuperar, de lamber um pouco as feridas que jamais cicatrizarão, ter só um pouco de tempo para sobreviver àquele momento e dar apoio a quem ficou.

Vinte dias depois do falecimento do meu pai eu estava de volta à empresa. Não tive tempo para traçar nenhuma estratégia, era pura sobrevivência. A minha missão a partir daquele momento era concretizar a sucessão e manter a empresa operando em sintonia com o que sempre foi praticado, o que inevitavelmente significava manter os nossos clientes. Para tanto, eu tinha que abrir e reabrir a mesma ferida todos os dias, em reuniões sucessivas para contar a minha história, a nossa história, e prometer que muito embora o momento fosse de crise para a empresa, jamais isso seria visto pelos clientes, que seriam beneficiados continuamente com o melhor que pudesse ser feito.

E assim eu fiz. Trabalhei muito mais do que era possível com um nível de dedicação de poucos. Nada disso eu poderia ter feito sem contar com a ajuda e apoio da minha família, pilar essencial da minha vida: meu irmão, que veio comandar a empresa comigo; minha mãe com o seu suporte e amor incondicionais; meu marido, que me puxa para a realidade, me suporta, abre os meus olhos e me mostra o melhor caminho a seguir; e, finalmente, Pedro, meu filho, a minha felicidade cotidiana e deliciosa. A eles e a meu pai eu devo tudo.

Passados dois anos do falecimento do meu pai e tendo tido sucesso na fase de transição da empresa (com faturamento acima do esperado e sem a perda de NENHUM cliente!), sinto que as decisões que tomei foram corretas e conduziram a empresa para um reconhecimento ímpar no mercado de consultoria e corretagem de seguros.

Neste ano de 2016 nos sentimos seguros para retomar os planos de expansão que foram traçados lá atrás, quando meu pai ainda estava entre nós. Mesmo em um ano de crise optamos por ampliar o foco de atuação da empresa, que passou de consultoria em projetos de infraestrutura e construção civil para consultoria em projetos corporativos, abraçando assim diversos outros setores da economia e tipos de empresas que agora podem ser nossos clientes. O plano é que tripliquemos de tamanho no prazo de três a cinco anos.

Contada esta história fica claro que, para mim, a mulher empreendedora precisa ter disciplina e foco para que o seu negócio dê certo. É preciso também, e fundamentalmente, muito conhecimento, pois temos de nos provar cotidianamente, seja para o nosso marido, colaborador, cliente ou parceiro e somente através do conhecimento ganhamos o respeito que procuramos e merecemos.

A fé e a coragem também são ingredientes necessários à vitória. Muitas vezes me questionei se o modelo de negócio estava certo e se no meio de tantas turbulências eu deveria continuar mesmo sem querer desistir, mas me provei correta. Ainda tenho milhares de dúvidas sobre o negócio, mas ao menos tenho a certeza de que é o caminho que desejo percorrer.

Acima de tudo, eu tive confiança. Confiei que poderia vencer, prestar o melhor serviço, atender com excelência, preservar a postura de lisura que sempre permeou a empresa e que é uma característica deixada por meu pai que nunca vai se apagar. Confiei nas minhas decisões mesmo me questionando tantas e tantas vezes e tropeçando muitas outras. Confiei naquilo que entendo como correto e que tenho como filosofia de vida e que são os contornos do que entendo ser uma postura ética.

É claro que no meio de 13 anos de seguros existem tropeços e percalços, além da própria dificuldade de ser mulher e de todas as surpresas que podem surgir, como aquelas que aconteceram comigo. Analisar balanços e relatórios de gestão, auxiliar colaboradores em situações pessoais com sensibilidade (sim, com sensibilidade, afinal você é mulher...), elaborar orçamentos e estratégias de futuro são situações cotidianas para as quais nenhum currículo universitário prepara.

Mas a motivação do crescimento, do planejamento, da execução, do reconhecimento é maior do que qualquer problema. As coisas podem dar errado e dão às vezes, mas trabalhar naquilo que se ama e que se faz para si é algo que não dá para descrever, é viver em final de semana – contrapondo o cansaço intelectual e físico da minha última experiência de trabalho. Não há desafio em se manter motivada, ao menos para mim. Estar motivada é algo absolutamente natural diante do amor que sinto pelo meu negócio e pelo meu trabalho.

O aprendizado empresarial é constante e não tem calma ou compaixão pelas tantas outras tarefas que temos de fazer além de sermos executivas. Ele (o aprendizado empresarial) urge. Tudo urge, trabalho, família, vida pessoal e muitas vezes o equilíbrio é difícil de encontrar e esse é um dos grandes desafios da mulher empreendedora. Mas com jeitinho, aquele jeitinho especial que as mulheres têm, o mundo vai se adequando a nós e nós vamos nos adequando ao nosso mundo, superando um dia de cada vez, com paciência e temperança.

Quem me conhece, aliás, sabe que, na realidade, paciência não é uma das minhas grandes virtudes, então o conselho acima é mais um "faça o que eu digo, não faça o que eu faço". Mas prometo que estou em um processo evolutivo gradual e que, um dia, chego lá. Ao lado do aprendizado empresarial, amadurecer como pessoa também urge.

Acredito que a mensagem por trás de toda essa história e conselhos é que há sofrimento, existem desafios e dificuldades, é necessário equilíbrio e dedicação a tudo, mas, no final, ser empreendedora, ter o seu próprio negócio e sentir dar frutos é absolutamente recompensador e merece todos os esforços. O segredo, então, é paixão, muita paixão.

E eu sigo assim, apaixonada e feliz.

9
EMPREENDEDORAS DE ALTA PERFORMANCE

Cacilda Silva

Cacilda Silva

MBA Master Coach IBC, Certificação Internacional pelo The Inner Games International School, Califórnia – USA, Business & Coaching, practitioner em PNL e Hipnose pela Iluminata do Brasil, Professional & Self Coaching pelo IBC, High Performance pela Academia Internacional de Coaching.

Coautora dos livros: "Líderes em Ação", do INEXH e "O Poder do Coaching" - Ferramentas, foco e resultados, pela Editora IBC, bacharelado em Administração de Empresa pela Universidade de Anhanguera, São Paulo, Brasil, proprietária da empresa SUPRICABOS desde 1995, empresa que trabalha com suprimentos de cabos tecnológicos em Teresina (Piauí), inaugurou a empresa Espaço Coachtório Cacilda Master Coach, em 2013, com atuação no Piauí e Maranhão, especialista em habilitar coachees e potencializar resultados com Coaching em equipe, colunista da Revista Fecomercio desde 2013, parceira do Sebrae–PI desde 2004. Estagiou em coachtórios de Uberlândia, São Paulo e Curitiba.

(86) 3221-4601 / 99422-4459
cacildamastercoach@gmail.com

Ter sucesso é ser feliz!

> "Somente quando estamos em sintonia com o nosso destino, com os nossos pais, com a nossa origem e tomamos o nosso lugar temos força." (Bert Hellinger)

Honrar e respeitar a própria história é o maior aprendizado de um ser humano.

Dedico este trabalho à memória de meu pai, João da Cruz, um eletricista que me ensinou tudo que sei sobre conectividade, excepcionalmente, da energia do amor. Ainda trago vivas em minhas lembranças todas as expressões de amor e compaixão que tive a oportunidade de viver com ele.

Cacilda Silva: mulher, nordestina, negra e pobre; adentrando em um mercado predominantemente dominado por homens. Assim começa minha história de superação e expansão de consciência.

Coragem, foco, fé, persistência e base familiar, esses foram os elementos básicos para a evolução pessoal e profissional. O resultado é uma empresa renomada, que em 2016 comemorou 21 anos de referência no mercado de conectividade em Teresina, Piauí, acompanhado (na mesma data) do prêmio Mulher de Negócios, na Câmara Municipal de Teresina.

Nas próximas linhas será apresentada uma história que comprova a interrelação da vida pessoal com a vida profissional. Nada se separa nem por um momento, tudo é integrado.

Em 1995, inaugurei a loja Supricabos e, a partir de então, venho me fazendo uma pergunta: o que é sucesso?

Gerações e gerações têm feito essa pergunta e não conseguiram uma resposta satisfatória, por não se darem conta de que tudo é uma questão de nível evolutivo.

A pirâmide dos níveis neurológicos me ajudou a obter a resposta e compreender. Assim, posso exemplificar com minha trajetória o que aconteceu nesse percurso de 21 anos.

Pirâmide dos níveis neurológicos: um modelo conceitual muito importante nos processos de aprendizagem e mudança é a escala de níveis neurológicos desenvolvida por Robert Dilts, pesquisador da teoria dos sistemas, campo científico que valoriza a abordagem holística do homem e da natureza. Dilts é reconhecido mundialmente por seu trabalho com a PNL

(Programação Neurolinguística). O modelo de Dilts sobre os níveis neurológicos é muito oportuno na medida em que classifica os níveis em que podemos atuar para o desenvolvimento do ser humano. Começando pelo nível mais básico e superficial que é o ambiente externo, o modelo atinge em seu topo a espiritualidade, onde já atua no âmago do indivíduo.

Tal modelo é excelente tanto para realizarmos um diagnóstico do nível no qual me encontro e para estruturar a ação de aprendizagem e mudança para onde desejo chegar.

1º nível – Ambiente

O nível do ambiente refere-se ao ambiente externo. O local de trabalho ou convivência do indivíduo o influencia e o faz influenciar. Em maior ou menor grau, dependendo do seu nível evolutivo, a relação passiva/ativa do indivíduo com o ambiente varia consideravelmente. As pessoas, neste nível, estão no lógico e racional, naquilo que lhe é tangível, acessando aquilo que está disponível a elas no ambiente e nas suas relações. As pessoas atuam em um nível superficial.

Empreender no 1º nível: o empreendimento é criado para atender a demanda do cliente e obter resultados, foco no faturamento. Cliente é visto como consumidor. Fornecedor é uma relação de troca necessária. A intenção é sobreviver no mercado.

Neste nível é de suma importância a estrutura física da loja, sua organização, a qualidade da entrega dos serviços e produtos. A preocupação é fazer nome e ser reconhecida no mercado.

A Supricabos foi idealizada para trazer solução para o cliente oferecendo produtos tecnológicos inovadores e únicos no Estado, como cabos para computadores, retroprojetor, impressora fiscal, bomba de gasolina, balança e *home theather, racks* para rede estruturada e outros. Uma loja completa de suprimentos tecnológicos.

No ano de 2011 a Supricabos mudou-se para loja própria objetivando atender melhor seus clientes, maior infraestrutura, acessibilidade e logística apropriada.

2º nível - Comportamento

Este se refere a ações e reações do indivíduo e aborda não somente ações efetivas, mas também as ações potenciais efetivadas no pensamento. Neste nível trabalhamos as respostas das pessoas perante as situações em que deseja mudança, ou o alcance de algum objetivo específico. As pessoas ainda são superficiais e remediativas. O comportamento é reativo.

Empreender no 2º nível: envolvimento e engajamento com os colaboradores, cliente é visto e analisado como um potencial, sem ele a empresa para. O fornecedor é visto como peça-chave para o êxito da empresa. Inicia-se o processo de cultura organizacional e amor à marca. Neste estágio, a empresa busca credibilidade, então, cerca-se de todos os cuidados para entregar com a qualidade e a agilidade que o cliente almeja. A Supricabos evoluiu além daquilo que pode ser percebido pelo cliente, a empresa buscou os melhores fornecedores e criou uma relação de confiança com eles, para entregar qualquer serviço em tempo hábil.

3º nível – Habilidades e capacidades

Refere-se à própria competência das pessoas que está relacionada com a aplicabilidade dos seus conhecimentos e com suas estratégias mentais que direcionarão suas ações. É a nossa capacidade de termos o norte, a direção, o mundo da competência técnica.

Somos o que acreditamos, ousamos fazer e decidimos a cada momento, existem milhares de conexões acontecendo a cada momento, no nível das "crenças e valores," lembramo-nos da capacidade associativa do nosso sistema nervoso, o que acreditamos é o que realizamos e conseguimos.

Empreender no 3º nível: enxergar que a empresa precisa se capacitar, escolher os melhores fornecedores e criar uma relação sólida com cada um deles. Adquirir novos comportamentos, realizar visitas *in loco* na empresa do fornecedor, criar novos comportamentos que irão causar impacto no cliente final. Perguntar-se diante de cada desafio: "Como fazer? Quais habilidades e competências meu empreendimento já tem? Quais habilidades meu empreendimento precisa desenvolver?"

As competências determinam a forma como a empresa aplica o conhecimento e se comporta nas mais diversas situações, lembrando que a empresa são as pessoas que estão ligadas a ela neste momento. Nesse nível evolutivo, já é hora de filtrar quem precisa ser habilitado a permanecer na empresa e quem se exclui automaticamente por não compartilhar do mesmo sonho.

4º nível – Crenças

É o das crenças e está relacionado às ações e pensamentos das pessoas. A crença é uma verdade individual de cada ser humano, são verdades que acreditamos e que guiam nossas vidas e atitudes.

Aqui a reflexão se baseia em questões como: "Em que eu realmente acredito? Quais são minhas crenças a respeito disso? Isso me ajuda ou me atrapalha? (Crenças) – O que é importante para mim?"

Empreender no 4º nível: acreditar aonde a empresa pode chegar, essa é a questão. Ultrapassar os limites que trazemos durante toda nossa vida, de acordo com nossa criação e com os ensinamentos deixados pelos nossos pais e avós. Acreditar que podemos ir além do que foram nossos entes requer habilidade e ousadia, é preciso ampliar a capacidade de sonhar e realizar. Reconhecer e ressignificar as verdades limitantes que trazemos em nossa vida como empreendedor, permitirá desenvolver sua jornada com mais consciência e lucidez, clareando ainda mais as metas e objetivos que se deseja alcançar no processo.

5º nível – Valores

Valores são os princípios que estão por trás de nossas atitudes. Por causa dos valores agimos de uma ou outra forma.

Por que ajo assim em determinada situação? (Valores)

Este nível é de grande importância devido à sua capacidade de influência em nossas atitudes. Nossos valores norteiam nossas ações.

No processo evolutivo, o quinto nível é a essência de quem somos utilizando nossa missão e sabendo quem nós somos. Essa força nos traz clareza e entendimento para ultrapassar os problemas, que certamente virão, conhecer a si mesmo é a chave para criar soluções. Mais do que isso, é compreender que a essência do problema traz em si mesma a solução, não existe problema sem solução, pois jamais saberíamos de nossos problemas se antes disso não conhecêssemos a solução para eles.

Empreender no 5º nível: é ter consciência daquilo que move suas ações, o por quê de suas atitudes. Porque a integridade é fator crucial, porque a lealdade é tão valorizada, porque os laços sanguíneos são forças de união tão forte. Nessa busca do conhecimento e envolvimento com aquilo que nos move, certamente encontramos a influência de nossos pais. Meus pais são referência para minhas atitudes dos dias atuais, inconscientemente eu ajo como eles e decido minhas atitudes de acordo com ensinamentos deixados por eles.

O maior desafio enfrentado pela Supricabos trouxe em si a solução. Com um furto na empresa, ficamos sem crédito por algum tempo, nessa época a única saída foi comprar a vista e vender a prazo. Essa estratégia enviada por um aparente problema fez a empresa se estruturar e alavancar consideravelmente seus lucros.

6º nível – Identidade

Este é o nível da identidade, o nível do EU. Ele é decorrente das crenças, valores e cultura do indivíduo. Estas e outras esferas de influência imprimem no indivíduo sua identidade. A identidade relaciona-se com a missão da pessoa e o seu senso de si mesmo. E, então, quem sou eu em essência? Quais são os meus dons, meus talentos inatos? A respeito de tudo o que acreditei sobre quem eu deveria ser, quem eu realmente sou e quero ser? Qual é a expressão mais verdadeira de quem eu sou? O processo de identidade é o primeiro passo para o relacionamento mais saudável com o outro.

Aqui ocorrem as maiores transformações conscientes e inconscientes e quando a essência da vida parece ter um novo sentido, um novo brilho.

Empreender no 6º nível: é entender o verdadeiro motivo da existência da empresa. Esse motivo vai muito além do faturamento da empresa, vai além de atender o desejo do cliente ou ter uma boa relação com os fornecedores.

Neste nível tem-se uma ampliação de consciência e tudo começa a fazer muito mais sentido, aqui acontece a junção da missão da vida com a missão da empresa. Vivenciar a identidade da empresa é entender a nossa própria identidade. É um desafio perceber onde termina o ser humano e começa a empresa, porque tudo parece ser um só. O amor que se coloca em cada ação tomada, o reconhecimento e aceitação de tudo de bom e de ruim que acontece é um olhar divino sobre as coisas terrenas.

7º nível – Espiritualidade

Este é o nível do legado ou espiritualidade, está relacionado com espiritualidade, legado, pensamento sistêmico, visão de mundo, cocriação e compartilhamento da humanidade, relaciona-se com o sistema universal no qual a pessoa faz parte. Qual minha contribuição na sociedade onde vivo? Qual minha relação com o universo que me cerca? Qual o meu propósito? Qual o meu legado? Em que momento eu fiz a diferença neste mundo? Como quero fazer? Neste ponto o indivíduo se torna capaz de pensar como humanidade, como ser integrante do universo maior. É o nível da responsabilidade social, da ética e da conexão com algo maior que permeia a todos.

Empreender no 7º nível: nesse estágio de evolução empreendedora, as coisas acontecem naturalmente, o Divino torna-se o principal responsável pelo trabalho e o humano é um mero condutor, utilizado para que seja feita a vontade dessa luz superior, que é a luz Divina.

Aqui céu e terra se encontram, tudo que sempre existiu e não estava incluído volta para completar o seu percurso. Tudo começa a fazer mais sentido e então eu me percebo dando continuidade ao legado de meu pai. Fazendo o que ele faria se estivesse aqui, realizando os sonhos dele, caso estivesse na vida terrena, e empreendendo como ele, caso tivesse a oportunidade.

Nesse nível, reconhece-se que tudo foi apenas uma parte da jornada que nos levará a nossa mais profunda essência.

Sinto-me à vontade para recordar uma passagem bíblica que diz: "O trabalho engrandece o homem e enobrece a alma".

Facilmente minha visão se amplia e eu percebo que nada é meu, que nada pertence a ninguém. Tudo é apenas uma imagem da perfeição que nos foi emprestada por um período e ajuda a fazer a nossa vida ter mais sentido.

Aqui, reconheço a minha pequenez e minha grandeza, e me entusiasmo a voltar para o primeiro nível, ou segundo nível talvez, cada nível é uma jornada que me permito viver a cada dia, com mais sabedoria e humildade. Gratidão a Deus, a papai, mamãe e meus irmãos Reginaldo, Eliziana, Vera, Carlos, Junior e Joselito.

Com base nestes sete níveis, podemos ter suporte para o desenvolvimento do empreendimento em nível global, partindo desde seu ambiente externo (mais superficial) até sua consciência universal (complexa e profunda).

A partir dos sete níveis, podemos enquadrar as demandas da empresa em determinado nível e desenvolvê-las a partir daí. Como vemos, a subida nos níveis neurológicos é a exata escalada evolutiva humana, que parte de reações mais superficiais, passando por etapas mais interiorizadas em nível individual, chegando até a níveis sistêmicos.

Quando as mudanças ocorrem nos três primeiros níveis (Ambiente, Comportamento e Habilidades/Capacidades), estas não têm efeito substancial nos níveis superiores.

Diante do exposto, nessa jornada aprendi que ter sucesso é ser feliz, e as pessoas mais felizes não têm sua vida centrada na acumulação de bens materiais.

> *"Ser feliz sem motivo é a mais autêntica forma de felicidade."* Carlos Drummond de Andrade

As pessoas mais felizes sabem que, uma vez que suas necessidades mais básicas estão sanadas, ter dinheiro ou mesmo sucesso não garante a felicidade de ninguém. Mesmo se o dinheiro não for tão abundante, elas não deixam de enxergar possibilidades e alegria na vida.

Como encontrar o que te faz feliz?

A felicidade é uma consequência do equilíbrio e manutenção de todas as áreas de nossa vida: saúde física, mental e espiritual, saúde financeira, saúde nos relacionamentos, propósito de vida, solidariedade e outros.

Lembre-se sempre de que, ao melhorar uma questão de sua vida, isso reverbera positivamente em todas as outras, afinal, somos seres integrais.

O que te faz feliz? Segundo a psicologia positiva:

Vida agradável (felicidade curta duração)

Encontrar a felicidade no mundo exterior, a partir de sensações e emoções positivas. Prazeres momentâneos e dependente das circunstâncias externas, como saborear uma comida ou fazer compras.

Vida com comprometimento (felicidade média duração)

Encontrar a felicidade no mundo interno, com foco em forças pessoais. Proporcionam a sensação de SER, como atividade artística, uma conversa interessante com alguém ou praticar um esporte.

Vida com significado (felicidade perene)

Faz com que tenhamos uma motivação profunda que dá sentido às nossas vidas.

Envolve a aplicação de forças pessoais de conhecimento, bondade, família, comunidade, política, justiça e espiritualidade. A sensação de bem-estar tem maior permanência.

Psicologia Positiva – Martin Seligman

Algumas pessoas defendem a bandeira de que felicidade é conseguir fazer o outro feliz. Isso pode sim trazer uma felicidade momentânea. Mas a constância desse comportamento altruísta poderá trazer consequências da própria infelicidade.

Porque quando fazemos algo para o outro, sem que esse outro tenha solicitado, isso gera uma dívida para quem recebeu. E para quem fez, gera a esperança de um retorno ou uma gratidão, que pode ou não acontecer.

Ser feliz tentando fazer os outros felizes é um convite ao distanciamento da felicidade verdadeira, podemos considerar uma transferência da responsabilidade de sua felicidade para o outro.

E ninguém, além daquele que você vê no espelho, pode ser o responsável pela sua felicidade. Nem mesmo seus filhos ou seus pais. O ideal é que cada pessoa busque primeiro a sua felicidade, e isso impactará fortemente e naturalmente na felicidade daqueles que te rodeiam.

Mas isso não parece egoísta? A princípio sim, mas isso significa o equilíbrio entre dar e receber.

O equilíbrio entre dar e receber é um fator que influencia os relacionamentos de casais, de amigos e até mesmo empregador e empregado.

EMPREENDEDORAS DE ALTA PERFORMANCE

10

Camila Meirelles

Camila Meirelles

Formada em Comunicação Social – Publicidade e Propaganda pela ESPM, com MBA em Gestão Empresarial pela FGV e MBA Essentials pela Pittsburgh University, EUA. Mais de 15 anos de experiência em Comunicação e Responsabilidade Social. Iniciou sua carreira na Alcoa Alumínio S.A., passando por diversas áreas, incluindo comunicação, relações com a imprensa, publicidade, relacionamento com governo e responsabilidade social, em São Paulo – SP, São Luis – MA e Pittsburgh, EUA. Atuou também como vice-presidente do Instituto Alcoa, sendo responsável pelos projetos sociais em todas as localidades da Alcoa no Brasil. Após mais de 14 anos, assumiu o cargo de gerente do Instituto Avon, com projetos focados exclusivamente para mulheres.
Atualmente é diretora do Café Fazenda Floresta, empresa fundada por seu pai, que atua há mais de 30 anos no mercado de cafés especiais.

(11) 3051-5892
www.cafefazenda.com.br
camila@cafefazenda.com.br

Este é só o começo de uma história. Uma história repleta de grandes desafios e muitas alegrias. Uma história que vem sendo construída com muita garra, determinação e humildade. Uma carreira que vem sendo trilhada a cada dia e que conta com diversos personagens fundamentais.

Para começar, destaco a importância de grandes líderes que contribuíram para que eu chegasse até aqui e que contribuem para que seja só o começo de uma longa estrada. Foram líderes que me inspiraram e que sempre exigiram o melhor de mim. Eu tive o grande privilégio de poder contar com o maior deles, a pessoa por quem tenho uma admiração imensa e uma gratidão eterna, meu pai.

Tudo começou antes de entrar na faculdade. Trabalhei em lojas e ajudava na empresa da família. Aprendi desde cedo que quando você quer alguma coisa tem de correr atrás. Não podemos esperar que algo aconteça ou que alguém faça por nós. Quando comecei a faculdade de Comunicação fui em busca de um estágio na minha área de atuação. Foi aí que comecei a trabalhar na Alcoa Alumínio em São Paulo. Foram 14 anos de muito trabalho, muita dedicação e muitos aprendizados.

Na Alcoa, passei por diversas áreas e tive a alegria de viver experiências que vou levar sempre comigo. Conheci pessoas que se tornaram grandes amigos. Tive a oportunidade de conhecer comunidades incríveis em todo o Brasil, da Amazônia ao Rio Grande do Sul. Passei três anos maravilhosos em São Luis do Maranhão e, em seguida, dois anos nos Estados Unidos, trabalhando na área de Comunicação Global da Alcoa.

Nesse período (que passou voando), foram muitos desafios e muitas conquistas. Algo que me marcou muito foi o período que passei no Maranhão quando fui responsável pelos projetos comunitários naquela região. Era bem nova e já tinha uma responsabilidade muito grande e uma pretensão maior ainda: contribuir para transformar a vida de milhares de pessoas. A melhor maneira que encontrei foi escutar e entender as necessidades e desejos dessas pessoas. Foi através de muitas conversas e depois de construir um relacionamento de confiança nessas comunidades que os projetos começaram a surgir e gerar frutos. No meio dessa trajetória algumas frustrações, quando os resultados não eram os esperados e os indicadores não demonstravam a evolução desejada. Mas, muito mais do que números, o olhar de uma criança cheio de esperança demonstrou o sucesso dessas ações e a vontade de fazer muito mais.

Um dos momentos mais marcantes foi participar do lançamento da pedra fundamental da construção de uma escola, numa comunidade rural, onde as crianças não tinham onde estudar. Algum tempo depois tive a honra de estar no primeiro dia de aula. Foi uma emoção tão grande ver aquelas crianças segurando firme seus lápis, escrevendo em seus cadernos novos. E ainda na hora do intervalo, as crianças radiantes com seus lanches. Com exemplos como este, percebemos que mais gratificante do que crescer e construir uma carreira de sucesso é dar oportunidade para que outras pessoas também cresçam, se desenvolvam e sigam seus objetivos.

Depois desse período, fui morar em Pittsburgh, EUA, e assumi uma função global na Alcoa Inc. Uma oportunidade única, para viver em uma nova cultura. Conviver com pessoas do mundo todo foi fundamental para ampliar minha visão sobre a corporação e a atuação em cada fábrica e escritório espalhados por todas as regiões. Disciplina e o foco no trabalho foram fatores-chave de sucesso nesse período.

Um grande sonho realizado foi voltar para o Brasil e liderar o Instituto Alcoa. Era responsável pelo investimento do Instituto e da Alcoa Foundation no Brasil. Depois de tantos anos, passei a me dedicar exclusivamente aos projetos sociais. Uma grande paixão que foi aumentando a cada dia. Esse foi um momento que me transformou como pessoa. Uma grande realização poder viajar e implantar projetos de Norte a Sul do Brasil (muitas vezes na mesma semana!). Sempre pude contar com pessoas totalmente comprometidas com as causas do instituto, afinal, sem elas não teria sido possível.

Muitos anos se passaram até o momento em que tive de tomar uma decisão muito difícil. Recebi uma proposta para trabalhar no Instituto Avon. Não poderia deixar passar a oportunidade de assumir um novo desafio. Oportunidade de aprender coisas novas e trabalhar com projetos sociais com foco nas mulheres. Foi uma passagem rápida pela Avon, mas muito intensa. Pude compartilhar minha experiência e, mais uma vez, aprender muito, principalmente sobre igualdade de gênero e os direitos das mulheres. Conheci mulheres incríveis, que generosamente compartilharam suas histórias de vida para inspirar e fortalecer outras mulheres.

Estava indo tudo tão bem, mas o desejo de realizar um antigo sonho falou mais alto. Tinha uma carreira de sucesso no mundo corporativo, mas havia chegado a hora de me tornar empresária. Foi um passo muito importante. Deixei a zona de conforto e decidi sair da Avon e trabalhar na empresa da minha família, fundada pelos meus pais há 30 anos (tenho certeza de que fiz a escolha certa).

Um mundo completamente diferente, mas não menos desafiador. Quando você se torna empresária, você passa a estar 24 horas conectada ao negócio. Você tem de ter o conhecimento amplo de todas as áreas da empresa. Tem de assumir riscos e estar preparada para os desafios que surgem todos os dias. Sim, você é responsável por tudo o que acontece.

Hoje, junto com minhas duas irmãs, dirijo o negócio que faz parte das nossas vidas desde que nascemos, a nossa empresa: CAFÉ FAZENDA FLORESTA, que produz café gourmet e presta serviço para empresas de todos os portes e ramos de atuação.

Crescemos indo para a fazenda, vendo os pés de café e acompanhando todo o processo de produção. Está no DNA, então, a adaptação foi muito rápida. Um grande desafio foi o trabalho com a família. Mas, no nosso caso, as funções dentro da empresa são bem definidas e as responsabilidades são compartilhadas.

A empresa é um grande orgulho. Em 1987 meu pai construiu a torrefação de café dentro da própria fazenda e passou a comercializar os melhores grãos de café no mercado nacional. A partir de então, a empresa vem crescendo e se consolidou como uma das melhores produtoras de cafés especiais do País. A Fazenda está localizada em São Sebastião da Grama – SP, região reconhecida internacionalmente pelo café de alta qualidade.

É muito gratificante ter um negócio que engloba o processo, do início ao fim, neste caso da semente à xícara. Os maiores compromissos da empresa são garantir a qualidade do café e prestar um serviço de excelência aos clientes. Está sendo um mundo de descobertas e agora "do outro lado do balcão".

Eu tenho o privilégio de trabalhar com minhas irmãs (e melhores amigas) e ter tido como maior exemplo a pessoa que eu mais admiro, meu pai. Tenho muito orgulho de tudo o que ele construiu até hoje e meu maior objetivo é fazer com que nossa empresa cresça ainda mais para que os netos possam seguir este legado criado pelo avô.

Foram muitas lições aprendidas, que me movem e me fazem acreditar que nada é impossível com: foco, comprometimento e paixão.

É preciso ter foco e metas claras. Quando sabemos onde queremos chegar e não medimos esforços, conseguimos alcançar o sucesso.

O comprometimento é fazer algo a mais e ir sempre além. Não se acomodar e estar genuinamente engajada, ter o sentimento de responsabilidade pelo que faz.

E, para finalizar, passamos grande parte da vida nos dedicando ao trabalho. Tem de haver paixão pelo que fazemos para valer a pena, para fazer com que os altos e baixos do caminho que estamos trilhando tenham um sentido maior. Para que a felicidade não seja alcançada apenas no dia em que conquistarmos os objetivos, mas que seja vivida durante cada passo, por todo o caminho.

EMPREENDEDORAS DE ALTA PERFORMANCE

11

Carla Renata Sarni Souza

Carla Renata Sarni Souza

Formada em Odontologia pela Universidade de Alfenas (MG), especialista em Cirurgia Bucomaxilofacial pela mesma universidade e com pós-graduação em liderança pela Fundação Getúlio Vargas, empreteca pelo Sebrae, foi eleita jovem liderança pelo jornal O Estado de São Paulo, é membro do comitê empresarial do Conselho Regional de Odontologia do Estado de São Paulo, contribuiu como membro do conselho de ética da ABF (Associação Brasileira do Franchising), e membro do Grupo Mulheres do Brasil; hoje desempenha o papel de CEO do Grupo Sorridents. Em 1995, em São Paulo, Carla fundou a maior e mais premiada rede de clínicas odontológicas da América Latina, a Sorridents Franchising, eleita seis vezes consecutivas como a melhor franquia de saúde em bem-estar, título conferido pela revista Pequenas Empresas Grandes Negócios, da Editora Globo; a Sorridents por seis anos consecutivos também é chancelada com Selo de Excelência em Franchising, pela Associação Brasileira de Franchising, e em 2016 virou case de estudos da Universidade de Harvard Business School. Hoje o grupo comandado pela Dra. Carla é constituído por 209 clínicas odontológicas espalhadas em 16 Estados brasileiros atendendo mais de 3,5 milhões de clientes ao longo de sua história. Mantendo o perfil empreendedor, no ano de 2015 fundou um novo conceito de saúde, um programa de prevenção em saúde bucal, oferecido pela empresa Sorriden Odontologia Preventiva e Saúde e Bem-Estar, o primeiro plano de prevenção de saúde bucal do Brasil. Não abrindo mão da sustentabilidade, também é idealizadora do Instituto Sorridents, o braço social da marca Sorridents que tem como causa "Promover a saúde bucal de forma contínua e erradicar a cárie no Brasil"; este instituto no ano de 2015 atendeu a mais de 25.000 pessoas nas mais variadas comunidades.

(11) 2076-5040
www.dracarla.com
www.sorridents.com.br

Sempre gostei de cuidar das pessoas e sou apaixonada pelo que faço. Saí da cidade de Pitangueiras, interior de São Paulo, onde empreendi desde criança, pois com 12 anos vendia carretéis de linha na porta de um banco para poder comprar a minha primeira Caloi Ceci, cor de rosa; vendi também bijuterias nas casas das pessoas para ir à October Fest na formatura da 8ª série.

Aos 15 anos cursava o Magistério para ser professora, e a convite de um primo prestei o vestibular de Odontologia. Para minha surpresa passei logo na primeira chamada, mas não tinha dinheiro para conseguir me manter, pois a faculdade era em outra cidade.

Minha mãe sempre me incentivou a vender as coisas e ter o meu próprio dinheiro, ela me dizia que, se soubesse atender um cliente bem, eu poderia ter tudo que quisesse na vida.

Meus pais eram separados, meu pai era motorista de ônibus e minha mãe, cabeleireira, tinha adquirido uma loja.

Para conseguir me manter na faculdade, combinei com a minha mãe que ela me fornecesse as roupas, eu venderia e devolveria o valor de custo das roupas para ela e ficaria com o lucro, dessa forma conseguiria me manter.

Na época de provas não podia ir buscar mercadoria, sendo assim, vendia bombom de leite Ninho e água na porta da faculdade, para conseguir arcar com as minhas despesas.

Consegui me formar dentista, me especializei em cirurgia bucomaxilofacial e devido à atenção que sempre dei aos meus clientes construí várias clínicas odontológicas de sucesso, até que finalmente decidi formatar o modelo para franquia e fundar efetivamente a Sorridents, grupo do qual sou a atual presidente.

Na minha visão, os principais desafios que uma empreendedora enfrenta são:

- Colocar o seu projeto em prática sem recursos;
- Conseguir expandir o seu negócio buscando recursos em instituições financeiras, pois no Brasil as taxas de juros são muito altas;
- Conciliar a vida pessoal com a vida profissional; lembrar sempre que a cada escolha existe uma renúncia,

- Fazer com que o negócio se desenvolva e seja lucrativo;
- Manter-se no foco.

Para superar tudo isso, minha dica é:

- Faça pesquisa sobre o negócio antes de empreender e também sobre captação de recursos caso seja necessário, pois você pode conseguir diferenciais significativos entre uma instituição financeira e outra.
- Em relação à vida pessoal, foque sempre na qualidade e não na quantidade, assim você consegue se doar por inteiro em cada ocasião.
- Fazer um curso de gestão, nesse caso sugiro o Empretec, do Sebrae.

Em 2009 fiz uma expansão na empresa contando com uma linha de financiamento do governo. O governo realocou essa linha e o financiamento dos equipamentos que eu precisava não saiu.

Tive o desafio de fazer a empresa performar, ser extremamente eficiente para conseguir pagar o endividamento com altas taxas de juros.

Ao longo do tempo adquiri a habilidade de lidar com as pessoas, fazer várias coisas ao mesmo tempo, manter o foco e aprender a pensar no longo prazo. Enxergar oportunidade em todas as adversidades.

O que me motiva são os meus sonhos, pois nunca fiz nada por dinheiro, ele para mim sempre foi consequência do meu trabalho.

Para me manter motivada sempre volto às minhas origens e vejo o quanto eu melhorei como pessoa, o quanto eu cresci profissionalmente e tudo o que eu conquistei em todos esses anos.

Quando a Sorridents tomou a decisão de ser uma franquia, eu tinha 12 anos de experiência em gestão de clínicas próprias e essa decisão me fez voltar a estudar e a entender mais do mercado de franquias.

Busco sempre conhecimento em cada relacionamento que faço, procuro enxergar o que é bom nos outros negócios para melhorar ou aprimorar o meu próprio negócio.

Acredito que para alcançarmos o sucesso precisamos encontrar o equilíbrio com a vida profissional, pessoal e financeira.

Devemos trabalhar com o que gostamos de verdade, pois dessa forma fazemos com amor e dedicação.

Embora gostar do que se faz seja relevante para o sucesso profissional, nem sempre em suas atividades diárias você encontrará somente o que ama realizar, nesse momento a melhor atitude é fazê-las em primeiro lugar, e depois fazer o que realmente gosta.

Uma mulher de muitos valores, corajosa, guerreira, determinada e que está em busca dos seus sonhos e de um mundo melhor para se viver.

Incansável, a palavra "não" está fora do meu vocabulário. Sonho tem de ter data e hora para acontecer.

Minha meta para o futuro é ser referência em saúde bucal de qualidade não somente no Estado de São Paulo, mas em todo o território nacional, e dar a oportunidade a milhares de pessoas de voltarem a sorrir.

Fazendo o que precisa ser feito, no momento em que precisa ser feito.

Você que está começando agora, nunca desista dos seus sonhos, acredite nos seus ideias e lute por eles.

O segredo para ser uma empreendedora de alta performance é muita dedicação, foco e determinação para realizar tudo que planejou e cercar-se de pessoas melhores que você!

Lembre-se: muitas montanhas poderão surgir ao longo do caminho, mas devemos ter força para ultrapassá-las e continuar seguindo em frente, pois dessa forma a vitória terá um sabor especial.

EMPREENDEDORAS DE ALTA PERFORMANCE

12

Carla Trentin

Carla Trentin

Formada em Educação Física pela UFMS, com pós-graduação em Fisioterapia e formação em Pilates Terapêutico, iniciou a carreira atuando como personal trainer, sempre com direcionamento para desenvolver estilo de vida saudável e qualidade de vida, aos poucos incluiu atuação em ambientes corporativos, sempre com o direcionamento de valorização do ser humano, suas emoções e possibilidades.
Como gestora de programas de qualidade de vida no trabalho buscou maior aprofundamento em conhecimentos e ferramentas que proporcionassem a mudança de comportamento, tanto da própria equipe como nos ambientes coorporativos, o que veio através da formação de Professional & Self Coaching, IBC (Instituto Brasileiro de Coach), ampliando assim a forma de atuação, como Life Coach & Consultora Empresarial em Qualidade de Vida, desenvolvendo projetos específicos em ambientes corporativos e atualmente, também como palestrante motivacional e coautora, com este artigo.

(67) 3042-9790/8160-6494
www.carlatrentin.com.br
carlatrentin@icloud.com

O poder de cada um

Vou falar um pouco da minha história para que se entenda o que estou vivendo hoje, e como muita coisa maravilhosa vem acontecendo em minha vida desde que o *Coaching* começou a fazer parte do meu estilo de vida. Na verdade, em algumas áreas da minha vida, já fazia o papel de *coach* por intuição.

Sou formada em Educação Física pela UFMS, turma de 1990. Desde essa época atuo na área, em academias e como *personal trainer.* Em 2004, comecei a atuar na área de saúde no trabalho, me apaixonei e montei a minha empresa em 2008, assessoria e consultoria em qualidade de vida. Sempre fui muito determinada, corajosa, visionária e empreendedora. Esse trabalho, em particular, me trouxe algumas realizações e possibilidades de crescimento, tudo acontecia como o planejado. Em 2010, nasceu minha filha mais nova, uma realização muito importante na dimensão pessoal, pois, apesar dos avanços tecnológicos e eu ser bem saudável, a idade já estava próxima do limite para se ter filhos com segurança. Estava com contratos no Brasil todo, ficava na administração e gestão técnica, pois isso me proporcionava ficar perto dos meus filhos. No final de 2011, mudou uma lei, que não é o mais importante aqui, não vou entrar em detalhes, e tive um prejuízo enorme, interrompi os contratos e praticamente fali. Esse é um fato que gerou em mim muitos sentimentos não muito agradáveis, me senti incompetente, me senti frustrada, apesar disso tinha a presença dos meus filhos e isso me motivava a seguir em frente. Para conseguir quitar as dívidas e ter o que comer, voltei a atender como *personal trainer*, havia montado um *studio* de *personal* em casa, porque os custos eram reduzidos, e rapidamente consegui alguns clientes.

Esses fatos me trouxeram alguns questionamentos, algumas insatisfações, me sentia capaz de muito mais do que estava fazendo e uma limitação na forma de atuação, pois via uma insatisfação também nas pessoas que eu estava atendendo, a maioria delas ou com excesso de peso, ou com excesso de estresse, sentia como se me pedissem socorro, mesmo que de forma inconsciente e eu me sentia um tanto limitada. Mas, ainda assim, tentava trazer a inspiração pelo estilo de vida saudável como forma de mudança de vida. Durante esse período, tive apoio de algumas pessoas, mas também tive muita decepção. Onde esperava apoio tinha críticas e em alguns momentos me sentia muito sozinha. E foi nesse cenário que surgiu algo que me chamou muita atenção, que foi a possibilidade de trazer para mim muitas respostas e, melhor ainda, eu poderia ajudar mais as pessoas a ultrapassarem suas limitações.

Entrei no curso de *Coaching* uma semana após ter descoberto o que era e mesmo sem ter muita certeza do que encontraria soube desde o princípio que me levaria a um caminho de autoconhecimento, descobertas e a palavra que mais vinha à mente era transformação, não sabia muito por que, mas era o que mais me fazia sentido, TRANSFORMAÇÃO. E foi mesmo, transformação de medo em coragem, medo de errar de novo em coragem de arriscar, confiança no que eu sentia, ainda que houvesse reprovação, e quando a gente sente e acredita não precisa de aprovação externa. E outra palavra também foi muito forte, CONFIRMAÇÃO, sim, confirmação da minha essência, redescobrir o que era meu e o que eu havia aceitado para me sentir fazendo parte. Confirmação da minha missão de inspirar e fazer as pessoas estarem em movimento, a alegria e a certeza de que tudo daria certo de novo. Reconhecer minhas habilidades, personalidade e competência, foi maravilhoso.

Algumas situações se repetiam na minha vida, dificuldade de me ver tendo sucesso na parte relacional e profissional simultaneamente, uma mensagem gravada de vivências e dificuldades entre meus pais, e esta era uma crença muito forte na minha vida e a que mais demorei a ressignificar, entender, aceitar e fazer diferente, me soava como uma autotraição. E acontecia mais ou menos assim, se eu não tinha um relacionamento, focava no trabalho, fazia planos e obtinha resultados. Se estivesse num relacionamento, de alguma forma, parece que puxava o freio de mão, e cada pessoa com quem me relacionei de alguma forma implicava com meu trabalho... me relacionar significava um sofrimento e abrir mão dos sonhos que eu tinha.

Quando iniciei o meu processo de transformação, acreditava que o que mais eu precisava organizar em mim era a dimensão mental (intelectual) e ao mergulhar pude ver que minha dimensão mental estava sofrendo pelo desequilíbrio emocional, provocado pelas crenças e mágoas, para conseguir me manter no meu propósito de organizar minha vida utilizei praticamente todas as ferramentas do *Coaching*. Algumas práticas que eu já usava também me ajudaram muito, como a prática da meditação, todas as noites, para me manter serena, ter sono reparador e estar pronta para o próximo dia e indico também quando um *coachee* necessita. E a atividade física, esta é a que me mantém viva, pois em muitos momentos de dificuldade nunca deixei de praticar atividade física. Mesmo em momentos difíceis, me mantinha com saúde!

Nós, seres humanos, vivemos num universo onde temos quatro dimensões, a intelectual, a emocional, a física e a espiritual. Tente descobrir em qual dimensão se sente mais confortável. Por quê? Faça o exercício, coloque no papel. O autoconhecimento é o principal fator que leva ao equilíbrio. Se você conseguiu identificar uma dimensão em que se sinta mais confortável, provavelmente, está em desequilíbrio, pois esta deve ser a dimensão que mais recebe a sua dedicação. Quando uma recebe atenção demais, outra receberá atenção de menos. Um sinal de desequilíbrio. Mas nada que não seja possível de ser revertido, porém requer disciplina, coragem, vontade e fé.

Eclesiastes, por volta do século III a. C., questiona sobre a felicidade e faz alguns relatos sobre as atitudes do homem que muito se parecem com o de hoje: "Geração vai, geração vem, e a terra permanece sempre a mesma. O sol se levanta, o sol se põe, voltando depressa para o lugar de onde novamente se levantará." (Ecl1,4-5)

De forma simples e direta Eclesiastes diz que o sol amanhece e anoitece do mesmo jeito, aconteça o que for, a diferença está na forma de se olhar o sol, na forma de conduzir as atitudes, na forma de agir e reagir. O que vai levar até o sol nascer novamente? Isso não saía da minha mente.

Na dimensão física, sempre foi onde sempre tive maior conforto, pois mesmo em épocas de crise, intelectual ou financeira, a atividade física regular sempre fez parte da minha vida e, por isso, sempre me mantive saudável, ainda que ficasse com algum problema de saúde, minha recuperação sempre foi mais rápida. Nunca tive um episódio de depressão, mesmo nas situações mais críticas, sempre tive comigo que tudo é passageiro, que dará tudo certo, e o *Coaching* me fez colocar velocidade nisso, para não repetir erros ou me distrair com o que não vale a pena.

Durante o processo de *self coaching*, eliminei muitas mágoas, perdoei pessoas, algumas nem sabiam que estavam sendo perdoadas, na maioria das vezes nem tiveram mesmo a intenção, mas o que é mais libertador é o autoperdão, aceitar que muitas vezes erramos, mas ninguém por querer, mesmo escolhendo algumas vezes de forma errada, a intenção positiva é que seja o certo. Reconciliarmo-nos com as nossas sombras, para torná-las luz, e todos somos merecedores de sermos luz.

No âmbito profissional, a minha descoberta é o que mais me orgulha, minha capacidade de ver possibilidades e novas soluções, e sempre fui criticada. Pensava, no meu íntimo, será que só eu vejo isso com esta facilidade, e as pessoas olhavam para mim e perguntavam: "Como você consegue ver as coisas de maneira tão simples assim?" E é o que mais me motiva hoje, o meu lado empreendedor, e isto me inspira, poder fazer outras pessoas ultrapassarem seus medos, crenças e se lançarem para serem o seu melhor, cada resultado de *coachee* me realiza e sei o que significa, é fantástico!

Ter posicionado minha empresa no mercado do Estado, crescer novamente, o momento agora é de expansão. Entendi que precisamos equilibrar todas as dimensões da nossa vida, e que tenho uma facilidade muito grande para trabalhar com essas questões que resolvi na minha própria vida e ajudar as pessoas a descobrirem sua luz, sua força e ultrapassar seus limites.

Proporcionar esse equilíbrio também provoca crescimento e potencializa as organizações, pessoas bem resolvidas e com autoestima e confiança elevadas desenvolvem seus trabalhos em congruência com sua própria missão, superando as expectativas. Administrar as dimensões física, emocional, espiritual e mental requer muita coragem. O convite é para realizar um mergulho, assim como eu fiz, no seu universo e começar a eliminar tudo que você pode deixar ir para ter equilíbrio e ser a melhor versão de si mesmo.

Na maioria das vezes, nós já sabemos o que devemos fazer, mas por não conseguirmos nos desligar de algum fato, crenças ou traumas, não nos desligamos do passado, ou simplesmente por não terem sido estimulados a resolver problemas, não se sentem em condições de saírem do estágio atual e atingirem o estado desejado. Eu uso muito a capacidade criativa que temos, a capacidade de sonhar, acordados ou de olhos fechados, deixar a imaginação fluir e viver o futuro nos transmite a sensação poderosa de sermos vitoriosos, conquistadores e desejáveis. A emoção nos provoca memória positiva de futuro, e nos vermos realizando os passos para atingir o que acabamos de viver nos faz ter um senso de capacidade de realização só vivida por nós mesmos. Sendo assim, como dizia Walt Disney, "se tem capacidade para sonhar, tem capacidade para realizar".

Apliquei na minha vida com o objetivo de me dar respostas, me tornar exemplo para que as pessoas olhassem e vissem, sim, é verdade, é possível, e hoje sou esta nova mulher, nova empresária, nova mãe, e com uma nova espiritualidade. Permiti a mim mergulhar no meu ser, autoconhecer todas as dimensões que fazem existir, interagir e transcender. Entendi que o mais importante é continuarmos em movimento, equilibrar as emoções e a razão e planejar para atingir os objetivos, sejam eles quais forem.

Peço permissão para te fazer sonhar. Antes de continuar a leitura, sente-se confortavelmente, feche os olhos, deixe o livro de lado, leia apenas este parágrafo e faça o exercício:

Preste atenção apenas na sua respiração, no ar que entra e no ar que sai, sinta seu corpo, tente perceber alguma dor, algum incômodo, continue respirando e aos poucos comece a se perguntar o que pode começar a fazer imediatamente para melhorar a sua vida, se você pudesse se ver no futuro, coloque um tempo que faça sentido, por exemplo, um ano, ou cinco anos, ou ainda dez anos, como se vê? Veja-se com detalhes, com pessoas, sinta cheiros, o que está fazendo? O que está sentindo, que lugar é esse? Sinta-se feliz, realizado, comemorando! E agora agradeça, tenha um sentimento de gratidão pela sua vida, pelas suas conquistas, pelas suas realizações. Traga tudo isso de bom para o seu presente, o papel do *coach* na realização do seu sonho é de estar ao seu lado para apoiar, acompanhar e te auxiliar na caminhada, o processo é dinâmico, e consegue potencializar o que você tem de melhor e agradecer toda a sua história e o passado. O que você viu? Vale a pena? Pode acreditar, você pode! Porém o *Coaching* é para todos que estejam comprometidos em querer realmente alcançar o sonhado. Quão comprometido com o seu sonho você está? Esta é a diferença entre as pessoas que conseguem e as que desistem, de 0 a 100, quanto vale o seu sonho? Quais os sacrifícios ou não, valem ser assumidos para a concretização dele? Quem será levado durante a caminhada? Com quem vai dividir e comemorar.

Outra ferramenta e estratégia que uso, sou do time de Aristóteles, sou do movimento, e acredito no que dá certo para mim como uma forma de acelerar o processo de *Coaching*, também incluo a atividade física para fortalecer o autocuidado, o autoamor e a autoestima, quando as pessoas praticam atividade física, o comprometimento com seus próprios sonhos aumentam. Essa forma de pensar é chamada de peripatética, que ensinava ou refletia e organizava os pensamentos em caminhada ou em contato com a natureza. Temos vários representantes pensadores ao longo da história que usaram esta técnica.

Falando de equilíbrio, é impossível separar as dimensões, pois elas se completam, a divisão é apenas para que possa provocar a reflexão de onde estamos empreendendo maior energia. E para falar da dimensão física e emocional tem de ser de forma conjunta, pois se tem uma memória emocional, que se reflete na fase adulta, que foi desenvolvida principalmente na infância, inclusive postural, que pode ser de forma negativa ou positiva, mas na maioria de forma negativa. O mais importante não é o que se sentiu em determinada situação, mas a reação que ele provoca quando se tornam adultos. Nem sempre se identifica porque agiu dessa forma, apenas se reage. Muitas vezes, os adultos só percebem que as coisas estão mal quando o corpo devolve uma doença, como câncer, diabetes, pressão alta, depressão e ansiedade, estas podem se tornar crônicas, ainda tem as que não avisam e acabam de vez com qualquer chance de recomeço, como infarto fulminante, derrames e outras. Podem também trazer alterações de humor, na maioria das vezes a pessoa pode até ser considerada uma pessoa calma, mas quando algo foge do controle ou da sua vontade, parece um vulcão explodindo, com sérios derramamentos químicos pelo organismo, e depois volta para o estado em que se encontra sem entender o que fez.

O melhor exemplo que vejo para descrever o estar em equilíbrio é o de andar na corda bamba, ou seja, manter-se em movimento, é isso mesmo, para conseguir esse feito, a pessoa precisa estar em sintonia com o movimento externo da corda, do vento, e estar atento a qualquer tipo de interferência e sintonizar, com sua respiração, com a contração dos seus músculos, com a respiração, com seus medos e desapegos. Esse exemplo também gosto de identificar com o processo de *Coaching*, ultrapassar a corda e chegar do outro lado, é o ponto alto da sua conquista, é o percurso, tudo que foi deixado para trás, perdoado, ressignificado, após atravessar a corda você será a pessoa que deseja ser, terá o equilíbrio para transitar entre as áreas da vida sem sofrimento, com certezas de até onde pode ir, sem se maltratar. O percurso não é fácil, requer determinação, dedicação, enfrentamentos e coragem, mas atravessar a corda bamba é libertador. Nem sempre somos capazes de identificar ou de tirar as cortinas sozinhos, por isso, se este texto fez algum sentido para você, não pense duas vezes, o processo de *Coaching* é o que pode fazer com que tudo isso aconteça na sua vida, com uma capacidade extraordinária de fazer razão e emoção andarem juntas a seu favor. Maior ainda, capaz de chegar à sua essência e descobrir novos sonhos, ou quem sabe o que falta é um propósito ou a sua missão, a missão da sua existência, e o *Coaching* é um método extraordinário para fazer com que você transcenda, se eu posso, você pode!!!

Estar em equilíbrio é transcender no que é mais sagrado: VOCÊ!

EMPREENDEDORAS DE ALTA PERFORMANCE

13

Célia Natale Moscardi

Célia Natale Moscardi

Diretora–proprietária da Conexão T & D e Conexão Conveniada da FGV. Atua há 36 anos na área de RH, sendo 17 anos em grandes empresas como Rhodia, Embraer, Votorantim, Cebrace. Criadora do curso de Orçamento Familiar. É consultora e palestrante em empresas como Sandvik, Grupo Pão de Açúcar, Johnson, Ciba Especialidades, Pilkington, Rede Globo – Rio e São Paulo, Jornal O Estado de São Paulo, Vale Soluções em Energia, Fibria etc. Pós-graduada em MBA em Gestão Empresarial e MBA em Recursos Humanos/FGV. Professora das disciplinas: Gestão de Pessoas – Aspectos Comportamentais, Liderança, Desenvolvimento de Equipe e Gestão de Recursos Humanos nos cursos de MBA e pós-graduação pela Fundação Getúlio Vargas (FGV).

(12) 99713-8681
www.conexao.com
celia@conexao.com

Empreendedorismo e verdades

Nascida em uma família de empreendedores, aos seis anos eu não sabia, mas já praticava o senso de dono. Numa venda de roça, aonde os clientes chegavam em seus cavalos com jacás para colocar as mercadorias que compravam e nada era menos que 10, 20 ou 30 quilos de mantimentos para a família passar o mês, lá estava eu de concha em concha colocando numa lata as mercadorias, subindo em um de rolo de fumo para alcançar a balança e pesar aos poucos, de 5 kg em 5 kg até o peso exato. Já enchendo sacos de mantimentos enquanto os clientes se divertiam bebendo e conversando. No final da tarde tudo estava pronto, a compra do mês dos clientes pesada, os sacos amarrados, prontos para a partida.

Assim, começava a nascer o empreendedorismo em minha vida, do que só pude me dar conta quando já adulta com duas faculdades inacabadas e concluí apenas o curso de Pedagogia e o Magistério, que mesmo com 18 anos já administrava e preparava as festas da escola, pois as professoras mais experientes diziam que podíamos fazer algo bem simples para não dar muito trabalho. Mas eu queria algo diferente que encantasse a diretoria regional então conseguia recursos pedindo patrocínio para pequenos comerciantes do bairro e mais, através de materiais reciclados criava momentos diferentes e únicos para crianças que não tinham oportunidade de conhecer algo que os deixasse mais felizes e encantadas. Numa época em que as formandas de Pedagogia eram taxadas de "professorinhas" ou estavam destinadas a "esperar maridos", eu não me contentando com tal realidade e muito menos aceitando o rótulo, me diferenciei. Decidi que não seria somente professora, fiz curso no Senai para ser instrutora de treinamento e me tornei a mais nova instrutora de TWI (*Training Writing Industry*), curso criado na 2ª Guerra para treinar mulheres para trabalhar na indústria enquanto os homens iam para o *front*. Enfrentei o desafio mesmo sem nunca ter trabalhado numa grande organização: o de ir para dentro delas e ministrar cursos para profissionais experientes e até mesmo com nível de gerência. Eu? Tremendo, mas ministrando cursos. Pude assim conhecer meu lado profissional que nem eu sabia que perduraria por toda a minha carreira: a educação de adultos através de Treinamento e Desenvolvimento. Aquilo era muito prazeroso, me deixava ao mesmo tempo exausta e feliz. Nesse momento, veio a grande oportunidade de poder fazer disso todos os dias o meu trabalho. Pela primeira vez, me senti extremamente importante. Fui indicada por uma coordenadora do Senai a participar de um processo de seleção para uma grande multinacional. Ao chegar para a 1º etapa do processo seletivo, descobri que todas as outras candidatas já eram funcionárias daquela multinacional, mesmo assim eu sonhava com aquela vaga. No primeiro momento, ao saber disso, pensei comigo mesma que minhas chances seriam quase impossíveis e senti até mesmo um ar de vitória nas outras candidatas. Ao sair da 1ª etapa como uma das escolhidas e com o desafio de preparar uma aula de 30 minutos que deveria ser dada para os gerentes da área, me revesti do meu espírito empreendedor (que eu não sabia ter) e falei para mim mesma "vou preparar a melhor aula que já dei, vou estudar, buscar formas e estratégias diferentes para envolver e passar o conteúdo, vou dar o melhor de mim". Uma semana depois fui contratada nessa multinacional como coordenadora interna de treinamento. Com certeza, enfrentei momentos difíceis, pois o sentimento das funcionárias que haviam concorrido àquela vaga era de rejeição e elas seriam minhas parceiras na realização do trabalho. Este foi um exercício de humildade, aprendizado e prática constante de empatia, o que me fez tê-las como verdadeiras parceiras. Ali fiquei cinco anos, o aprendizado foi grande e a certeza de que estava fazendo o que queria era muito claro. Eu cada dia gostava mais do que fazia e tudo que pudesse aprender estava disposta a tentar e ousar.

O tempo passou e com ele veio o casamento, o primeiro filho e, dois anos depois, nasceu a minha filha junto com uma vontade louca de maior dedicação à família. Resolvi, então, sair da empresa em que estava trabalhando para poder estar mais próxima do meu filho e da minha filha, dedicando-me à família que crescia. Mas minha inquietude de ter algo próprio logo se manifestou. Juntamente com a minha mãe, lancei-me no primeiro empreendimento, uma loja de roupas. Era muito bom, pois podia conciliar momentos de trabalho com cuidados com a família. Tinha no fundo da loja um quarto, uma cozinha e um banheiro, ali eu criava a minha filha ainda pequena e meu filho podia brincar, até que veio uma surpresa: estava grávida da minha segunda filha, que estava a caminho. Ela nasceu e, quando a loja já estava com quatro anos, o movimento já não era o mesmo. E, dentro de mim, eu sempre pensava no meu trabalho anterior. Agora, minha filha mais nova já estava com quase seis meses e, junto dela, as salas de treinamentos, os cursos de que participava e os cursos que realizava não saíam de minha memória.

E como tudo que acontecia e acontece na minha vida era e é muito abençoado por Deus, eu fui convidada a participar de um processo de seleção para novamente atuar em treinamento, e lá estava eu diante da escolha de ser mãe ou profissional. Dilema de todas as mulheres que trilham esse caminho. Decidi quase sem pretensão de ser escolhida experimentar novamente um processo de seleção. Um dia difícil, pois fui para a entrevista passando mal, com cólicas de rim, e no meio da entrevista eu tive de pedir duas vezes para ir ao banheiro. Mediante essa situação, pensava que jamais seria escolhida, mas dois dias depois eu já estava no processo de integração na empresa.

Depois vim a saber que o que me levou a ser escolhida foi o brilho nos olhos que tive ao falar sobre minha experiência em trabalhar com Desenvolvimento de Pessoas. Fiquei pouco tempo ali, devido às viagens e à ausência em casa. Mais uma vez, deixei a empresa e fui empreender. Em um restaurante que durou apenas um ano. Hoje eu sei que, naquele período, não estava preparada para ser dona de um negócio porque tinha muito a aprender para empreender. E que a difícil decisão de empreender, ser mãe e profissional me acompanhava com constância e era sim um conflito.

Transcorridos os anos, novos empreendimentos: uma loja de perfumes e artesanatos. Não tive sucesso nem insucesso, apenas conduzi de forma morna, não chegando a lugar algum. Desisti, voltei a trabalhar em outras grandes empresas e decididamente confirmei meu prazer intenso em realizar trabalhos com pessoas. Criava oportunidades para me destacar. Minha criatividade fervilhava e assim foram 17 anos em grandes empresas com muitos aprendizados, conquistas e criação de cursos exclusivos para a época. Isso não foi só percebido na empresa onde trabalhava, mas também por colegas e outras empresas.

Jogava-me em tudo que pudesse me trazer aprendizado e poder colocar o meu espírito empreendedor em exercício. Fui coordenadora de grupos de gestão de pessoas na região onde atuava, dava palestras, enfim, dava o melhor de mim naquilo que gostava de fazer. Compartilhava, arriscava, mas cada vez mais me realizava, atuando no que eu me identificava e gostava de fazer.

Contudo, chegou o momento em que tive de parar e repensar. No ambiente em que me encontrava, já não conseguia idealizar o que acreditava sobre Desenvolvimento das Pessoas, meu líder não tinha a mesma crença da importância de investir nas pessoas para obter melhores resultados. Com mais maturidade, responsabilidade e muita vontade de realizar algo próprio, o que sempre me acompanhava, me desliguei da última empresa.

Vale analisar que, mesmo com toda essa vontade, não foi sempre que quis ser empreendedora e tive sucesso, e esta é a verdade que muitos empreendedores que chegam ao sucesso não falam. Aprender com fracassos nos faz mais fortes, e a cada tentativa frustrante eu aprendia e amadurecia. O principal comportamento do empreendedor é a persistência no que acredita, sendo, às vezes, chamado de teimoso. A verdade é que ele só crê no que os outros não veem.

E qual é o maior desafio para um comportamento empreendedor de sucesso?

É fazer com que os outros acreditem em sua visão e esta não é uma tarefa fácil, visto que é uma visão e não há nada de concreto.

Wald Disney antes do sucesso faliu, mas não deixou sua crença de lado, pois, para ele, era algo tão verdadeiro que o fez mudar de estratégia, mas nunca desistir. Acumulou uma fortuna de bilhões de dólares. Envolvida em uma crença como essa deixei para trás 17 anos de empresas excelentes em que trabalhei e aprendi muito. Resolvi, então, construir algo. Para dali em diante transformar o sonho em realidade. Assim começou minha carreira solo.

Em 1º de novembro de 1995, nasce a Conexão Treinamento e Desenvolvimento, não foi nada fácil, pois tinha deixado para trás também a certeza de um salário mensal, convênio e tantos benefícios para mim e minha família. Inicialmente, o investimento foi um computador e uma mesa de escritório usados que ficavam no meu quarto. Mas uma coisa me fazia seguir adiante, eu sabia o que eu queria e também amava o que fazia, mesmo vivendo momentos de solidão para tomar decisões. Some-se aqui o conflito interno entre o negócio e a família, mas acreditei e fui em frente.

Com quase três anos de empresa, mas clientes como Brahma, Ericsson, Fuji Film, entre outras, recebo um fax para participar de um processo. Muito me chamou a atenção, pois era da FGV, fazendo um convite para o processo seletivo para representá-la no Vale do Paraíba. Com minha curiosidade aguçada, liguei, tirei todas as informações e fiquei eufórica com a possibilidade de trazer uma instituição tão renomada para o Vale do Paraíba e também poder realizar meu sonho: fazer MBA na FGV!

À tarde, quando meu marido chegou do trabalho, eu com todas as informações, lhe fiz a "louca" proposta de ele vir compor comigo e participarmos do processo seletivo. Para a minha surpresa, ele se entusiasmou e juntos partimos para um caminho até então desconhecido. Foram duas semanas reunindo documentação, enfim, entre as cinco empresas do Vale que concorreram fomos escolhidos.

Um dia depois da resposta positiva, estávamos nós participando de um evento em que havia pessoas representantes de empresas que tinham recebido o mesmo fax do convite e o haviam rejeitado, falando que só um louco poderia participar e querer algo assim. Comentaram ainda que, ao receber o fax, jogaram no lixo. Eu e meu marido olhamos um para o outro e ficamos em silêncio. Assim, os anos foram passando e concluímos que tínhamos tomado a decisão certa.

Com sete anos de empresa e esta já consolidada no mercado, outra necessidade imensa me invadiu: foi a vontade de retribuir algo à sociedade através da minha competência de falar em público. Nasce com a participação e sugestão da minha equipe o Projeto Conexão Solidária, que há 15 anos desenvolve cinco campanhas solidárias anuais em prol de instituições, famílias e pessoas com necessidades, contribuindo com dignidade em um mundo de desigualdade "gritante". Esta é minha missão pessoal. Certa vez, voltando de uma destas instituições, ouvi de uma amiga a seguinte pergunta: "Como você gostaria de ser lembrada pela sociedade quando você morresse? Uma pessoa que venceu, teve sucesso e uma família bacana". Pensei e minha resposta foi a seguinte: "Gostaria de ser lembrada como alguém que ajudou a tornar a vida das pessoas melhor. Esta é minha missão pessoal e que se entrelaça com o que faço na vida profissional, me dando prazer de realizar o bem e fazer o meu trabalho feliz".

Hoje, com 20 anos de muita dedicação, muito trabalho, sinergia de profissionais, estamos atendendo empresas e profissionais com duas frentes de negócio, MBAs como conveniadas da Fundação Getúlio Vargas e os mais exigentes clientes em Desenvolvimento Profissional. Muitos olham hoje para minha empresa sólida, com sete unidades, e falam algo que muitos empreendedores ouvem: "Que sorte você tem, hein?!" Não é sorte. É muita dedicação, paciência, persistência, estudos e pessoas que acreditam com você dando o melhor para o sucesso de todos. Consegui tudo sozinha? Não. O sucesso foi também de meu marido que me apoiou na área administrativo-financeira abraçando o negócio e trazendo toda sua competência para o crescimento da empresa. O sucesso está sendo também de meu filho que integra a empresa, bem como de minha filha, que decidiram dar continuidade ao que um dia sonhei. Isto para mim é um legado e a certeza de que quando sonhamos e realizamos não o fazemos apenas para nós, o que seria muito egoísta. Verdade seja dita: o empreendedor é sempre visto e admirado pelo sucesso que alcançou e isso é muito louvável, mas também deve ser admirado pelas dificuldades, pelos insucessos que o fizeram transbordar de garra que não o deixou desistir. Empreender não é somente alcançar o sucesso, mas saber lutar com as dificuldades, aprender com elas e, o mais importante, compartilhar tudo com os outros para que sua experiência vivida seja de dificuldade, desafios, sucessos e insucessos e possa servir de alavanca e aprendizado para outros.

Assim sou eu e me senti honrada em escrever este capítulo que possa servir para muitos que leiam, que se identifiquem com a minha história, que sirva de incentivo para sonhar, realizar e seguir em frente.

14
EMPREENDEDORAS DE ALTA PERFORMANCE

Daniela Cruz Cunha

Daniela Cruz Cunha

Formada em Arquitetura pela FAAP – SP, foi sócia e Diretora de Projetos na Construtora DAMEBE por 10 anos.

Desde 2004 divide a condução da Vult Cosmética junto ao sócio Murilo Reggiani, quando fundaram e transformaram a marca em um *case* de sucesso no mercado de cosméticos. Hoje, além de se envolver com o processo decisório e planejamento estratégico, responde pela Diretoria de Marketing da Vult, tendo o foco em ações que promovam o posicionamento e valor da marca da empresa no Brasil e Exterior.

Atua fortemente no âmbito social, é membro do Fundo Social de Mogi das Cruzes e realiza, este ano, um de seus sonhos com a fundação do Instituto Vult, voltado para a capacitação, promoção e valorização da autoestima feminina, formação e contribuição à crianças e jovens.

Empresária, mãe, esposa, esportista, cidadã, é uma mulher ativa e apaixonada pelo bem viver.

daniela@vult.com.br

Como tudo começou

De origem humilde, meu pai, empreendedor nato, foi exemplo de trabalho dedicado e incansável. Depois de vários ofícios, iniciou no ano em que nasci uma pequena construtora. Cresci muito próxima a ele e ainda pequena o acompanhava em obras e auxiliava as recepcionistas. Lembro-me com carinho de andar de mãos dadas com ele e algumas de suas falas marcaram a minha vida empresarial para sempre:

"Dani, se um dia te faltar recursos, você pode até passar fome, mas nunca deixe de pagar os seus funcionários em dia".

"Não podemos parar nunca, pois você sabe quantas famílias dependem do nosso negócio?"

A força das falas acima me deu a dimensão do valor das equipes e do respeito às pessoas que estão conosco.

Meu pai também ensinou a mim e meus irmãos a importância de uma boa gestão financeira. Dos tempos que não tinha nada a uma história de conquistas, manteve a essência, priorizou a qualidade, a realização e nos ensinou muito bem a administrar o dinheiro.

Minha mãe é também uma mulher de origem muito simples, me inspira por sua capacidade de doação, de amor ao próximo... O meu exemplo para as ações sociais que realizo.

Arquitetura e início de carreira

Aos 16 anos, passei no vestibular em São Paulo e, contrariando os planos de meu pai, fui morar fora. Certamente o fato de ter crescido envolta em projetos e obras influenciou minha escolha pela arquitetura. A criação, o senso estético e o traço solto que permite uma série de possibilidades sempre me atraíram.

Na universidade, além de estudar, comercializava bijuterias (que produzia), catálogos de lingerie e beijinhos e brigadeiros que fazia com uma amiga e vendia para os colegas e em locais próximos. Meus pais custeavam a Faap e a moradia, que complementava com a renda de minhas vendas.

Concluí a universidade, voltei para nossa cidade, trabalhava na construtora da família, que a esta altura já era uma empresa grande.

Nos dez anos seguintes, mesmo realizada, percebi que o meu lado empreendedor superava o técnico... o desejo de criar algo, implantar, dividir a visão com os envolvidos era o que fazia sentido para mim.

Nesse momento nossa família vislumbrava a diversificação dos negócios, e foi quando percebi que esse movimento poderia ser a oportunidade de eu me lançar em algo desde o início com total dedicação, utilizando a bagagem adquirida na experiência da empresa familiar, para construir algo grande... um novo projeto de vida empresarial.

Minha família

Conheci meu marido Rafael na universidade de Arquitetura, e nosso casamento significou uma grande virada em minha vida por três motivos:

• Desde então resolvi adotar uma das leis que regem a minha vida: "Dar o peso certo para cada problema";

• Tive os meus três amados filhos, Yasmin (17), Nadine (14) e o pequeno Noah (11 meses), que são a razão maior do meu viver;

• E pelo apoio, cumplicidade e amor que o meu marido sempre me deu, estimulando e, muitas vezes, assumindo os cuidados com as crianças diante dos meus compromissos profissionais.

Nutrimos em família muita harmonia e amor, nos admiramos e incentivamos uns aos outros na evolução e busca por uma vida extraordinária. A prioridade sempre foi e será SER e não TER.

Nasce a Vult

Uma amizade de infância, um sonho em comum, respeito mútuo, uma enorme vontade e um empréstimo financeiro foram a base para iniciarmos a Vult há 12 anos.

O desejo de criar uma empresa de cosméticos que democratizasse o uso da maquiagem, oferecer produtos de qualidade e acessíveis eram nossa grande motivação.

Éramos ao mesmo tempo acionistas, administradores, responsáveis pelo desenho, compra, venda, armazenagem, distribuição e *marketing*. Começamos como uma marca desconhecida, em Mogi das Cruzes, com a certeza de que sabíamos o público que queríamos atingir, o produto que queríamos produzir e dedicamos toda a nossa vida a esse projeto.

O relacionamento com distribuidores e clientes sempre foi feito com muito carinho. Pensávamos em um crescimento para todos e esse clima de família, de união é muito presente na Vult.

A nossa obsessão pela qualidade nos levou a desenvolver fornecedores sintonizados com nosso propósito e isso não foi fácil, pois nem sempre todas as empresas desejam ou têm condições de crescer na mesma velocidade.

Vibramos a cada conquista... O primeiro anúncio em cadeia nacional, o desenvolvimento de novos produtos, a ampliação do número de distribuidores e clientes.

Quando olho para trás vejo o quanto foi realizado em pouco tempo... A Vult está presente em todo o País, em mais de 33 mil pontos de vendas, além de 22 quiosques próprios até o presente. O crescimento de 2015 foi de 54%, resultado dos milhões de produtos vendidos num portfólio de 444 *skus*.

A paixão

Tenho uma paixão enorme por tudo... Pela vida, a família, o esporte, as pessoas, os amigos, o negócio, os clientes.

Acredito que a paixão é o que nos move, o que nos leva a querer que tudo e todos ao nosso redor estejam bem, felizes e realizados.

Sempre que me perguntam como é possível conciliar vida executiva com vida pessoal eu comumente respondo: "Estando inteira".

Estou inteira quando estou em casa com as crianças e meu marido, e o mesmo ocorre quando estou na Vult ou praticando esportes... isso contribui para o equilíbrio, para que eu viva em harmonia.

Sou apaixonada e grata por um a um dos detalhes e momentos da minha vida.

Motivação

Evoluir, crescer, desafios grandes ou pequenos e ver que através do que fazemos podemos gerar oportunidades e mudanças na vida das pessoas é altamente motivador para mim.

Quando percebo ou ouço que nossos produtos agregam valor àqueles que usam ou aos que comercializam, é uma sensação indescritível. Isso me impulsiona a fazer cada vez melhor e a pensar em novas formas de agir.

Mais que criar e comercializar produtos, me motiva ver mulheres felizes, contribuir para o bem-estar, autoestima, para o viver bem e que a beleza interior das minhas clientes reflita no exterior.

Ver os colaboradores vibrando com as conquistas da empresa e realizando suas aspirações pessoais através do trabalho que fazem junto de nós é sem duvida também motivador.

Saber que através de nosso trabalho podemos contribuir com a sociedade em que vivemos transformando vidas, realidades. Que quanto mais trabalharmos e realizarmos poderemos impactar a vida de pessoas, então me motivo a dar mais de mim para fazer o bem. Ter a certeza de que vendemos mais que produtos, vendemos bem-estar, autoestima, felicidade!

Experiências e emoções

Todo novo produto, feiras de que participamos, prêmios que conquistamos, nova sede, cada quiosque aberto, me emocionam... sou assim do tipo que não contém as lágrimas sempre que a emoção aflora. E aflora sempre que ouço um distribuidor ou colaborador contar as oportunidades que obteve com a Vult, o que isso gerou em benefício de sua família, das pessoas em seu entorno... Assim como relatos de pessoas que fizeram cursos de maquiagem através de projetos apoiados pela Vult e isso mudou a sua perspectiva de vida... Ver na estrada um outdoor de nossa marca, uma matéria em *blog*, revistas ou pessoas que citam experiências positivas com nossos produtos.

Emociona-me ver crianças e mulheres de projetos assistidos.

Na verdade, cada local em que entro e vejo um produto Vult me toca, me faz relembrar de nosso início e da paixão que aquele produto traz em si.

Liderança pelo exemplo

Vejo a liderança como um modo de inspirar, possibilitar direcionamento, estar junto apoiando e desenvolvendo. Acredito na liderança através do exemplo tanto com meus filhos, equipe em esportes, quanto com os colaboradores na empresa.

Procuro sempre conhecer o que será feito, analisar, entender, explicar e certificar-me de que me fiz entender.

Sou exigente e a experiência me mostra que à medida que a equipe é desafiada e estimulada mais vemos o crescimento individual e coletivo, os resultados são surpreendentes.

Sou muito objetiva, detalhista, mas por ser estrategista procuro manter um equilíbrio na exigência para que não atrapalhe no tempo de desenvolvimento, pois isso muitas vezes pode significar perda de dinheiro.

Mais que tudo, sou apaixonada pelo que faço, o que sinto que estimula e engaja a equipe, que no caso da Vult é muito especial.

Estou muito focada e melhorando a minha disposição para ouvir. Seja o cliente, o fornecedor, colaborador, o mercado e até mesmo a nossa consciência. Ouvir com efetividade, não interessa se são coisas boas ou ruins, requer humildade, vontade de efetivar mudanças e ter a visão de que a partir do momento que ouvimos temos de agir rapidamente.

Estratégias e habilidades

Antes de iniciar uma empresa é importante ter em mente que estaremos a serviço do cliente e criar produtos aspiracionais que tenham valor agregado e que possibilitem uma experiência única. Saber que haverá momentos em que temos de recuar, descontinuar produtos, sacrificar margens, mas sempre ter em mente que o que entregaremos ao cliente deve ser o nosso melhor.

Ao longo do tempo desenvolvi maior empatia e amor pelo cliente. Criar vínculos é um estilo de ser de toda a empresa.

Identifico com o novo, o inédito, correr riscos, assim como no esporte entendo que é preciso estar bem preparado, investir tempo e estratégia para atingir uma meta sem medo de errar, mas se isso acontecer, mudá-la e tentar novamente. Inovamos ao adotar um estilo sofisticado para um produto democrático, com qualidade a preços acessíveis.

Gosto de estar com as pessoas, do contato com os clientes, distribuidores e colaboradores, e aprendo muito com as trocas que realizamos.

Também adquiri a habilidade de conviver em sociedade, respeitar e me colocar, não ter a visão no meu ego e sim no que é o melhor para a empresa.

A serenidade, para agir de maneira correta, de tomar as melhores decisões, de pautar as opiniões nos valores corporativos é algo que trabalho diariamente, para que não seja influenciada por impulsos e ou interferências externas e sempre ter a consciência de que há o tempo de plantar e o tempo de colher.

Simplicidade

Tenho hábitos simples e gosto de conduzir a minha vida com simplicidade. Vejo que tudo fica mais fácil se formos diretos, sinceros, resolvermos os problemas no início e observarmos a essência das coisas.

Sou muito prática e adoto essa maneira de ser na empresa... O acesso é fácil, trabalho de portas abertas, procuro responder tudo que me é solicitado rapidamente com os porquês de minhas decisões.

Acho fundamental trabalhar a vaidade. O dia a dia e a exposição podem gerar deslumbres que certamente irão nos distanciar de quem somos de verdade e prejudicar a visão real do negócio. Manter a simplicidade e controlar a vaidade são exercícios diários.

A felicidade é meu maior deslumbramento.

Alta Performance

Quero sempre aprender mais. Tenho comigo uma máxima... Feliz sempre, satisfeita nunca.

Acredito na superação, na dedicação e tudo que faço quero fazer muito bem... Sou detalhista e não gosto das entregas mais ou menos.

O esporte me acompanha desde pequena, o que me tornou competitiva, além de me ensinar muito sobre determinação, foco, preparo físico e emocional. Liderar talentos diversos para o mesmo objetivo e montar equipes em que cada membro seja de alto rendimento, com foco em superação.

A Vult investe em pessoas, matérias primas, desenvolvimento, distribuição, tecnologia de ponta, atendimento ágil, logística eficiente, mas de fato trabalhamos para que o nosso cliente tenha a melhor performance, a melhor experiência ao usar nossos produtos. Pautamos todas as nossas ações na satisfação do cliente.

Frustrações

Sou acelerada e sinto que algumas vezes gostaria de realizar mais em menos tempo. Não costumo alimentar sensações negativas, pois tenho comigo sempre que a dor é inevitável, mas o sofrimento é opcional e por isso o meu estilo de ser não dá muito foco para alimentar frustrações... Se algo não ocorre como planejado, procuro rapidamente entender o que poderia ter feito diferente, trago a responsabilidade, procuro reverter e, principalmente, aprender. Um erro não me frustra, me motiva a ser melhor.

Gostaria de ser mais organizada... Acho que estou melhorando neste quesito, pois o aprendizado e a evolução são constantes, visto que tenho muito ainda que aprender, assimilar e melhorar em todos os sentidos.

E o futuro?

Sou tão ligada ao presente que o futuro para mim é "logo ali" e isso é uma filosofia de vida que me aproxima da realidade. Isso não quer dizer que não tenha sonhos... Tenho muitos, mas procuro realizá-los aos poucos.

Desejo que meus filhos escolham por si mesmos os caminhos que os conduzam à felicidade. Que sejam simplesmente felizes e que possam contribuir para um mundo melhor.

Que a Vult continue crescendo de forma sólida, mantendo o reconhecimento de qualidade, inovação, respeito, carinho, beleza e autoestima.

Que a marca esteja cada vez mais próxima de seus consumidores e que agregue valor àqueles que a consomem.

Através do Instituto Vult, possibilitar a inclusão social, empoderamento feminino e o desenvolvimento humano através de programas que estimulem o bem-estar, a autoestima e a cidadania.

Evoluir como pessoa, ser cada dia um ser humano melhor e empreender com foco e humanidade.

Gratidão

Sinto uma gratidão imensa por tudo, não me canso de agradecer a Deus pela feliz vida que tenho e a oportunidade de viver.

Gratidão pelos filhos e marido extraordinários que tenho, que me motivam a buscar a evolução todos os dias.

Gratidão a todos familiares e amigos que me apoiam.

Gratidão por fazer aquilo que amo e a convicção de que estamos caminhando, respeitando nossos valores e crescendo de forma sustentável, sem perder a essência e a sensibilidade.

Gratidão a todos os clientes, fornecedores, colaboradores, apoiadores que compartilham conosco o compromisso com a inovação e a satisfação do cliente.

EMPREENDEDORAS DE ALTA PERFORMANCE

15

Esther Schattan

Esther Schattan

Há 30 anos desempenha com maestria os diversos papéis que muitas mulheres empreendedoras de sua geração passaram a assumir após decidirem, também, enfrentar de maneira igualitária o competitivo mercado corporativo até então dominado pelos homens. Conciliar a vida materna, conjugal, social, familiar e corporativa não era uma das missões mais fáceis. A falta de troca de experiências entre as próprias empresárias era um obstáculo que em alguns anos seria ultrapassado e se tornaria um dos grandes trunfos para esse grupo e para as demais mulheres que buscam em suas figuras inspiração para suas carreiras. A diretora de Relacionamento da Ornare - empresa referência em armários e móveis de alto padrão para cozinha, sala de banho, home theater e closet, prepara agora os filhos para darem continuidade à empresa familiar que se mantém cada vez mais sólida no mercado brasileiro com 15 showrooms e mais três no Exterior.

(11) 3065-6622 / 301

Trajetória de sucesso

Quando eu era criança passava muito tempo observando o trabalho do meu pai, que tinha o empreendedorismo em seu espírito. Após rápida passagem pelo Rio de Janeiro, ele veio para São Paulo e abriu uma confecção de roupas masculinas. Sempre achei admirável o trabalho de criar e desenvolver coisas. Essa ideia sempre esteve muito relacionada com a minha paixão pela alquimia e todos os seus mistérios em busca pela pedra filosofal e pelo elixir da longa vida, além de transformar tudo em ouro. O mundo da fantasia também permeava esse processo transformador e criativo em minha mente.

Química nuclear estava nos meus planos futuros, mas desisti após saber que precisaria ficar isolada de todos e de tudo o que eu gostava, mesmo que por breves períodos. A Engenharia Química passou a fazer parte da minha vida e quase me tornei uma empreendedora no mundo dos cosméticos. O último ano da faculdade, 1986, foi decisivo e transformador, pois conheci meu marido, Murillo, que já era empresário na área moveleira. Após nosso casamento, veio o convite para me tornar sócia e juntar os nossos conhecimentos e esforços para iniciar um trabalho de relacionamento com arquitetos e *designers* de interiores, além de contribuir para o processo de sofisticação no desenvolvimento dos móveis. Por amor e pela promessa de fazer algo diferente, troquei a alquimia dos magos pela alquimia na área industrial, de transformar a madeira crua em peças com design e personalidade.

Como o nosso propósito era oferecer aos clientes os melhores produtos, passamos a visitar a partir de 1987 a feira de Milão. Na bagagem trouxemos um mundo completamente diferente, repleto de informações, tecnologias, os melhores materiais para desenvolvermos nossas linhas. Estávamos desbravando um universo com riquezas e detalhes infinitos. Fazendo essa retrospectiva para escrever carinhosamente este capítulo, foi possível perceber que a alquimia e a Química nunca estiveram completamente fora da minha jornada. Ela está presente até mesmo nos nossos perfis, que são complementares – meu e do Murillo –, pois somos focados, objetivos e vamos atrás do que for preciso, além da alquimia do relacionamento com parceiros, arquitetos e *designers* de interiores, colaboradores. Era um mundo novo para nós.

A Ornare faz parte da história da decoração do País. Coincidência ou não, no mesmo ano em que iniciamos nossa empresa, a Casa Cor dava os primeiros passos para se tornar a maior mostra da América Latina, abrindo as portas para um novo mundo de arquitetos e *designers* de interiores, assumindo um compromisso sério com esse mercado. A parceria entre as marcas – Ornare e Casa Cor – fez 30 anos em 2016. Também aprendemos com os momentos duros e de economia em crise. Em três décadas passamos por muitos presidentes, mudanças de moedas e precisamos usar muita criatividade e empreendedorismo para driblar todas essas situações, sempre pensando na empresa, em todos aqueles que de alguma forma dependiam da Ornare.

Entre 1986 e 1993, incluímos a qualidade de vida não somente no ambiente familiar – mudando para um bairro mais próximo à fábrica e mudando os meninos de colégio –, mas também, em colaboradores e depois no conceito com a *High Line*, que tem como principal fundamento a qualidade de vida dos nossos clientes, buscando criar e entregar peças com alta qualidade, sustentabilidade e design inteligente.

O design sempre foi um ponto crucial, questão fundamental para a marca. O investimento ia além do design das nossas peças, chegava à compra do maquinário mais moderno, abertura e padronização de comunicação visual dos *showrooms*, lançamentos, festas, divulgações, participação nas melhores feiras e mostras do setor, parceria com os melhores profissionais do mercado nacional e internacional. Todo esse conjunto fez com que a Ornare sobrevivesse.

A expansão foi um passo vital para a marca. Abrimos os *showrooms* fora da cidade de São Paulo. E na capital fincamos nossa bandeira na Alameda Gabriel Monteiro da Silva (1993) e no D&D Shopping simultaneamente à sua abertura (1995). A partir dos anos 2000, sempre com muito estudo e respeito aportamos a Ornare em outros pontos do Brasil. Um momento incrível marca a *timeline* da Ornare. Em 2006 decidimos carimbar o passaporte e chegar a Miami, sem saber que logo teríamos de enfrentar a crise de 2008. Mas nada disso fez que com que mudássemos os planos de levar a nossa *expertise* para além das nossas fronteiras. Nessa época minha vida era uma "ponte aérea" Brasil/Miami. Precisava passar da forma mais fidedigna possível a cultura da empresa brasileira. O mais encantador é saber que até hoje perduram muitas amizades conquistadas nessas idas e vindas, além de poder acompanhar o desenvolvimento da cidade, as melhorias e o processo de revitalização do *Miami Design District* – onde temos nosso primeiro *showroom* fora do Brasil.

Mulher com jornada tripla

Não acredito que o sexo feminino seja e deva ser considerado frágil, muito ao contrário. Muitas de nós enfrentamos uma jornada tripla: empresarial, familiar e social (ter amigos requer energia, dedicação e muito amor). Um ponto que considero importante e fundamental, independente do papel desempenhado pela mulher, é o cuidado e a dedicação com a família. Por mais corrida que fosse nossa rotina, fazia questão de cuidar para que todos estivessem bem, fazia a lição de casa com Pitter e Stefan por telefone, comparecia às reuniões de professores. Nada é perfeito. Você pode chegar a um nível bom, satisfatório, mas nunca à perfeição, mesmo fazendo uma única coisa.

Conciliava o tempo entre uma viagem e outra com feiras para conhecer as novidades do setor, com viagens com a família e com os amigos, receber os amiguinhos dos meninos em casa, viagem apenas com o Murillo. Foi em um desses momentos que acabei descobrindo que um dos homens que mais admiro no mundo sofreu os horrores da guerra e da perseguição aos judeus, especialmente aos que viviam na Romênia. Calado, meu pai nunca nos contou uma vírgula ou se vitimizou. Sempre foi um homem com muita fé e coragem e nos deu o melhor exemplo que poderíamos ter recebido: união familiar e amor.

A vida também é feita de momentos surpreendentes. Em plena crise dos anos 1990, descobri que estava grávida do Stefan. Ao mesmo tempo em que estávamos todos alegres com a chegada de mais uma pessoa que seria muita amada, nos preocupávamos com a situação econômica do País, que não era nada animadora. Novamente, a fé, a união e o amor nos fizeram resistir a mais esse teste. Mas a calmaria duraria pouco tempo. Logo vieram as crises do México, dos Tigres Asiáticos, bolha imobiliária dos EUA (2008), Itamar Franco, início do Plano Real (1994), eleição do ex-presidente Lula. Em todas essas épocas trabalhamos com as construtoras, que são muito sensíveis às crises. Em cada uma fomos os primeiros a sentir e buscar soluções diferentes para épocas difíceis. Afinal, também pensávamos em todos aqueles que abraçaram o nosso sonho e vestiram a camisa da Ornare.

Gostaria de compartilhar com você uma das inúmeras qualidades que admiro no meu marido. O Murillo sempre se mostrou a favor da mulher no mercado de trabalho. Ele sempre, desde que nos conhecemos, me incentivou a continuar trabalhando e a buscar fontes infinitas de conhecimento. Assim como ele é comigo, esposa, sócia e amiga, ele também é com nossas colaboradoras, sempre acreditando nas mulheres como grandes empreendedoras. Na Ornare nunca houve separação entre homens e mulheres – sexo forte x sexo frágil. Nas franquias é possível perceber o poder feminino, a garra, pois temos muitas gerentes e franqueadas, mesmo quando em sociedade com marido ou amigo.

Base familiar

O apoio e a estrutura familiar que temos como referência nos ajudou a construir um ambiente equilibrado para nossa equipe. Sempre tivemos isso em mente: fé, oração e muita responsabilidade, além da harmonia entre nós, como casal e sócios. Temos consciência do estrago que poderíamos gerar caso brigássemos. Não poderíamos e não podemos de forma alguma deixar que o egoísmo e caprichos façam com que clientes e funcionários sofram as consequências. A empresa também é a nossa família, nosso filho. Tomamos todos os cuidados para que todos estejam bem. Nada de egos ou vaidades. Em primeiro lugar vem o bem-estar da nossa comunidade, da nossa micro-sociedade.

Estamos começando a plantar e a colher os frutos da segunda geração na administração da empresa, que é familiar, mas também conta com os franqueados. É feito um trabalho de governança e percebemos como isso tem força. É trabalho em equipe e quando os resultados param de atingir as expectativas, buscamos novas alternativas, é nesse momento que a união entre o olhar jovem e cheio de vigor dos meus filhos aliado com a força dessa nova parte da família faz com que superemos o planejado.

Coragem para dar o primeiro passo

Acredito que um dos pontos importantes e o bom andamento de qualquer empresa é estudar muito o seu mercado de atuação e entender bem de finanças. Cercar-se de pessoas especiais que acreditem no seu propósito para enfrentar as dificuldades, ter um bom produto e serviço. Ouvir bem as críticas e ter ética – aquilo que é bom para uma comunidade, sociedade, sempre com respeito ao próximo e a si mesmo. E se for abrir a sociedade com o marido, ir além, fazer isso ser bom e não um fator de risco ao relacionamento pessoal e profissional. É duro, mas é preciso enfrentar os problemas de forma madura. Eu acredito que a terapia tem papel muito importante atualmente, com o sentido de *Coaching* também. Sozinha, em família, em grupo. Isso ajuda a dirimir e a ampliar o campo de visão das situações do dia a dia.

Nenhum começo é fácil. Dá aquele frio na barriga e você se questiona o tempo todo se tomou a decisão certa, não é mesmo? É importante ter um consultor e buscar informações. Se não tiver dinheiro, existem diversas gratuitas, ONGs etc. Há o interesse em pessoas que trabalham e tragam resultado, agreguem ao todo e façam a diferença.

Como começar? É preciso ter essa vontade e seguir a intuição. Faço parte do conselho de mulheres empreendedoras. Todas que estão lá fizeram esse caminho, sozinhas ou com sócias; buscaram fontes em grupo de mulheres empreendedoras de sucesso. Buscaram soluções e têm amor ao que fazem. É uma questão de coragem. É bom ver que você não é sozinha. Há algum tempo não havia contato com mulheres que trabalhavam. E as mulheres ficavam muito solitárias em suas carreiras e dentro de sua própria família. Hoje trocam experiências, contam como fazem, ouvem, e norteiam as mudanças de paradigmas. Percebi como é fácil pedir ajuda... Há 30 anos não era assim.

E se você me permitir uma última dica aqui vai: beleza. As mulheres não podem se esquecer da beleza, isso também faz parte do sucesso. Você exterioriza o que tem interiormente. E, mesmo que por dentro seja o frio na barriga, mostre o seu poder. Todos os rituais são importantes: passar os cremes, dietas, *checkup*, encontro com as amigas, passear no *shopping*, ler uma revista feminina. Não dá para não ser mulher. E, acima de tudo, tem de fazer cursos, estudar, se atualizar, ler jornal, fazer parte de trabalhos voluntários e se interessar pelos outros – isso ajuda no crescimento pessoal. E como fazer tudo isso ao mesmo tempo? Fazendo. Tem um ditado que fala algo assim: "Dê uma tarefa sempre para o mais ocupado, ele sempre achará tempo para fazer".

EMPRE ENDE DORAS DE ALTA PERFOR MANCE

16

Francesca Romana Diana

(troca da ordem alfabética solitada pela coautora)

Francesca Romana Diana

Estilista, empresária e uma das mais conhecidas designers de joias e acessórios no Brasil e no mundo. Já desenhava peças no seu ateliê em Roma, quando decidiu mudar-se para o Brasil, país que lhe ofereceu as mais belas pedras naturais, sua matéria prima favorita. Hoje seu ateliê é no Rio de Janeiro e suas peças podem ser encontradas em todo o mundo, tanto nas lojas próprias quanto em franquias nas principais capitais do Brasil e também em multimarcas importantes da Europa e Estados Unidos. Autora do livro Tudo Joia, onde traz dicas preciosas, sugestões e as combinações mais eficientes para alcançar um estilo próprio e elegante. Além dos conselhos e orientações, estão reunidas no livro entrevistas reveladoras com designers, empresários e consultoras. Tem domínio da alta costura em bijuteria, criando peças que são sofisticadas, contemporâneas e confortáveis. Suas coleções já brilharam em revistas como Vogue, Bazaar e Instyle e são objetos de desejo de mulheres cheias de estilo e glamur. Em 2009, foi nomeada empreendedora Endeavor, que é a organização líder no apoio a empreendedores de alto impacto ao redor do mundo. Em termos de responsabilidade social, a marca respeita as normas éticas e os direitos humanos na cadeia de produção; incentiva e capacita mulheres de comunidades carentes; é contra o trabalho infantil; respeita o ambiente e utiliza materiais de procedência controlada e promove ações beneficentes nas lojas.

secretaria@francescaromanadiana.com
francescaromanadiana@me.com

Mergulhe fundo, acredite e sonhe grande

Tudo começou em Trentaremi, uma linda baía escondida no golfo de Napoli, onde ganhei meu primeiro dinheiro. É um lugar mágico, uma enseada que perfuma o ar de alecrim e resina de pinho, onde os antigos romanos construíam barcos destinados a desbravar os limites dos mundos. Atualmente é uma área ambiental protegida, mas, quando era criança, aquilo era a continuação do meu jardim.

Meu pai havia construído uma casa na colina de Posillipo nos anos 50 e o jardim dessa casa confinava com um rochedo que, por sua vez, descia até o mar. Durante os verões da minha infância eu inventei uma brincadeira que logo se tornou uma atividade remunerada...

Todos os dias eu saía de casa, carregando tudo que precisava para servir ouriços do mar. No Brasil ainda é incomum comer esse fruto do mar, mas na Itália é considerado desde sempre uma iguaria, melhor que ostras. Primeiro, eu pescava os ouriços. Mergulhava até dois metros e meio, colocava a minha mão nas fendas das rochas, os retirava com a ajuda de uma faca, manuseava com muito cuidado (os acúleos, em contato com a pele, são muito doloridos). Depois, abria os ouriços, os limpava cuidadosamente e os servia em cima de um pratinho de porcelana, com uma colherzinha de prata e uma fatia de limão siciliano que colhia na véspera no jardim.

Os meus clientes eram as amigas da minha mãe e todas as pessoas que frequentavam esse tranquilo ângulo de paraíso. Eu era pequena, muito pequena – pesquei ouriços desde sete até dez anos – e foi uma experiência muito enriquecedora. Aprendi a ser previdente, tinha de chegar preparada ao meu "lugar de trabalho" (a ladeira para subir novamente na casa era extremamente ingrata), levando um pequeno balde com faca, pratos, colheres, limão e tudo que precisava por aquelas horas. Aprendi a ser corajosa, porque era preciso mergulhar fundo e colocar a mão dentro de fendas; aprendi a ter cuidado e respeitar o mar e a natureza; aprendi a manusear a faca e, principalmente, aprendi a lei da oferta e da procura.

Todo mundo adorava meus ouriços. Eram fresquinhos e eu os pescava aos poucos, aguardando os apetites dos meus clientes acordarem, ao longo do dia. Aprendi lá as primeiras noções de *branding* e *marketing* e a me comunicar em outros idiomas com as clientes estrangeiras. Ganhava muito dinheiro, eu vendia cada ouriço por 20 liras e com 50 liras podia comprar um supersorvete, ou seja, com dois ouriços e meio meu dia estava ganho enquanto as minhas amigas dependiam de mesada para se virar. Sem contar que me divertia muito, aquele museu arqueológico subáqueo era meu parque de diversão.

O mar continua representando um ponto de equilíbrio na minha vida. Sempre o procuro, nos ventos bons e ruins, pois me coloca de volta com a essência da minha pessoa. Nasci livre, obstinada e independente, e acredito que foram esses primeiros verões que forjaram a pessoa que sou agora.

Com 20 anos, saí da casa dos meus pais e enquanto cursava Biologia marinha comecei a trabalhar num ateliê de bijuterias em Roma. Aprendi todas as técnicas de montagem e vi que gostava muito de criar lindas peças utilizando materiais do mar, como conchas, corais e madrepérolas. Abri o meu primeiro ateliê em Roma, aplicando todas as mesmas lições que havia aprendido do mar e dos ouriços.

Conheci o Brasil numas férias e me apaixonei perdidamente por este país. Passei três meses viajando, conheci a Amazônia e o Pantanal, mergulhei com os golfinhos, andei a cavalo nas plantações de café, visitei as igrejas barrocas do Triângulo Mineiro e do Pelourinho, e até desfilei no Sambódromo... E, obviamente, na minha volta para Roma quase morri de "saudade" do novo mundo que queria abraçar de vez.

Decidi em poucos meses me mudar para cá com quatro malas (três das quais eram cheias de matérias para montar meu ateliê em São Paulo). Porém quando cheguei ao Brasil dizendo que meu sonho era fazer bijuterias com pedras brasileiras, ninguém botou fé. Afinal, só os gringos davam valor às pedras brasileiras na época... Comecei vendendo só para estrangeiros e, depois de alguns anos, quase todas as mulheres elegantes entre São Paulo e Rio estavam com alguma peça minha no pescoço ou na gaveta, e as pedras brasileiras se tornaram um *"must"*. De lá para cá criei junto com a minha equipe mais de 10 mil joias diferentes com pedras verdadeiras e preço de bijuteria, que são vendidas através de lojas monomarca, *e-commerce* e *jewelery trucks*.

Perdi a minha primeira empresa, tive de lutar na Justiça para não perder meu nome. Recomecei do zero e aprendi a me cercar de pessoas que são melhores do que eu para fazer as coisas que eu não sei fazer.

Nunca se deixe levar pelo medo!

Tive de enfrentar muitos desafios ao longo da minha vida, e o principal é o medo de não conseguir. Parece até banal, mas é vital acreditar nas próprias habilidades.

"Por não saber que era impossível, foi lá e fez."

Descobri cedo que, para superar os obstáculos, primeiro você deve acreditar que vai conseguir. Lembro-me sempre daquela mãe que, ao ver o filho atropelado embaixo de um carro, conseguiu levantar o carro o suficiente para o filho sair de baixo... Às vezes, a ferramenta mais importante que se tem ao alcance é apenas a sua força de vontade, então é bom aprender a usá-la a seu favor desde cedo.

Não existe uma receita pronta para ter mais coragem durante a vida. Para mim, funciona bem nos momentos mais sombrios pedir uma mentoria a alguém que já passou por isso... Praticar meditação me ajudou muito, e sempre é útil ler um bom livro, ver uma exposição de arte ou até um filme inspirador. Cada um de nós vai escolher qual é o ingrediente certo para sua história ser feliz.

Uma habilidade que desenvolvi ao longo do tempo é ler as pessoas. Ainda não cheguei no ponto que, ao piscar de olho em alguém, consigo descobrir se vai agregar valor ou não à minha empresa, mas demoro muito menos tempo que antigamente.

Outra estratégia que desenvolvi é manter a calma durante as tempestades, porque durante a vida de uma empresa haverá tempos ruins, não tem como evitá-los. Recolha os remos no barco e aguarde o furacão acabar. Tem um ditado napolitano que diz: "A da passà a nuttata" (a noite sempre vai acabar) e, quando isso acontece, o sol vai raiar de novo.

Diante de uma CRISE, como a atual que está nos atingindo, resolvi tirar o S e me concentrar no CRIE. Ao invés de criar joias mais baratas que teriam significado abaixar a qualidade do meu produto, optei por criar lojas mais baratas. Introduzi o conceito do *jewelry truck*, uma loja itinerante. Mantém a mesma alegria das outras, mas com custos bem mais contidos. Tem rodas, ocupa somente dois metros quadrados e pode estar estacionada em qualquer ponto de shopping centers ou aeroportos. Isso permite aos meus franqueados estar com joias lindas e de qualidade incrível nos melhores pontos sem ter grandes investimentos iniciais.

Acreditar no que se faz é fundamental, é necessário acreditar nos próprios sonhos. Meu maior mentor sempre diz que sonhar grande e pequeno dá o mesmo trabalho, então, prefere sonhar grande. A beleza das pedras continua a ser a minha grande motivação em fazer o que eu faço. Tem de se fidelizar a própria excelência e se concentrar naquilo.

Eu sempre fui uma esteta, para mim, a beleza ao redor é fundamental. Trago inspiração da redondeza, desde pequena, sentada ao lado de Aloisia Rucellai, a joalheira de Firenze que reinventava as joias da minha família a cada verão, ficava hipnotizada pelas cores e pelo magnetismo das gemas usadas. Meu *imprinting* foi exatamente naquela mesa, diante das joias, quando eu entendi qual era meu lugar no mundo. As pedras preciosas foram a descoberta da minha origem e nunca parei de segui-las.

É muito importante acreditar e fazer algo que te motiva, mas ter sucesso no que se faz também é uma grande motivação, é uma coisa binária.

A minha missão naquele verão era pescar ouriços, e agora é mostrar as pedras brasileiras mundo afora. Os desafios continuam os mesmos, nadar contra a maré, se familiarizar com lugares desconhecidos, enfrentar perigos e se lembrar de voltar à superfície para encher os pulmões de ar.

Mergulhe fundo, acredite e sonhe grande.

EMPREENDEDORAS DE ALTA PERFORMANCE

17

Fabiola Pulga Molina

Fabiola Pulga Molina

Atleta olímpica de natação - Sidney 2000, Pequim 2008 e Londres 2012. Recordista mundial Militar. Cento e dez vezes campeã brasileira.
Formada em Teatro pela Universidade do Tennessee, EUA.
Comentarista do Sportv.
Proprietária da empresa Fabiola Molina Moda Esportiva e Moda Praia, fundada em 2004 com a mãe Kelce Molina. Empresa licenciada de moda praia das Olimpíadas Rio 2016.
Participante do programa Winning Women da EY.
Conselheira da Associação Comercial e Industrial de São José dos Campos.
Conselheira no Conselho da Mulher Empreendedora.

fabiola@fabiolamolina.com.br

Como atleta de natação, treinava muito e toda a história começou por uma necessidade, na década de 90, de ter produtos mais confortáveis e mais bonitos. As coisas que usava na época tinham uma modelagem desconfortável, e não existia sunquíni, só treinava de maiô e até assava debaixo do braço, porque eram largos, eram de *nylon*. E também eram pretos, marinho, só cores sóbrias, não existia nada colorido. Então conheci uma costureira aqui em São José dos Campos (SP), que fazia alguma coisa de modelagem para filha que fazia natação, e perguntei se podia modificar a alcinha, fazer duas peças, para treinamento, e dentro dessas modificações eu fui ajustando a modelagem e usava o meu próprio produto. Comecei a experimentar meus produtos por causa dessa necessidade. E no futuro se transformou em empresa.

Eu ia para as competições e antes, no aquecimento, eu podia usar os sunquínis e os maiôs, para os quais, além da modelagem melhor, comecei a escolher *lycras* coloridas, um pouco mais de moda praia para as piscinas. Minhas amigas viam e perguntavam onde eu tinha conseguido aquele sunquíni e começaram a pedir para eu levar para elas e para as amigas delas também. E assim foi por alguns anos.

Fui para os Estados Unidos em 94, com 19 anos, e isso começou quando eu tinha uns 17, eu levava os sunquínis para os Estados Unidos e minhas amigas também gostavam. Nos campeonatos mundiais também as pessoas gostavam. Então, quando voltei para o Brasil, pensei em encerrar minha carreira de atleta profissional, tinha conseguido ir para as Olimpíadas, com 25 anos, voltei para São José com 27, em 2003, e comecei a buscar o que seria uma opção de vida. Minha mãe nessa época não trabalhava, meu pai adora vendas, ficou superempolgado em poder comercializar um produto, e decidimos criar uma marca própria.

Minha mãe entrou como sócia da empresa, fundamos a Fabíola Molina Moda Esportiva Moda Praia. A data oficial de fundação da empresa é 2004. Dez anos depois da ideia inicial, porque meu foco era a natação. Fui para os Estados Unidos, me formei em Teatro lá, por uma escolha de crescimento pessoal, cultural, não para ser atriz, mas se aprende sobre figurino, direção, história, cenário, tinha muito essa parte criativa e sobre pessoas. Eu sabia que tudo seria aproveitado.

Formei-me em 98, na universidade do Tennessee, depois fui para Nova

York, onde também fiz cursos de teatro, canto, tinha essa parte cultural, criativa, artística que sempre curti. Fui treinar em Nova York, mas fiz também algumas aulas e fiquei seis meses lá, depois fui para a Flórida, fiz um curso de sapateado. Fui morar no Rio de Janeiro, depois das Olimpíadas, trabalhei na ESPN. Quando voltei para São José em 2002, pensando que realmente a carreira de atleta tinha terminado, nasceu a empresa.

Alugamos uma casa e enquanto fazíamos a reforma havia alguns pedidos. Convidamos a costureira que fez os primeiros modelos em 94 para trabalhar com a gente e ela costurava na varanda da casa dos meus pais. Ela foi a nossa primeira funcionária.

Começamos assim, sem ter nenhuma formação empreendedora, administrativa.

O primeiro sunquíni com etiqueta foi em 2004, pois só no final de 2003 pensamos em fazer o logo, etiquetas, tirar CNPJ. Não fazíamos muita propaganda porque tínhamos uma produção limitada, o boca a boca é que levou a empresa a crescer.

Começamos com a marca em 2004, nesse ano não fui para as Olimpíadas, mas meu marido foi e as meninas compraram lá em Atenas e depois queriam encomendar mais peças, mandavam *e-mail* para comprar para o próximo campeonato e diante disso pensamos que precisávamos ter um comércio *online*. Começamos nosso *e-commerce* em 2006. Nesse ano tinha pouco comércio *online* no Brasil. Só para colocar o cartão de crédito para funcionar foram seis meses. De lá para cá são muitas evoluções, no mundo digital principalmente.

Não tive uma formação específica, mas uma formação de vida que o esporte traz. São muitas influências que trago do esporte, mas diria que a principal é a excelência. No esporte você aprende a fazer o seu 100%, se você não fizer, alguém vai fazer. Então buscar o melhor sempre foi normal para mim. E para empresa foi fundamental. Nosso produto tem de ter qualidade, então, ter essa visão de excelência foi o que fez a base da empresa. E aí você começa a aplicar nos processos, nas pessoas, em tudo.

E o segundo pilar, não sei se diria em ordem de importância, é o espírito de equipe. Na natação, apesar de ser um esporte individual, a gente nunca chega lá sozinho, tem o trabalho de um treinador, da parte física, tem o fisioterapeuta, o trabalho da equipe, da federação, às vezes um trabalho psicológico. Conseguir as pessoas certas faz muita diferença, e no nosso negócio você sabe que tem de ter uma boa liderança, a pessoa tem de ter *know-how*, um bom líder deve ter capacitação. Você tem de buscar as pessoas que estejam agregando de uma forma que garanta a alta performance.

Para formar a equipe e ter excelência no negócio, é claro que a capacitação técnica é importante, é óbvio. E outra coisa é a índole da pessoa. Por ser uma empresa só de mulheres, uma pessoa que faz fofoca, por exemplo, não vai continuar. A gente ajuda aquela pessoa, apontando o que está fazendo de errado, algumas pessoas mudam e outras não.

Tem também a questão de honestidade, de cumprir os compromissos. Não basta serem simpáticas, terem boa convivência, têm de ser verdadeiras, terem esse perfil de boa índole.

Outra coisa importante é a vontade de aprender sempre. Se a pessoa tem o perfil de que já está bom o que sabe, não quer participar de treinamento, encarar mudanças, tudo isso a gente leva em consideração.

Outra questão é a da proatividade, quando a pessoa é proativa, tem a questão da paixão. Tem de ser apaixonada por aquilo que faz, quando se faz com paixão, com vontade, é um sentimento diferente. Tentamos sentir da pessoa se ela faz por fazer ou se realmente gosta daquele processo.

As mudanças são sempre desafiadoras, então quando implantamos um processo novo fazemos com que participem até do processo de mudança, vamos criar juntos uma nova solução, elas mesmas dão a solução, mas mesmo assim o processo de mudança é complicado. Então essas mudanças em termos de equipe foi uma das coisas mais desafiadoras e você tem de tentar fazer um treinamento muito bem feito para que elas entendam, abracem as ideias, acreditem naquilo. Importante também saber o momento de implantar uma mudança, às vezes você está num momento turbulento, aconteceu isso com a gente. Aí todo mundo ficou perdido e não deu certo, não pelo processo, mas pelo momento e a maneira muito drástica de fazer a mudança.

A produção é muito importante, porque o resto é consequência. Mas temos claro outros desafios, da parte administrativa, a parte *online*, de *marketing*. Pela produção ser mais palpável, acabamos falando mais, mas tudo é importante.

Há três anos compramos o prédio novo. Foi o processo natural de crescimento, tínhamos uma funcionária, depois duas, depois 16, e se continuássemos crescendo não caberíamos naquele lugar.

Sempre economizando, fazendo uma gestão financeira, temos a mentalidade de investir na própria empresa, compramos o terreno da frente e depois o de trás, fizemos um projeto, até porque nossa opção foi por não terceirizar, então, precisaríamos de um espaço maior. Não terceirizar teve o objetivo da qualidade e até por ser o sunquíni que a gente produz específico para a prática de esporte, o tipo de costura é diferente. As funcionárias têm um treinamento para fazer esse tipo de costura, queremos ter o controle técnico.

As pessoas que estão aqui realmente "vestem a camisa" da empresa, ou "vestem o maiô"... elas têm muito orgulho de trabalhar com a gente e a gente de trabalhar com elas. A gente tenta proporcionar um ambiente agradável, a gente valoriza as nossas funcionárias. Então temos uma sala de descanso, todas as salas têm ar condicionado, temos essa preocupação. Tem a questão do dia a dia, de como foi construída a empresa, nossos valores, não é vestir a camisa por vestir, você tem de ter uma admiração.

O jeito de ser Fabíola Molina é bem humano, todo mundo ganha um beijo, então já começa pelo cumprimento, eu olho no olho e cumprimento uma por uma. Temos um relacionamento muito próximo com elas. Outro aspecto é a transparência, todos saberem o que está acontecendo, regras claras, objetivos claros, quanto a entregas, mudanças, para deixar todo mundo muito confortável.

E também o jeito alegre de ser, de ser feliz, a gente lida com cores, com alegria, moda praia, moda esportiva, energia. A gente não consegue passar energia para o produto se não formos pessoas felizes, motivadas, temos de ser entusiasmados com o que fazemos, com o que acreditamos.

Acho que para fazer o negócio dar certo é essencial o planejamento, tem esse lado humano, mas tem de planejar. Ter as coisas no papel, ter as datas. Mas começamos de trás para frente, meses antes. Minha mãe tem esse lado do organizacional, de colocar no papel, com datas e tudo o mais.

É uma parceria, e numa parceria é importante a diferença de opiniões, é muito construtivo. É preciso saber respeitar as diferenças e estar aberto a novas opiniões, então tudo que minha mãe fala eu respeito muito. Ela coloca o ponto de vista, eu o meu e explicamos os porquês. É preciso saber ter paciência, flexibilidade para ouvir o outro ponto de vista. É preciso saber comunicar e é importante ter admiração pela outra pessoa, assim como em todo relacionamento. No nosso caso, minha mãe é o lado mais racional e eu sou o lado mais criativo, mais expansivo, de relacionamento.

A criação das estampas vem muito do que eu acredito que fica bom. A gente trabalha muito com a tecelagem Santa Costanza e temos bastante ajuda deles, num trabalho de equipe, mas eu participo bastante nisso.

E a outra parte é a de comunicação mesmo da empresa, como vão ser as campanhas de Dia das Mães, dos Namorados, estou muito em contato com a comunicação da marca com o consumidor final. A criação dos catálogos vem de mim, e a venda dos nossos produtos é feita por nossos catálogos, então eu faço boneco, vejo como vão ser as fotos, a gente tem ajuda da agência em termos de finalização, execução, mas muitas ideias vêm da minha própria experiência, decido o nome das coleções. Além dos contatos, das pessoas que você conhece, das oportunidades que você tem. A própria questão das Olimpíadas, de certa maneira fui eu que corri atrás. Então hoje somos um dos licenciados oficiais das Olimpíadas porque uma amiga me perguntou se eu ia vender nas Olimpíadas, eu disse que não, porque teria de ser licenciada. Daí mandei um *e-mail* para uma pessoa conhecida que me encaminhou para o departamento de licenciamento. Nunca teve o segmento de moda praia nas Olimpíadas, mas como em 2016 seria no Rio, era preciso ter. E foi assim que tudo começou, com um *e-mail* perguntando como participar. Participamos do processo de concorrência e ganhamos.

Ninguém vem te oferecer um patrocínio, é raro, você que vai atrás. Meus pais sempre pediram patrocínio para eu poder fazer minhas viagens. Não se pode ter medo.

Entre os desafios de ser uma empreendedora está você não se limitar, às vezes você tem medo de receber um não. Na minha experiência nos Estados Unidos, eu não sabia nada, nem como lavava a roupa na máquina, tinha de perguntar tudo. Ou vou perguntar ou não vou fazer, então tenho de perguntar.

Nunca imaginei que estaria vendendo moda praia nas Olimpíadas de 2016 e, de repente, viver esse momento bacana para a empresa e alcançar um patamar olímpico. E tudo começou de uma pergunta.

O impacto para a empresa é de conhecimento, ter uma marca olímpica como atleta é meu maior objetivo, então... acho que é o reconhecimento da excelência. Óbvio que o momento de vendas está sendo muito bom. A gente ganhou em 2014 e começou a vender em julho de 2015. As vendas aumentaram mas é um ganho pontual. O maior ganho é sermos para sempre a empresa licenciada das Olimpíadas de 2016 e a primeira com moda praia. Fomos escolhidos realmente pela capacidade da nossa empresa, pois a Olimpíada foi no Rio e Janeiro e nenhuma empresa carioca ganhou.

Acreditamos que temos um futuro imenso, com várias possibilidades. Dentro do próprio mercado em que estamos, é gigantesco. Temos moda praia e moda esportiva, sendo que nosso DNA é mais esportivo, mas a gente vê muitas possibilidades de atingir mais mercado. Já exportamos um pouco, mas podemos exportar muito mais. Também quanto aos esportes que atingimos, porque hoje focamos mais nos aquáticos, natação, nado sincronizado, saltos ornamentais, pólo aquático, maratonas aquáticas, nesses a gente já está bem dentro, hoje tem muitas pessoas e crianças praticando natação, por bem-estar, para serem saudáveis, mas vemos um caminho de expansão também no *life style*, para quem pratica *stand up*, *surf*, canoa havaiana, em outros tipos de atividade física as pessoas podem usar produtos confortáveis, com proteção UV, como é nosso caso. Temos um planejamento até 2021 em termos de crescimento, sempre contínuo.

Um momento de muita frustração foi quando começamos com o nosso *e-commerce,* quanto ao método de entrega, para o Exterior, não dependia muito da gente, mas precisávamos desse serviço, não havia rastreamento, os produtos às vezes não chegavam ao país de destino. Deixar na mão um cliente é muito frustrante, aí buscamos uma parceria nova.

Mudamos o *site* e hoje é mais flexível, inclusive fui eu que fiz, criei os novos *links*, e também mudamos a forma de pagamento por parte dos clientes, porque tivemos problema de aprovação de cartões

Quanto ao fato de a empresa ser familiar, no nosso caso deu certo por causa do respeito, da admiração e da flexibilidade, na nossa família sempre houve muita comunicação, uma pessoa sempre teve muita liberdade para falar de suas ideias, a outra também, e tudo bem se você não tem a mesma opinião. Ter opiniões diferentes não é o caos, é positivo. Apesar de termos nossas diferenças, também temos muita coisa em comum. Nós duas acreditamos em planejamento.

Algumas coisas são fundamentais para o negócio acontecer. As duas pessoas têm de estar dispostas a lidar com planejamento.

A discussão engrandece. Quando há divergência de opiniões não é conflito, é como num casamento, não é uma competição, somos um time. É preciso ser unido, principalmente com seu sócio. E também saber que ninguém é perfeito, é preciso ter a humildade de pedir desculpas.

Sinto-me privilegiada de poder trabalhar com a minha mãe, eu agradeço todos os dias. Para mim tem muito mais vantagens e ganhos do que desvantagens.

Outra conquista que eu trouxe para o negócio foram os contatos, nossos representantes nas competições foram feitos por mim, o contato inicial, a própria divulgação da marca, dos programas dos quais participamos, em termos de exposição, alguns contatos que nem lembramos mas que acabam trazendo retorno.

Participei de um programa da *Ernst & Young, Winning Women*, participei da primeira classe, é um programa de mentoria feminina e depois desse contato você é convidado para participar de alguns outros momentos, e participamos em São Paulo do Mulheres do Brasil. Esse *networking* é também uma forma de agregar, trazer bastante coisas para a empresa.

Foi como construí a empresa, nunca tive uma ação de venda. Eu, como atleta, sempre tinha as pessoas que acompanhavam minha carreira, me admiravam, por eu ter representado o Brasil. A empresa tem meu nome, isso ajuda também a ter um peso, não é um nome qualquer, todo meu passado como atleta ajuda muito na empresa a ser o que é hoje. As pessoas querem fazer uma conexão com a gente até por tudo que a gente já fez como atleta, isso é algo que eu consegui trazer.

Três dicas para quem quer empreender: não ter medo de perguntar, ter um planejamento e dentro dele dar pequenos passos.

Tem de ter um planejamento financeiro, de datas, no nosso caso, temos coleções, então nosso planejamento é baseado nisso, e dar pequenos passos para chegar num objetivo maior. Aprendemos isso muito também com o esporte, porque no esporte quando você chega num alto nível, você melhora centésimos de segundos, aprendemos a ter paciência. Acontece muito a morte súbita em muitas empresas por falta de planejamento, mas também por querer resolver tudo de uma vez só. A gente não começou exportando para 50 países.

Não é a questão de se limitar, mas a nossa experiência é que dando passos mais certos, mais calculados, é importante. Já exportamos para mais de 50 países, mas temos hoje oito que são constantes.

Alta performance, para mim, do ponto de vista da empresa, é a satisfação do cliente. É o processo, é como no esporte, você tem um objetivo, mas se você não traçar o percurso, não fizer esse percurso bem feito, não adianta. Para mim, a alta performance é a dedicação do dia a dia. Fazer o que você tem de fazer bem feito no dia a dia.

A analogia com o esporte é natural, porque o nosso jeito de ser não muda muito. Percebo que muitas coisas são bem parecidas. É bem legal. Às vezes penso que algumas coisas o esporte não me ensinou, como a questão do planejamento, pois eu tinha alguém para fazer para mim.

Tem estudos muito interessantes, por exemplo, que mostram que de cada cinco pessoas que estão em altos cargos de liderança quatro fizeram esporte em algum nível na vida. Agora, tudo é treinável, a pessoa entendendo aquela necessidade e tendo motivação, faz todos os sacrifícios possíveis, se tem paixão pelo que faz, vai valer a pena.

Para manter o foco é preciso ter planejamento, porque é muito fácil desviar. Hoje em dia com tantas informações, com tanta coisa acontecendo, você precisa manter sua essência, já tivemos várias oportunidades de desviar um pouco do nosso foco e ir para outros segmentos, mas não era o momento, sabemos o nosso DNA, se sei fazer isso é importante ficar fiel ao meu DNA e não sair explorando tudo.

Buscar um equilíbrio pessoal através de vários setores da sua vida, tanto emocional, psicológico, familiar, físico, vai ajudar a ter uma empresa equilibrada, porque você vai estar bem.

Tem a questão da inovação, não se contentar com aquilo que deu certo. Olhar o que pode ser melhor, isso também motiva. Até para as funcionárias, pensamos no que podemos fazer no Dia da Costureira para elas se sentirem motivadas.

Acho que uma das motivações para empreendermos além da questão de trazer lucro, do sustento, de trazer emprego para várias pessoas, é fazer algo que contribui para o bem-estar das pessoas, um estímulo para terem uma vida ativa, porque têm um produto confortável. Apoiamos vários atletas paralímpicos que estão realizando seus sonhos, e o reconhecimento deles é muito bom.

No meu recado final, tem uma frase americana que eu adoro e que fala da questão de você ser uma pessoa boa, simpática e ter uma energia positiva, porque você atrai coisas boas, pessoas boas, porque vão querer se relacionar com você.

EMPREENDEDORAS DE ALTA PERFORMANCE

18

Gil Vasconcelos

Gil Vasconcelos

Empresária. Proprietária da Lux Estética. Diretora de Incorporação da Atua Construtora, 22 anos de experiência no mercado imobiliário. Formada em Publicidade e Propaganda pela ESPM. Pós-graduada pela FAAP. Trabalhou em empresas como: Camargo Correa, Kallas Engenharia, Giacometti Propaganda, Itaplan Imóveis, Grupo Camargo Soares, Uniroyal Química e Banco Bamerindus. Ganhou prêmios como o TOP Imobiliário pela Camargo Correa e Atua Construtora durante sua gestão e Master Imobiliário em Vendas.

(11) 95471-7316 / 3048-2020 (comercial)
www.atuaconstrutora.com.br
www.econconstrutora.com.br
gvasconcelos@atuaconstrutora.com.br

Tudo começou na minha infância, observando minha família. Minha mãe, dona de casa, totalmente dedicada aos trabalhos domésticos, não tinha coragem de trabalhar fora por que achava que ninguém iria cuidar da casa e da família como ela. Meu pai trabalhou praticamente a vida inteira numa única empresa, pois tinha medo de mudar de emprego e não dar certo. Decidi, então, que não iria me conformar com a estabilidade/comodismo, teria de arriscar e ser ousada para conquistar tudo na minha vida, sempre seguindo o meu instinto.

Minha origem é humilde, precisei trabalhar muito para pagar meus estudos e chegar aonde cheguei. Trabalhei em vários segmentos, em lugares totalmente diferentes, como se estivesse sempre começando um novo negócio a cada empresa.

Comecei aos 14 anos, como estagiária em uma escola de Educação Infantil, pois na época estava cursando Magistério. Assumi uma sala de pré-escola, a que tinha os "piores" alunos – os mais indisciplinados da escola – e que ninguém mais queria. Esse foi o meu primeiro desafio de sucesso: transformar crianças hiperativas nas melhores da escola. Dizem que os alunos mais arteiros muitas vezes são os mais inteligentes e acho que é verdade. Aproveitei o que tinham de melhor e empreguei minha energia para que cada um mostrasse seu conhecimento e habilidades aos outros colegas, até que consegui o controle da sala. Um ensinava o outro, de modo que se sentiam úteis e não faziam mais bagunça. Naquele ano, essa foi a turma que conquistou as maiores notas entre os alunos da mesma série. Acredito que tenha sido a partir daí que percebi minha facilidade de desenvolver o potencial das pessoas, promover líderes e obter resultados de sucesso em tudo o que faço.

Mas o Magistério era pouco para mim. Infelizmente, em nosso país os profissionais de Educação não são valorizados e eu sabia que se continuasse lecionando não chegaria muito longe. Resolvi procurar outro trabalho, que me permitisse pagar um curso universitário e buscar crescimento. Consegui uma vaga de escriturária no antigo banco Bamerindus. Passei para caixa e, logo em seguida, fui transferida para o setor de aplicações financeiras, atendendo grandes empresas. Foi uma época difícil, final dos anos 1980, durante o Plano Collor, quando muitos empresários quebraram. Senti na pele os problemas dos meus clientes, que de uma hora para outra ficaram sem nada. Acredito que fiz um bom trabalho, porque um deles me convidou para trabalhar numa multinacional do setor de produtos químicos, a Uniroyal. No começo fiquei em dúvida, porque eu não falava Inglês e não entendia nada de produtos químicos, mas a proposta era fantástica, com muitos benefícios e, principalmente, um bom salário com o qual poderia pagar a faculdade de Propaganda e *Marketing* em que estava matriculada. Então, joguei tudo para cima e apostei nessa oportunidade. Fui muito bem recebida na empresa, mas um dos gestores em especial, o senhor Paulo Sakurata, é alguém de quem nunca vou me esquecer. Ele sempre dizia: "A melhor faculdade é a experiência". Com o tempo fui entendendo o que isso significava.

Minha adaptação foi muito fácil e aprendi muito com as pessoas com as quais trabalhava, usando como ferramentas apenas a minha coragem e a vontade de vencer. Estudei muito sobre o segmento da empresa, me envolvi com os vendedores e clientes, até que, um ano depois de ter sido admitida, me deram uma missão: realizar uma pesquisa com os clientes para entender suas necessidades e opinião sobre a marca, visando traçar estratégias e trazer novos produtos para o Brasil. Solicitei a ajuda dos vendedores para obter as informações, já que não tinha condições de visitar todos os clientes espalhados pelo Brasil e consolidar a pesquisa. Foi um grande desafio, mas todos colaboraram e no prazo de um ano o projeto estava concluído. Mais uma vez, foi por meio das pessoas com que trabalhava que obtive um bom resultado para o meu trabalho.

Porém como disse, não sou uma pessoa conformada e cheguei à conclusão de que não iria me especializar no segmento de produtos químicos. Queria mesmo era trabalhar na área de Propaganda e *Marketing* e, assim, fui trabalhar no grupo Camargo Soares, formado por nove empresas de segmentos totalmente diferentes que se relacionavam e se completavam de alguma forma. Fui contratada para atuar na área de *marketing* de uma nova empresa do grupo. Os donos da Camargo Soares possuíam grandes plantações de arroz e queriam lançar e distribuir o produto para o todo o Brasil. Mais uma vez iria começar tudo de novo: não entendia nada de arroz, muito menos de distribuição. Novamente um desafio.

Foi fantástico! Tive um diretor que me ajudou a buscar informações do mercado, mapeamos os grandes supermercados do Brasil, contratamos representantes e vendedores, criamos nome, embalagem e toda a estratégia de comercialização e distribuição do produto. Nove meses depois, estávamos nas prateleiras das grandes redes de supermercado. Como? Mais uma vez através das pessoas, com pouca estrutura e muito trabalho. Pouco tempo depois já tínhamos um produto de destaque, muito vendido no Nordeste e no Rio de Janeiro.

Após ter cumprido minha missão, ainda sem ter encontrado minha paixão, fui novamente para o mercado em busca de algo que me encantasse. Fiz várias entrevistas até ser chamada para trabalhar na área de *marketing* da Itaplan. Na época, a empresa era a segunda maior do mercado imobiliário, só perdia para a Lopes. Novamente, um segmento completamente diferente. Fui contratada para cobrir as férias da pessoa responsável pelo departamento de *marketing* e, por isso, tive que aprender tudo muito rápido. Em um mês, período em que ela ficou fora, fui promovida. Naquele momento tive a certeza de ter encontrado o que eu realmente gostava de fazer: projetos de sucesso com resultados em curto prazo.

O mercado imobiliário é fascinante, pois cada lançamento é uma nova história, que pode se transformar num grande desastre ou num grande sucesso. Internamente, a Itaplan era completamente desestruturada, e num mercado notadamente masculino, na época eu era única mulher nas áreas de vendas e *marketing*. Tive de usar os recursos existentes, ou seja, cinco agências de propaganda e cinco agências de promoção para atender setenta incorporadores, sem *fac-símile* nem *internet*, tudo via *motoboy*. Criava campanhas, aprovava e administrava tudo através das agências: dez páginas de jornal por semana, promoção para muitos empreendimentos, além de diversas ações de *marketing*. Como consegui? Com a ajuda das pessoas, muito planejamento e organização. Foram sete anos à frente da coordenação, conquistando clientes num mercado difícil, com economia complicada e falta de financiamento. Mas a Itaplan vendia bem, graças às nossas estratégias focadas em cada empreendimento.

Nesse período fiquei grávida, mas a maternidade não atrapalhou em nada minha vida profissional. Trabalhei normalmente durante os nove meses e, depois de dar à luz, fiquei apenas dois meses em licença-maternidade. Voltei a trabalhar por vontade própria, organizando o tempo de modo a trabalhar de dia e ficar como meu filho à noite. Aos finais de semana levava o Bruno comigo para o trabalho. Ele cresceu dentro dos plantões de vendas, os corretores cuidavam dele enquanto eu trabalhava. Talvez isso tenha contribuído para ele ser tão extrovertido e, de nenhuma forma, se tornou uma criança carente ou com algum problema. Ao contrário, ele admira meu trabalho e sabe o quanto o amo. É uma pessoa bem resolvida.

Minha base de conhecimento do mercado imobiliário foi realmente a Itaplan, onde conquistei vários sucessos apesar das dificuldades da época e me tornei conhecida de diversos incorporadores. Minha carreira estava se consolidando.

Sete anos depois fui chamada para trabalhar na Giacometti, uma agência de médio porte, que na época atendia boas contas públicas, como Correios, Sebrae, várias Prefeituras e também o mercado imobiliário. Fiquei na empresa por quatro anos, mas eu queria mais. Não queria ser apenas uma prestadora de serviços; queria ter o poder de pesquisar, planejar, desenvolver, criar, lançar e construir uma história de sucesso. Trabalhar numa agência era pouco, apenas uma parte do processo.

Então, quando eu menos esperava, um *headhunter* me procurou com uma proposta para trabalhar na Kallas Engenharia como Coordenadora de Incorporação. A Kallas iria lançar o maior VGV da sua história – ou seja, um empreendimento com o maior potencial de vendas até então, um produto de alto padrão.

Mais um grande desafio, pois eu não entendia nada de produtos de alto padrão, a especialidade da Itaplan era o segmento popular. Encarei como uma nova oportunidade de fazer o que gostava: trabalhar um produto por inteiro. Aceitei a proposta e comecei a trabalhar. A empresa também não tinha uma grande estrutura, precisei aproveitar o potencial das pessoas para traçar as estratégias. Lançamos, então, o *Sky House*, que seria o prédio mais alto de São Paulo. Vendemos 70% do empreendimento, um grande sucesso, que infelizmente não se tornou famoso por isso, mas pelo processo de embargo que sofreu. O empreendimento estava aprovado, totalmente dentro da legalidade, mas tivemos o azar de lançar o prédio mais alto de São Paulo tendo como vizinho um desembargador que não aceitava ter um prédio mais alto do que o dele ao seu lado. Ele conseguiu embargar a obra, o que nos fez passar meses com vendas e obra parada. Com minha equipe, administramos a crise, explicando aos compradores que não existia irregularidade na aprovação do projeto. Treinei os vendedores para me ajudar a defender o projeto, criei equipes para atendimento durante os finais de semana e, com transparência, tivemos pouquíssimos distratos. O processo levou mais de um ano, até que a Kallas fez um acordo com os clientes para modificação do projeto, diminuindo o número de andares, visto que o processo judicial poderia demorar anos para ter uma resolução.

Além do *Sky House*, que me ensinou a administrar crises, lancei vários outros produtos de sucesso. Mas, em 2007, no auge do mercado imobiliário e abertura de capitais, participei de um processo seletivo na Camargo Correa e passei. Fui contratada como Gerente de Incorporação. Ao lado de três colegas, sentia-me um patinho feio, pois as outras já tinham grandes áreas de médio e alto padrão em desenvolvimento, com alta visibilidade pela companhia. Fiquei com os piores terrenos, os mais econômicos, com potencial mais apertado e grande volume de unidades. Eu adorei! Foi a oportunidade para mostrar que sou capaz de vencer barreiras. Com uma equipe extremamente reduzida, realizei os maiores sucessos de vendas da CCDI, destaque para o empreendimento Innova São Francisco, num bairro novo de Osasco, com 2.600 unidades, onde desenvolvi, incorporei, viabilizei, defini toda a estratégia de lançamento e vendas. O Innova São Francisco foi lançado no dia 28 de dezembro de 2007, entre o Natal e o Ano Novo, data em que jamais alguma incorporadora tinha se atrevido lançar. O sucesso foi arrebatador, vendemos trezentas unidades numa noite. Com esse empreendimento ganhei o meu primeiro prêmio Top Imobiliário em velocidade de vendas. Foi um marco, pois a empresa começou a admirar o meu trabalho. Depois do Innova, lancei vários outros empreendimentos, todos com alta velocidade de vendas, um sucesso atrás do outro.

Em 2008, o mundo assistia às quebras sucessivas das instituições financeiras dos Estados Unidos, com repercussão nas bolsas de valores de todo o mundo, em função das concessões de créditos de alto risco e das altas taxas de inadimplência. O Brasil também sofreu as consequências e na CCDI houve um grande corte, com a demissão de todas as gerentes de produto. Eu fui promovida a superintendente, assumi todos os produtos da Grande São Paulo, em especial os do bairro Jardim Sul, como mais um desafio: virar o jogo. A Camargo Correa tinha em seu *land banking* (lotes para vendas ou desenvolvimento futuro) um grande volume de terrenos no Jardim Sul. Ela havia lançado até então 16 empreendimentos com uma velocidade de vendas muito baixa, apenas oito a dez apartamentos por mês. Nós trocamos a imobiliária, desenvolvemos uma nova campanha, treinamos aproximadamente mil corretores e em quatro meses vendemos o estoque desses empreendimentos em plena crise mundial. Depois disso, redefini o *mix* de produto para todos os terrenos da CCDI e continuei lançando empreendimentos.

Com o passar do tempo, a CCDI, como parte de uma estratégia da empresa, começou a diminuir o volume de negócios, vendendo alguns terrenos. Eu começava a sentir que estava chegando a hora de começar de novo. Recebi, então, uma proposta para trabalhar na Atua como diretora de Incorporação. Foi uma decisão bem difícil, pois tinha estabilidade e era reconhecida na CCDI, mas estava sem motivação, já que os lançamentos e a possibilidade de alta velocidade de vendas estavam parados. Segui minha intuição, pedi demissão da CCDI e aceitei o encargo de estruturar a área de incorporação da Atua. Muitos acharam que era uma loucura, trocar uma Camargo Correa por uma empresa pequena.

Quando entrei, a Atua tinha apenas seis funcionários. Criei a área de *marketing*, vendas, PDV, atendimento a cliente e comercial. Em quatro anos de atuação, geri 49 empreendimentos, tripliquei o VGV lançado e hoje tudo que lanço vende em torno de 70% no lançamento. Em 2012, a empresa foi classificada em 8º lugar no *Top* Imobiliário e em 2013 subia para o 6º lugar entre as construtoras. Com o projeto *In* São Paulo, que teve mais de duas mil unidades comercializadas em apenas três meses, ganhamos o *Master* Imobiliário em vendas. No final de 2013 criei a *House* da Atua, que hoje é responsável por 60% das vendas da companhia. Em 2015, em plena crise econômica do Brasil, lançamos o In Parque Belém e, mais uma vez, o sucesso se repetiu: vendemos 850 apartamentos num único final de semana. Quando o mercado estava péssimo, pude mostrar que com estratégia e o envolvimento de mais de 1.500 corretores é possível obter bons resultado e fazer diferente. Em 2015, a Atua e a Econ ficaram entre as dez maiores incorporadoras e a Econ entre as cinco maiores construtoras, segundo a classificação do prêmio Top Imobiliário, fundamentado pelos levantamentos da Embraesp.

Hoje sou uma pessoa profissionalmente realizada. Trabalhei em diversas empresas, sempre como funcionária, mas em todos os projetos atuei como se fosse a dona. Sentia, porém, que era chegada a hora de criar o meu próprio negócio. Pensei em investir em vários segmentos, mas sempre achei que o de beleza seria o de menor risco, pois as mulheres são mais consumistas, gostam de valorizar sua autoestima. Só precisaria conhecer melhor o mercado que o sucesso seria certo.

Em outubro de 2015 conheci minha sócia, a Andressa. Tínhamos o mesmo desejo: montar um negócio para mulheres. Estudamos abrir uma franquia do segmento de estética e, em poucas reuniões, chegamos à conclusão de que poderíamos montar a nossa própria clínica, sem ter de pagar o investimento em uma franquia. Procuramos um imóvel, montamos nosso *business plan* e em 3 de fevereiro de 2016 abrimos a Lux Estética. Todos acharam que era uma loucura fazer o lançamento uma semana antes do carnaval, em plena crise política e econômica, com vários estabelecimentos fechando. O risco parecia grande demais, mas sempre fui ousada, gosto de arriscar, trabalho muito com planejamento e acredito no que me proponho a fazer. Assim, o sucesso veio e, em maio de 2016, já tínhamos uma carteira de 600 clientes.

A Lux Estética é o resultado de uma ampla pesquisa da concorrência, estruturada principalmente em cinco pilares: atendimento ao cliente, localização, preço acessível, profissionais de ponta e ambiente agradável. Foi com base nesses pilares que em tão pouco tempo nos estabelecemos e estamos realizando um ótimo negócio.

Continuo trabalhando na Atua como diretora de Incorporação, porque amo esse segmento, mas também vou investir no meu projeto e transformar a Lux numa grande rede. Tenho certeza de que daqui a alguns anos terei várias unidades da Lux espalhadas pelo Brasil. Sigo com ousadia, intuição e capacidade de enfrentar qualquer desafio, o que faz de mim uma empreendedora e executiva de alta performance.

EMPREENDEDORAS DE ALTA PERFORMANCE

19

Graciela Carvalho

Graciela Carvalho

Gra Carvalho - Empreendedora, networker, treinadora e palestrante.
Formada em Gerenciamento de Negócios e Liderança, possui Certificação Internacional em Coaching e Mentoring.
Certificada em Trainer pela Succsses Resources e participante do Quantum Leap de T. Harv Eker (autor dos Segredos da Mente Milionária).
Idealizadora do treinamento Jornada para o Sucesso.

www.gracielacarvalho.com.br

A vida é feita de estratégias, qual é a sua?

Minha história no empreendedorismo e no mundo dos negócios começou muito cedo. Por volta dos meus 14 anos, minha mãe montou uma pequena confecção de roupas, de fundo de quintal para, num primeiro momento, incrementar a renda familiar.

Então comecei a me interessar em ajudá-la. Comecei a me envolver com aquele trabalho, a gostar e a participar ativamente. Sempre muito incentivada pelos meus pais, fui tendo gosto e amor por aquele trabalho. Talvez, naquela idade, eu já apresentasse traços de empreendedorismo, e meu pai com pouco estudo, mas muita visão, me emancipou com 16 anos e me colocou à frente dessa pequena empresa, junto com minha mãe.

Personalidade forte, era muito determinada, objetiva, responsável e realmente comecei a amar todo aquele mundo. Lembro-me de um fato curioso desta mesma fase, minhas amigas tinham assinatura da revista Capricho e eu pedi para o meu pai de presente, não sei se de aniversário ou de qualquer outra data, uma assinatura da revista Veja. Enfim, não importa o nome da revista, mas o conteúdo é que chama a atenção para o fato. Eu me interessava por esse tipo de revista. Hoje fica claro para mim que, se eu não desse nada na vida, no mínimo eu daria uma boa vendedora.

Não tardou, comecei a desenvolver um HÁBITO essencial para quem quer realizar e conquistar coisas, algo muito simples que é ter SONHOS, colocar metas e objetivos. Comecei a colocar no papel, mesmo que de forma bem principiante, os meus sonhos, o que eu queria para mim. E esse hábito trago comigo até hoje.

Trabalhei por 15 anos nessa empresa, dez deles como sócia-proprietária, fui acompanhando o crescimento, a expansão e fui me desenvolvendo juntamente com ela. Aprendi muito, em todos os setores da empresa, passei por toda a área industrial, por compras, vendas, departamento pessoal, financeiro, planejamento, enfim, tive as mais diversas experiências.

Formei-me em Ciências Contábeis, com uma ênfase muito forte em Contabilidade Gerencial. Fiz muitos cursos e treinamentos na área gerencial, vendas, liderança, autoconhecimento e, como é costume dizer, eu era "rata" de curso, onde tinha um treinamento eu ia, principalmente nos de desenvolvimento pessoal. E isso foi me dando uma visão mais estratégica, ampliando a minha mente e meus conceitos acerca do mundo dos negócios, fui formando uma personalidade totalmente voltada a desafios. Considero esse HÁBITO, de autoconhecimento e autodesenvolvimento, a CHAVE para todo empreendedor que deseja o sucesso.

Durante esses anos, apesar de trabalhar com "sangue nos olhos", de amar realmente o que eu fazia, gritava dentro de mim um grande sonho, o de empreender sozinha. Quando digo sozinha, me refiro a realizar algo que eu tivesse idealizado, planejado e construído. Afinal de contas, eu estava trabalhando junto com os meus pais e, de certa forma, eu não sentia que aquele negócio era meu de verdade.

E, por uma busca constante de realização profissional e pessoal, por volta dos meus 25 anos, ainda trabalhando na indústria, montei uma clínica de estética, juntamente com uma amiga. Apesar de conhecimentos gerenciais, eu não tinha conhecimentos técnicos da área de estética, as relações de sociedade para mim não eram claras, os perfis das sócias eram totalmente divergentes. Não preciso dizer que o negócio não prosperou, não é?

Aprendi mais um monte de coisas, uma verdadeira escola a respeito de negócios. Foi meu primeiro fracasso como empreendedora. Descobri que na teoria os conceitos eram maravilhosos, mas, na prática, nem tudo funcionava. Aprendi que relações interpessoais são mais importantes do que qualquer plano estratégico de vendas. Descobri que precisava conhecer ainda mais sobre mim, sobre relações humanas, sobre o negócio, sobre ter foco. Está aí mais um importante HÁBITO das pessoas bem-sucedidas, elas têm FOCO e não desviam dele. Uma das grandes lições que tirei dessa situação foi que precisava FOCAR, ESCOLHER, decidir por um caminho e FAZER dar certo.

Na época eu não sabia com clareza como fazer, mas intuitivamente, como em toda mulher, a intuição é algo forte e presente em meu dia a dia, eu busco constantemente um equilíbrio mental para isso. E, por falar em intuição, essa é uma grande aliada das mulheres, nós temos isso naturalmente mais forte do que os homens, só é preciso afinar a mente para captar as ideias certas. Considero esse um ponto delicado e merece cuidado e treino, mas extremamente importante para se obter sucesso em tudo que nós, mulheres, fazemos. Precisamos nos habituar a dar importância às ideias que surgem repentinamente como primeira impressão. Aquilo que nos vem à mente de repente, intuitivamente, é uma ideia que procede diretamente do âmago da nossa mente, sem participação do intelecto. Para mim, esse HÁBITO é um dos mais importantes na tomada de decisão em tudo que eu faço, tanto no lado pessoal como no profissional. Sou inseparável da minha intuição, ela sempre me ajuda a fazer as melhores escolhas.

Aos meus 30 anos de idade, com certa bagagem de conhecimento na área industrial de confecção de roupas, fiz uma difícil escolha, decidi largar tudo e seguir uma "carreira solo", decidi ir atrás dos meus sonhos e objetivos. Lembro-me de ter sido muito criticada, de ter de passar por um momento de bastante desarmonia na minha vida, pois meus pais, num primeiro momento, não me entenderam, misturaram-se alguns sentimentos, de abandono a ingratidão... Enfim, eu só queria empreender, queria o que todo ser humano quer, ser reconhecida, elogiada e livre.

Coloquei em prática algo muito poderoso, o comprometimento. É um HÁBITO imprescindível em todo processo de construção de qualquer coisa que seja, tanto no lado profissional quanto no lado pessoal. Já dizia o filósofo alemão Goethe: "Enquanto não estivermos comprometidos, haverá hesitação. No momento em que definitivamente nos comprometemos, a Providência Divina também se coloca em movimento. Todo um fluir de acontecimentos surge a nosso favor..."

Então comecei a reescrever a minha trajetória.

Mudei de Santa Cruz do Sul-RS para Brusque-SC, escolhi essa cidade para morar e empreender, para ser o novo palco da minha vida, onde eu recomeçaria uma grande história. Brusque, por ser a capital da malha, onde se concentram grandes empresas de malha, aviamentos, possui amplo mercado de produção terceirizada tanto em costura como em estamparia, bordados etc.

"Deixei para trás" meus pais, irmãos, amigos, toda uma cultura. Vendi meu apartamento para recomeçar, para me sustentar por um período e começar meu negócio. Tudo sozinha e sem apoio financeiro, nem ao menos apoio moral de ninguém, só na cara e na coragem e no desejo de construir algo.

Inicialmente eu coloquei uma loja de atacado e vendia peças que eu mesma desenvolvia e confeccionava de forma terceirizada. Já no início, consegui algumas oficinas de roupas que costuravam para terceiros e fui criando algumas conexões com pessoas e recomeçando. Conexões e contatos são uma estratégia constante no mundo dos negócios. Aprendi, na prática, a dar valor a esse item. Os contatos que fiz, em todos os momentos, tornaram-se, rapidamente, um dos meus maiores ativos.

Após um mês de ajustes, de vida nova, eu conheci o grande amor da minha vida, o homem que seria meu parceiro, meu marido, meu companheiro até hoje, nesse ano completamos dez anos de união.

As mulheres têm essa necessidade de encontrar a alma gêmea, a cara-metade, enfim, um parceiro. Essa necessidade de se sentir amada é um dos desejos de todo ser humano. E é nesse quesito que muitas mulheres travam, se perdem, esquecem de si, começam a viver os sonhos do parceiro, têm dificuldade de compartilhar os seus sonhos e se esquecem de refazer os planos, de fazerem projetos de vida juntos. Para muitas mulheres, esse é um ponto realmente crucial em suas vidas. Os conceitos sobre casamentos, sobre homens, sobre mulheres que trazemos das vivências que tivemos, das mulheres que modelamos quando na infância, isso tem um peso enorme para nós, mulheres.

Eu, por exemplo, sempre ouvi dizer que nunca deveria me submeter a caprichos de homem nenhum, que todos os casamentos fracassavam, que eu deveria escolher entre ser bem-sucedida e ter família, então fui criando algumas barreiras em relação a ter relacionamentos.

Inclusive, esse item tornou-se uma causa para mim, a qual defendo, explico, comprovo e vivencio, não é necessário escolher entre família e sucesso financeiro e profissional, você pode ter os dois, assim como pode e deve aprender a conciliar todos os papéis que lhe cabem. Não sei se é o seu caso, mas muitas vezes me dava a sensação de viver num malabarismo constante e não curtia nenhum dos momentos que vivenciava.

Voltando a minha história, fiquei com essa loja de atacado por um ano e em seguida surgiu uma oportunidade de vender no atacado, mas em grande escala, para grandes redes de lojas de São Paulo. Fechei a loja e montei uma confecção onde desenvolvia modelos, fazia modelagem, peças piloto, talhação, embalagem e expedição, ficando a costura feita de forma terceirizada.

Mais uma vez, aceitei o desafio e encarei. Foram alguns anos de produção em grande escala. Eu tinha muita experiência em pesquisa e desenvolvimento de produto, então montava mostruários, às vezes semanais, para os representantes venderem em São Paulo. Por ser uma produção de muitas unidades por modelo, sempre havia uma sobra de algumas peças quando finalizávamos um pedido, por isso, resolvi abrir uma loja de varejo para vender essa "sobra".

Foi quando iniciei, nessa época, mais uma grande experiência, agora no varejo. A loja começou pequena, simples, mas trabalhada com muito amor. Na época, eu e meu marido morávamos em Brusque e essa loja foi montada na praia, em Balneário Camboriú. A loja deu tão certo, precisei incrementá-la com outras mercadorias, comecei a comprar roupas prontas e revendê-las.

O negócio cresceu, tomou uma proporção um pouco maior e meu marido deixou o funcionalismo público para se dedicar comigo à nossa empresa. Assumiu a parte de produção e eu continuei à frente na tomada de decisões.

A minha experiência em varejo era mínima, mas eu tinha comigo uma imensa vontade de vencer, de ter uma casa própria, um bom carro, enfim, tinha alguns objetivos que queria alcançar, então, sempre encarei as oportunidades e sempre dei atenção às ideias que iam surgindo em minha mente. Encarando tudo como um desafio, o qual eu sempre tive certeza e convicção de que iria conseguir. Já dizia Napoleon Hill: "Tudo que a mente humana pode conceber, ela pode conquistar ou realizar".

As mulheres que desejam realizar, qualquer coisa que seja, precisam ter ou desenvolver a AUTOCONFIANÇA e a FÉ. Fé em si mesma e fé em algo superior a nós, que podemos chamar de Deus, de universo, de éter, de substância universal, do que você quiser, mas deve conceber a existência dessa força maior. E que ao acessarmos essa força, de forma coerente, ela responde aos nossos desejos sinceros.

Obviamente não passei somente por momentos bons, foram muitos desafios, mas o sonho, a fé e o foco me ajudaram a ter persistência e determinação diante dos desafios que todo negócio impõe. Na superação de cada obstáculo eu percebia um crescimento profissional e pessoal. Foram anos de muito, muito trabalho, dedicação, comprometimento, integridade, escolhas. Entre um sucesso e outro fui me tornando mais forte e realizada. Os resultados financeiros logo apareceram, as relações que construí naquela época foram fortes e muitos contatos continuam até hoje.

Em alguns momentos de dificuldades, eu chegava a pensar em desistir, muitas vezes eu senti medo, mas como eu tinha decidido e me comprometido a fazer dar certo, eu seguia, com pensamento firme nos meus objetivos e a certeza de estar na direção dos meus sonhos.

Só ter sonhos não adianta, é preciso ter sonhos, construir um projeto de vida e estabelecer os meios pelos quais você vai realizar esses sonhos, é preciso AÇÃO.

Muitas mulheres que conheci e conheço, ao se depararem com qualquer dificuldade, usam algo aparentemente inofensivo chamado autopiedade. A autopiedade é um sentimento no qual a pessoa tem pena de si mesma diante de algum evento adverso, sentindo-se vítima do mundo. É um sentimento associado ao autoconforto, para justificar a desistência diante de um desafio. Algo assim: as coisas nunca dão certo para mim, eu não tenho competência o suficiente para isso mesmo, eu não tenho sorte mesmo, e por aí vai. Ficam presas a esses sentimentos negativos, destruindo a sua autoestima, a sua força vital diminui, sente-se impotente e paralisa, causando um grande dano à sua vida e à vida das pessoas que a cercam. Ser vítima das próprias escolhas impede qualquer negócio ou pessoa de prosperar. Toda mulher de negócio que quer realmente dedicar-se ao empreendedorismo, à missão de gerar riqueza para um país, para um Estado, cidade ou comunidade, que queira assumir uma responsabilidade na geração e manutenção de empregos, deve observar fortemente essa característica. E, se você perceber que usa esse artifício, mesmo que de forma inconsciente, deve achar uma forma de eliminá-lo. Essa atitude mental desencoraja e enfraquece as mulheres, ficando impossível alcançar qualquer objetivo ou meta.

Nós, mulheres, devemos aprender a ter uma vida mais forte, com firmeza e propósito. Devemos desenvolver o hábito de fazer boas escolhas, que levam na direção dos objetivos.

Devem construir uma imagem que transmita seriedade, cumprindo o que promete, para obter o respeito das pessoas. Sem seriedade na vida, no trabalho, não há respeito e reconhecimento.

Devem aprender a planejar a vida de acordo com os seus sonhos e não de acordo com os sonhos de outras pessoas. Além dos seus próprios, devem aprender a ter sonhos em comum com o parceiro, ou família.

Para ser uma mulher de sucesso, deve desenvolver um mindset para o sucesso, para a prosperidade, para a felicidade, para ter dinheiro. Avaliar os conceitos que você tem a respeito desses assuntos. A respeito de ser mulher, de casamento, de família, e de filhos também. O que você aprendeu ou viu quando criança eram modelos mentais dos seus pais, avós, tios, você não precisa replicar esse modelo em sua própria vida, caso ele não te fortaleça.

"O sucesso é uma viagem, não um ponto de destino."
(Bem Sweetland)

E mais, o sucesso é diferente para as pessoas, para algumas é algo, para outras pode ser algo totalmente diferente.

Eu, após obter alguns sucessos, sob a minha ótica de sucesso para aquele momento, me permiti ter novos sonhos, novos objetivos, novas metas, novo foco, nova estratégia e novos desafios.

Aquele momento de conquistas na minha vida foi o momento em que me senti disposta a ter um filho. Até aquele momento, eu tinha dúvidas de que realmente queria colocar a maternidade na minha vida, seria mais um papel a cumprir e isso me assustava um pouco.

E, para nossa alegria, neste ano de 2016 nosso filho Antônio completa cinco anos. Realmente uma bênção, motivo de orgulho. É uma geração que veio para transformar o mundo, exibem traços mais evoluídos tanto no intelecto quanto no lado espiritual. Ele é amável, questionador, inteligente e feliz.

Porém o nascimento do nosso filho foi um marco na minha vida por dois aspectos, um extremamente positivo que foi a chegada dele, dos sentimentos de amor e de alegria que nos envolvia e outro aspecto, visto naquele momento como extremamente negativo, que mudaria o rumo das nossas vidas em minutos. Nossa empresa em Brusque foi atingida por uma enchente, avassaladora, que destruiu toda a nossa empresa, todo o estoque, maquinário, escritório, pedidos dos clientes que estavam esperando transportadora. Foi lastimável.

Sério! Eu pensei que iria enlouquecer em um minuto. Passou um filme na minha mente em segundos! Momentaneamente, eu caí e meu mundo caiu.

Seria uma vida totalmente nova para mim, um recomeço em todos os aspectos da minha vida. Eu teria de ser uma fênix, renascer das próprias cinzas.

> "Hoje sei que dá para renascer várias vezes nessa mesma vida. Basta desaprender o receio de mudar." (Martha Medeiros)

Eu me emociono quando me lembro desse momento de recomeço, das frustrações, das tristezas, dos medos, mas me lembro também com muito orgulho das minhas motivações e da minha capacidade de acreditar em mim mesma e a capacidade de moldar docilmente as situações. Coloquei o exercício da persistência em ação, um HÁBITO que instituí no meu dia a dia, e que naquele momento era essencial. E é com base nessas características que as mulheres são separadas das meninas.

Lógico que não foi fácil, eu tinha uma cesariana, um filho nos braços, a insegurança do futuro, mas tinha um marido extremamente parceiro, tínhamos projeto de vida juntos, tinha um filho perfeito e com saúde, tinha uma família maravilhosa que nos apoiou muito naquele momento, não financeiramente, mas emocionalmente. Sobrou uma loja para tocar e a vontade e necessidade de um recomeço. Então arregacei as mangas, fiz três dias de repouso da cesariana e fui à luta.

Aprendi tanto, mas tanto, que é imensurável, e cresci na mesma proporção.

Muitas vezes, para não dizer em todas as vezes que nos acontecem coisas que interrompem o nosso momento atual, é porque aquele Deus, universo ou aquela força maior quer nos dizer, não é por esse caminho, para você ir em direção aos seus sonhos você deve pegar outro caminho. Como nós tínhamos projeto de vida, sabíamos onde queríamos chegar, o universo mudou a rota para nós com aquele episódio.

Por isso é importante e essencial você ter metas bem traçadas, deve ter bem claros e definidos seus objetivos. Isso também é um hábito, um exercício, colocar no papel bem descrito o que você quer de verdade, para que o universo dê aquela mãozinha e mova pessoas e situações para concretização dos seus sonhos.

Fui colocada diante de uma situação que me tirou da ZONA DE CONFORTO e me fez tomar decisões, achar uma alternativa para seguir. Então decidi que não queria mais confecção e que queria mais uma loja. Que iria me dedicar ao varejo, chegando a ter três lojas físicas.

Foi um momento muito desafiador, mas ao fazer a escolha e decidir por esse caminho fui firme. Juntei minha experiência com roupas, com mais cursos e treinamentos e a empresa cresceu novamente rapidamente, chegando ao seu ápice em 2014.

Ao longo desses anos todos, eu aprendi quatro pontos-chave para fazer acontecer, para fazer dar certo qualquer coisa que uma pessoa queira, apesar do medo e das incertezas.

1. Ter um FOCO e não desviar dele;
2. Ter a real intenção de fazer, QUERER fazer;
3. Entrar em campo, colocar em prática o que você sabe. Como diz um empreendedor sensacional, chamado Érico Rocha: FEITO é melhor que PERFEITO! Esse pensamento evita a procrastinação. O momento certo é AGORA;
4. E, em seguida, você vai ajustando a mira. Conforme as coisas vão acontecendo, você vai aprimorando, melhorando, evoluindo e se reinventando a cada dia.

Digo ajustar a mira porque é você que está no comando da sua vida e vai saber para que lado deve atirar. Temos de atentar também às mudanças que ocorrem em nossos sonhos. Com o passar do tempo, das conquistas, com a maturidade e a evolução natural do homem, da tecnologia, da vida, os sonhos vão mudando, a gente vai mudando, mudam os momentos, os desejos, e naturalmente devem mudar as estratégias, mudar o foco. A vida é cíclica, portanto, não devemos nem podemos ser estáticos. Devemos entender esses momentos e tomar as decisões assertivas e nos reinventar toda vez que necessário.

É impressionante como quando se tem uma mente aberta a mudanças o universo conspira a seu favor e lhe abre uma infinidade de possibilidades, tudo para que você possa viver a sua missão e possa contribuir para a humanidade com aquilo a que você se propõe.

Devemos ter uma vida com propósitos maiores do que, simplesmente, "deixar a vida me levar". Não! Você deve assumir o leme desse barco, porque se você não controlar ele pode afundar. Comande você a sua vida!

Há um ano atrás, senti uma nova mudança chegando. Iniciei uma série de treinamentos de desenvolvimento pessoal, chamada *Quantum Leap*, da *Success Resources*, treinamentos esses desenvolvidos por T. Harv Eker, autor do *best seller* "Os Segredos da Mente Milionária". E num desses treinamentos descobri minha missão de vida, meu propósito pessoal. Foi um momento ímpar para mim, onde tudo começou a fazer mais sentido. Eu tinha um forte desejo de ajudar pessoas, e naquele momento tudo ficou mais claro. Eu poderia ajudar as pessoas com minha experiência em mais de 20 anos empreendendo, poderia ajudar pessoas a descobrirem suas potencialidades e seu propósito pessoal também e assim proporcionar a elas uma mudança de vida, para que possam ser mais felizes e realizadas.

Eu reescrevi minha história quando descobri que minha missão era inspirar e empoderar pessoas a viverem uma melhor versão de si mesmas. Me sinto completa, realizada e feliz. Acabei concluindo uma formação em *Coaching* e *Mentoring*, uma Certificação Internacional em *Trainer* Profissional para que através de palestras, cursos e treinamentos eu possa cumprir minha missão e realizar minha visão de futuro.

Desejo colaborar na construção de um Brasil melhor, com pessoas melhores. E o meu recado para todas as empreendedoras ou para aquelas que desejam empreender é que não é necessário você sacrificar o lado pessoal e familiar para ser bem-sucedida tampouco deixar de lado o sonho de empreender ou de ter uma carreira para ser mãe ou esposa. Basta ter sonhos, planejamento e ação. Será um prazer encontrar com você pessoalmente!

EMPREENDEDORAS DE ALTA PERFORMANCE

20

Ika Coelho

Ika Coelho

Atua no ramo de semijoias, com uma equipe de vendedoras. Tem uma linda loja no Shopping Esplanada e um espaço no Matsunos Conceito em São José dos Campos. Sendo líder de uma equipe e com funcionárias competentes, consegue levar a empresa e chegar a um ponto de equilíbrio. Conseguir uma equipe competente requer vários desafios. Confiança acima de tudo, por se tratar de lindas peças, e força de vontade delas para atingir o cliente com o potencial das peças Ika Coelho. Tem pessoas na equipe que estão com ela desde que começou.
Segundo ela, persistência e perseverança é o resultado de tudo.

ikacoelho@hotmail.com

Do sofrimento ao glamur

A menina da roça que apesar de todas as dificuldades e tristezas conseguiu dar a volta por cima sempre com um sorriso, superando obstáculos, sonhando com o sucesso com garra, determinação, comprometimento até atingir o patamar de uma grande potência, com a grife Ika Coelho Semijoias de Verdade.

A história dessa menina mulher ou mulher menina começou na cidade de Ribeirão Matilde Atalanta-SC, que aos nove anos mudou-se para Ituporanga-SC, com oito irmãos e uma mãe doente, com uma doença crônica irreversível, sendo que o pai era sitiante plantador de feijão e cebola.

Apesar dos serviços braçais da lavoura, teve de abandonar o conforto familiar para abraçar seu sonho básico, que era estudar.

Com muita tristeza pediu ao pai que fosse morar com a tia em Ituporanga-SC para dar continuidade aos estudos.

Essa tia tinha um restaurante de muito sucesso e um hotel.

Essa jovem menina com sonhos mudou-se para o grande hotel na cidade de Ituporanga-SC cheia de esperanças, expectativas e grandes sonhos.

No primeiro dia, todos os sonhos se tornaram um só pesadelo, pois a promessa de uma boa cama, a promessa de uma sobrinha com um lindo teto, a promessa de uma vida mais feliz, foi trocada por regras tiranas estipuladas por essa tia, ou seja, "aqui você trabalha das 6 horas da manhã às 18 horas", comendo somente comida de ontem, sem direito a sucos e refrigerantes, tendo direito apenas a pão e água. Em contrapartida, para estudar à noite das 19 às 23 horas essa moça borralheira tinha de acordar às 3 da manhã para ajudar a funcionária a tirar leite, andando uma hora e meia para chegar até o local onde as vacas ficavam e no término desse trabalho já tinha de ir para a cozinha ajudar a funcionária a fazer pastel, bolinho de carne e frango à milanesa, porque às 7 horas já tinha de estar tudo frito na estufa para que o filho da tia chegasse somente para abrir o restaurante, pois atuava como gerente e só comandava, parecendo um senhor feudal.

Terminando esse trabalho, tinha de ir para o hotel arrumar as camas, serviço de camareira, e às 11h30 já descer para arrumar o restaurante para os clientes e ser a garçonete do mesmo.

Após servir todos os clientes, minha tarefa era limpar o restaurante, chão e mesas, para que eu pudesse almoçar os restos de comida de ontem.

Depois do almoço tinha de ajudar na cozinha, inclusive lavar a louça, o que muitas vezes chegava até as 16 horas.

Com toda essa turbulência, consultei meu pai e o mesmo respondeu: "Quem dá o pão, dá educação".

A partir dessa definição aprendi a ficar calada, trabalhar em um regime semiescravo, mas mesmo assim acreditando no meu futuro sucesso, acreditando no meu potencial e com muita fé, acreditando em Deus, rezando todas as noites após a escola, para que minhas energias se renovassem para o dia seguinte, gerando lindos dias no futuro.

Durante esse tempo no hotel, todos os anos se hospedavam lá vários compradores de cebola na época da colheita, entre eles um casal.

Perceberam o meu sofrimento e se colocaram à disposição em abraçar-me como uma filha, para que eu pudesse seguir viagem com eles para São Paulo e tivesse uma vida melhor e tão sonhada.

Após a aprovação do meu pai segui viagem com os mesmos.

Fui recebida como um membro da família durante algumas semanas e, após isso, infelizmente a história da menina borralheira se repetia.

Lá estava eu novamente lavando, passando e cozinhando para pagar a moradia.

Durante um ano e meio sobrevivi a essa situação.

Um belo dia, fui a uma manicure com a dona da casa onde eu trabalhava e quis o destino fazer com que eu conhecesse uma verdadeira amiga.

Essa manicure, sabendo que tinha ido procurar uma vida melhor, indicou-me a fazer o teste na empresa de colchões "Metalonita", onde fui aprovada, efetivada na área administrativa e pela primeira vez em minha vida tive carteira assinada, INSS, férias e principalmente sentia-me uma verdadeira cidadã e muito, muito feliz.

Mesmo com todos esses acontecimentos, recebi a notícia do falecimento da minha mãe, retornei a minha cidade natal e fui muito criticada por ter ido morar muito longe.

Realizei-me nessa empresa, pois me tornei uma grande profissional administrativa, convivendo com pessoas realmente amigas, tanto que um dia fui convidada a participar de um casamento e lá tive a grande felicidade de conhecer meu futuro marido.

Durante esse casamento encontrei-o e trocamos olhares e telefone.

Achei aquilo muito rápido, pensando que daria prosseguimento a um namoro.

Semana seguinte, tinha uma prima morando no Rio de Janeiro, fui visitá-la e para minha surpresa quando voltei ele havia ligado.

Retornei a ligação e marcamos nosso primeiro encontro para assistir o filme "Grease - nos tempos da brilhantina", com John Travolta.

Namoramos dois anos, nos casamos e o fruto desse amor foram dois filhos lindos.

Nesse meio-tempo, obtive diversas conquistas, entre as quais, com grande apoio do meu marido, entrar numa faculdade da Zona Leste de São Paulo e sair com o diploma na mão.

E, como dizem, atrás de um grande homem existe uma grande mulher, e atrás de uma grande mulher existe um grande homem.

Por essa razão, estudei para prestar concurso, trabalhei durante 15 anos como funcionária pública e paralelamente precisava aumentar a renda da família, fazia doces, sorvetes, salgados, me desenvolvi nas vendas, tendo grande paixão por elas e principalmente lidando com o cliente, pois em meu ponto de vista uma boa venda é o encantamento do cliente.

Mudei-me para São José dos Campos, uma rica cidade, eu e minha família cheia de esperanças, e foi a partir daí que conheci minha fada madrinha, a senhora Alice, que se tornou uma mãe, adotou-me como uma verdadeira filha.

A dona Alice era uma senhora com uma grande percepção de vida e previu que eu seria grande empresária.

Com todo esse positivismo dela, incentivou-me a comprar semijoias para vender, emprestando dinheiro para que eu fizesse a primeira compra.

Não sabendo onde encontrar, fui à Praça da Sé, pagando um preço alto pelas mesmas, por não saber por onde começar.

Chegando a uma loja, vi sobre o balcão um catálogo de fornecedores, com os locais onde faziam feiras em São Paulo. O dono desse estabelecimento não quis me deixar levar o catálogo, mas com meu jeitinho todo especial consegui persuadi-lo para que me entregasse o catálogo.

O lucro das vendas foi muito pequeno, mas foi uma ótima experiência, com o catálogo na mão consegui contato com empresários e fornecedores de qualidade.

No começo tive uma sócia como tantas outras empresárias e empresários. Mas, ao longo do tempo, percebi que poderia gerenciar as vendas sozinha.

Tive um grande investidor na década de 90 que apostou muito em meu trabalho, o que fez com que eu conseguisse dobrar o meu estoque de semijoias.

E foi assim que todo sucesso começou, os sonhos foram se realizando com metas e objetivos definidos diariamente, semanalmente, mensalmente e ao longo dos anos.

A princípio, as planilhas de controle de estoque e de vendas eram feitas a mão, com calculadora, o que tomava muito tempo, pois a função principal era o desenvolvimento de joias exclusivas para algumas clientes e eu atuava como designer.

O tempo passou, fui chamada para as feiras e os contatos profissionais cresceram, levando-me a ser representante de marcas famosas.

A partir desse momento, conheci pessoas da sociedade paulistana e do Vale do Paraíba, onde de uma forma humilde cativei as pessoas com meu sorriso e qualidade dos produtos.

Como sabemos, em todo caminho profissional existem percalços e um deles que gostaria de citar foi o investimento na compra de joias em ouro na década de 80.

Desenvolvi uma estratégia de vendas, na qual tive uma equipe de cinco pessoas para que fosse distribuída e vendida em todo o Estado de São Paulo. Mas, infelizmente, a falta de experiência perante uma equipe de confiança me fez perder todo o investimento que eu tinha conseguido até o momento.

O que aconteceu? Duas pessoas (vendedoras) não gratas disseram que foram assaltadas, sendo que 100% de todas as joias que incluíam colares com diamantes estavam com elas.

Foi feito boletim de ocorrência na época, mas em vão, não consegui ser restituída de todo esse investimento.

A partir dessa história, Regina Lemos, uma grande fabricante sensibilizada, chamou-me e consegui fazer uma nova compra, mas dessa vez em joias folheadas, e na base da confiança, sem cheque, sem nada.

Com o apoio logístico dessa fabricante, consegui formar uma nova equipe de vendas em joias folheadas a ouro, aplicando o *marketing* do encantamento e todo um treinamento com elas para que tivéssemos sucesso nas vendas sem perdas.

O tempo foi passando, experiências foram adquiridas, contatos empresariais foram se multiplicando e, principalmente, consegui chegar à fidelização junto às minhas clientes, e a cada cliente encantada eu era indicada para cinco novas, havendo assim uma progressão matemática em vendas, através do meu atendimento, a qualidade das minhas semijoias, reforçando assim, em todo o Brasil, a minha marca Ika Coelho Semijoias de Verdade.

Com tudo isso, evoluímos tanto na estratégia de vendas quanto na organização, acompanhando a evolução dos tempos, utilizando todos os recursos de redes sociais e ferramentas como o *WhatsApp* e principalmente investindo no maior patrimônio da Ika Coelho Semijoias de Verdade, que são as maravilhosas funcionárias e parceiras que nela trabalham.

Funcionárias comprometidas com o sucesso, o atendimento, com a qualidade, sempre voltadas para o encantamento do cliente.

E hoje posso finalizar este pequeno capítulo escrito afirmando que treinar e ter uma equipe competente é o maior patrimônio de uma empresa.

EMPREENDEDORAS DE ALTA PERFORMANCE

21

Janete Ribeiro Vaz &
Sandra Soares Costa

Janete Ribeiro Vaz

Janete - É cofundadora do Laboratório Sabin, graduada em Bioquímica pela Universidade Federal de Goiás (UFG), pós-graduada em Gestão Empresarial pela INPG/Universidade Castelo Branco (RJ) e possui MBA em Gestão Empresarial pela Fundação Dom Cabral (FDC).

Sandra - É cofundadora do Laboratório Sabin, graduada em Bioquímica pela Universidade Federal de Minas Gerais (UFMG) e mestre em Ciências Médicas pela Universidade de Brasília (UnB). Possui MBA em Gestão de Negócios pela Universidade Federal do Rio de Janeiro (UFRJ) e em Gestão Empresarial pela Fundação Dom Cabral (FDC).

Sandra Soares Costa

Sonhos compartilhados

O Laboratório Sabin é a concretização do sonho de duas bioquímicas, uma goiana de Anápolis, a outra mineira de Inhapim. Janete Vaz desejava ter um negócio próprio, inspirada no pai, empreendedor que iniciou sua trajetória aos 16 anos, com apenas o segundo grau, e conseguiu ser um vencedor em agronegócios. Sandra Soares Costa recebeu lições de empreendedorismo da mãe, microempresária que mantinha um bem-sucedido ateliê de costuras em sua casa.

"Construímos a empresa a quatro mãos, com muita parceria, cumplicidade e confiança", conta Janete. "E hoje nos dedicamos a tornar possíveis os sonhos das pessoas que colaboram para a realização do nosso sonho." "Executamos um trabalho árduo", relembra Sandra. "Ao empreender, assumimos muitos riscos, mas também encontramos muitas oportunidades. Aprendemos a não ser intimidadas pelo medo do desconhecido. Quando não sabíamos o que fazer, seguimos a nossa intuição. Fomos persistentes principalmente por acreditarmos no nosso negócio."

O que as duas fundadoras não poderiam imaginar é que aquele laboratório de análises clínicas aberto em Brasília (DF) em maio de 1984, com apenas três funcionários, viria a se tornar o maior do Centro-Oeste e referência nacional em Medicina Diagnóstica. Em 32 anos de atividades, o Sabin ultrapassou a marca de 200 unidades de atendimento instaladas no Distrito Federal e em nove Estados brasileiros, totalizando 3.700 colaboradores. Em 2015, foi eleito a Melhor Empresa para Trabalhar na Área da Saúde no Brasil no segmento Medicina Diagnóstica, pelo Instituto *Great Place To Work* e *Live Healthcare Media* e a Melhor Empresa para Você Trabalhar no Setor Serviços de Saúde com destaque na Categoria Liderança, pela Revista Você S/A.

"Desde o início, assumimos o compromisso de entregar um laudo preciso, mas sem deixar de lado o aspecto humano, oferecendo um atendimento de pessoas de verdade para pessoas de verdade", revela Janete. "O Sabin foi pioneiro no setor de saúde ao oferecer uma nova proposta de valor para os nossos clientes com alta excelência técnico-científica, mas também com o atendimento humanizado, que olha no olho e não só no microscópio", atesta Sandra. Os mais de 3 mil exames que integram seu portfólio incorporam as mais modernas tecnologias e metodologias do mercado e processos chancelados por acreditações e normas internacionais quanto a equipamentos, profissionais qualificados e controle da qualidade, caso da ISO 9001, do PALC (Programa de Acreditação para Laboratórios Clínicos da Sociedade Brasileira de Patologia/Medicina Diagnóstica) e do PELM (Programa de Excelência para Laboratórios Médicos) que corrobora o índice de 98% de adequação alcançado pelo laboratório.

"Mais do que atender as expectativas, nós queremos sempre excedê-las", acrescenta Janete. "Por isso investimos em inovação. Inovar é essencial para o crescimento de um negócio, ainda mais quando há o compromisso com a sustentabilidade, a qualidade dos serviços e a credibilidade dos resultados." Manter a chama da inovação faz parte do DNA do laboratório, complementa Sandra: "Como empreendedoras e líderes, sempre tivemos uma grande capacidade de nos reinventar e de transmitir esse legado para nossas equipes. Sabemos que podemos melhorar, mesmo quando tudo está bem. Além disso, nossa filosofia é pautada no crescimento de toda a cadeia produtiva, o que nos permitiu ter em nossa história vários ciclos de inovação".

Ao criarem o laboratório, Janete e Sandra estabeleceram o foco no cliente e nos colaboradores. No Sabin, as pessoas estão no centro da estratégia empresarial. Por meio de iniciativas como um programa bem desenhado de benefícios, a empresa valoriza aspectos importantes que envolvem a vida do colaborador: a família, a saúde, a vida financeira, as relações de amizade, como explica Janete: "Ao cuidarmos das pessoas, elas cuidam do nosso negócio, que é promover a saúde. Por isso, estimulamos os colaboradores a tirarem os sonhos da gaveta. Eles são nossos embaixadores da marca, construída a cada dia com suas atitudes focadas nos valores da empresa: credibilidade, ética, inovação, qualidade, respeito à vida, responsabilidade socioambiental e simplicidade. São nossos colaboradores que tangibilizam a promessa que fazemos por meio da nossa missão: oferecer serviços de saúde com excelência".

Ao longo de mais de três décadas, o Sabin desenvolveu uma visão ampliada de responsabilidade social – outro de seus diferenciais. Ela engloba a excelência no atendimento, a valorização do colaborador e o compromisso de promover a qualidade de vida das comunidades em que atua, nas áreas de saúde, esporte e educação, sobretudo após a criação, em 2005, do Instituto Sabin, uma Organização da Sociedade Civil de Interesse Público (OSCIP). Signatário do Pacto Global da ONU na disseminação de práticas e políticas de sustentabilidade social, ambiental e econômico-financeira, o Sabin também possui o ISO 14001, que atesta a gestão ambiental de uma organização e foi o primeiro laboratório brasileiro a se adequar à norma ISO 31000, que gerencia os possíveis riscos da empresa.

Não foram poucos os desafios que as gestoras ultrapassaram para tornar seu sonho realidade. O Sabin surgiu em um mercado dominado por gigantes. Na época, os homens dirigiam a maioria dos negócios, mesmo os de saúde. "Tivemos de lidar com o preconceito masculino e o corporativismo médico. Precisamos de coragem para fazer as coisas certas e uma boa dose de humildade para retornar com outras propostas após encontrar algumas portas fechadas", registra Sandra.

Para conquistar a confiança do mercado, as bioquímicas apostaram no conhecimento. Em congressos nacionais e internacionais tiveram acesso a novos serviços e às melhores práticas e metodologias mundiais. Cursos de pós-graduação e MBAs lhes trouxeram ferramentas de gestão e qualidade. Empolgadas, estimularam seus colaboradores a buscarem o aperfeiçoamento profissional. Tanto que o Sabin possui políticas para atualização e treinamento constantes de sua equipe. "Tivemos que sair da zona de conforto e crescemos junto com as lideranças internas, desenvolvendo novas competências", reconhece Sandra.

"No início, nós duas fazíamos tudo, desde o atendimento, a análise das amostras até a limpeza. E, para cobrir o orçamento doméstico, precisávamos manter outros empregos. Era difícil ter tempo para a família. Tive que enfrentar o medo de não conseguir conciliar a maternidade com o trabalho", recorda Janete. "A saída foi investir na qualidade do tempo que passava com meus filhos pequenos. Temendo que isso prejudicasse o desenvolvimento deles, cheguei a consultar uma psicóloga e sua resposta me tranquilizou. Ela falou que meu pouco tempo teria um impacto mais positivo do que o longo tempo de mães infelizes por terem abandonado a carreira profissional e que no futuro meus filhos sentiriam orgulho de mim – o que, de fato, aconteceu."

"Dizem que uma das principais causas de desistência de mulheres à frente de empresas é o aparecimento das dificuldades, sejam elas administrativas, estruturais ou financeiras", continua Janete. Mas nada disso demoveu as duas bioquímicas. "Nós enfrentamos as grandes e pequenas tarefas diárias com vontade de vencer e conquistar nossas metas e sonhos, acreditando que podemos superar os obstáculos e praticando os três Ps – paciência, persistência e perseverança. Encaramos os desafios como oportunidades de melhorias, de conhecimento e de mudanças." Sandra reitera a disposição de aprender com os próprios erros e admite que a mudança a apaixona. "Quando a intenção é boa, as portas se abrem para novas oportunidades. Ocorrem sincronias a nosso favor que nos ajudam a ter resiliência. Nessas horas, é preciso parar, olhar lá na frente e ver aonde se quer chegar. A visão de longo prazo ajuda a ler o cenário com mais rapidez e refazer a trilha, se necessário."

Outra turbulência vivida por elas foi o assédio de grandes grupos interessados em comprar o laboratório. "O jeito mais rápido de crescer seria vendendo. Mas havia grande risco de acabar com tudo o que construímos. Matar a cultura, a filosofia e transformar o Sabin num negócio totalmente voltado para resultados financeiros", pondera Janete. "Preferimos crescer devagar, com recursos próprios, preparando as lideranças internas e cuidando do negócio para torná-lo mais sustentável."

O Sabin iniciou seu ousado projeto de expansão em 2009, quando ampliou suas unidades nas cidades satélites do Distrito Federal e entorno, Barreiras (BA) e Anápolis (GO). A partir de 2012, com a assessoria da Fundação Dom Cabral, instalou-se em Manaus (AM) e fez aquisições em Uberaba (MG), Palmas (TO), Salvador (BA) e Belém (PA). Em 2015, chegou a São José dos Campos (SP), Campo Grande (MS) e Uberlândia (MG) e, em 2016, a marca Sabin passou a atuar em Ribeirão Preto (SP) e Londrina (PR). Assim, se tornou um dos maiores *players* no setor de Medicina Diagnóstica.

"Nossa meta é levar nossa cultura organizacional, nossa filosofia, nosso conhecimento, nosso modelo de gestão para toda a equipe", informa Janete. "Aonde o laboratório chegar, disseminar o compromisso com a qualidade, o atendimento humanizado e a inovação – a busca por implementação de novos exames, aquisição de equipamentos de alta tecnologia e modernização dos processos de trabalho."

A sucessão é outro rito crucial para as organizações. Com o respaldo das lideranças internas, Janete e Sandra optaram pelo caminho da governança corporativa. Em 2014, as sócias fundadoras deixaram a Direção Executiva e Técnica para entregar a gestão a Lídia Abdalla, eleita pelo Conselho do Grupo Sabin entre os profissionais da casa como presidente executiva, assessorada por quatro diretorias. "Nosso papel no Conselho de Administração é ser guardiãs da estratégia e estimular as discussões e projetos para e crescimento do grupo no futuro, além de preservar os valores e a cultura organizacional e de excelência que construímos ao longo dos anos", expõe Sandra. Os filhos de Janete e Sandra passaram a integrar o Conselho de Família. "Queremos incentivá-los em sua realização profissional e contribuir para sua formação como herdeiros e acionistas, inspirando-os a criar valor e construindo uma boa interface da família no presente e futuro do Grupo Sabin", afirma Sandra.

A nova gestão encarrega-se de conduzir o dia a dia da empresa e dá sequência ao projeto de expansão. "O Sabin vive um momento de consolidação nacional, mesmo com a crise que atingiu o País", avalia Janete. "A maturidade é uma habilidade importante que nos ajudou a escolher o que é melhor para a empresa. Sem maturidade física, emocional e espiritual não conseguiríamos ter saído da linha de frente e passado o bastão de forma tão confiante."

A principal motivação de Janete como empreendedora é estar rodeada de pessoas felizes e gratas. "Esse reconhecimento me energiza e alegra, além de reforçar a sensação de que estamos no caminho certo." Ela destaca, ainda, a oportunidade de multiplicar e orientar a equipe: "Desenvolver o colaborador no processo de humanização no atendimento, servir, amar, ser justo, tomar decisões com bom senso, fazer escolhas certas, organizar um bom planejamento, executar com eficiência e obter os resultados efetivos, tanto para a empresa quanto para cada um que deu o seu melhor." Revela que sua força vem de Deus, a quem agradece todos os dias pelo que construiu ao lado de Sandra. "Com Ele ao nosso lado para nos guiar, proteger e dar sabedoria, nunca pensamos em desistir." A grande motivação de Sandra é o amor pelo que faz, a paixão por aprender, encontrar soluções mais complexas do que as da sua rotina para auxiliar as pessoas. "Nessa época de mudanças exponenciais, as empresas precisam ser cada vez mais ágeis, hábeis e capazes de se reinventar."

O conselho de Janete e Sandra para o empreendedor ou executivo iniciante é investir nos colaboradores para que tenham condições de contribuir na realização da missão da empresa enquanto buscam a autorrealização. "Nenhum líder cresce sozinho, daí a importância de manter profissionais capacitados, alinhados e comprometidos com os valores, a missão da empresa e a estratégia do negócio. É papel do líder identificar potenciais e desenvolver, desafiar, reconhecer e recompensar cada pessoa, cuidando para que sua equipe seja feliz, divertida, amorosa, criativa, cooperativa, atenciosa e motivada", destaca Janete.

"Ao apoiar e motivar as equipes, o líder deve se valer de todas as ferramentas disponíveis, inclusive pesquisas e trabalhos em rede", orienta Sandra. "Nesses tempos em que as organizações serão conduzidas cada vez mais por ideias, é necessário tirar proveito do crescente nível de colaboração propiciado pelas novas tecnologias da informação para fomentar a cooperação, a criatividade e as trocas que promovem evoluções conjuntas, mesmo em circunstâncias desfavoráveis."

Janete e Sandra impulsionam um círculo virtuoso de criação multifacetada de valores, gerando um ambiente saudável de trabalho que se reflete no atendimento ao cliente. O paciente é bem recebido porque a equipe está feliz. Isso faz toda a diferença.

EMPREENDEDORAS DE ALTA PERFORMANCE

22

Janine Brito

Janine Brito

Empresária, advogada, sindicalista patronal e corretora de imóveis.

✓ Ceo & Co Founder - Grupo Pinheiro de Brito: desenvolveu e executou planos de ampliação e modernização do Grupo Pinheiro de Brito, através de uma gestão com composição familiar, onde alcançou um patamar de crescimento duas vezes maior que o previsível, em um prazo de três anos, superando todas as expectativas de mercado. Criou um favorável ambiente de estreitamento e ampliação de relacionamento inter pessoal com clientes e fornecedores. Adota uma estratégia de concorrência mais enérgica, sem perder a ética e o bom senso.

✓ Diretora Executiva - Indústria e Comércio de Produtos Siderúrgicos Pinheiro Ltda.

✓ Diretora Executiva - Ferragens Pinheiro. Empresa com 56 anos de existência, dedicados ao fornecimento de ferragens em geral, especialmente tubos, telas, alambrados, aço para construção, arames e acessórios em geral.

✓ Administradora - Pinheiro de Brito Administração Imobiliária: administra a locação de mais de 300 imóveis comerciais familiares.

✓ Delegada junto à Fecomércio – Sindiatacadista: desde 1990 ocupa cargos de diretoria nos principais Sindicatos e Associações Comerciais do DF, tendo sido diretora e vice-presidente na Associação Comercial de Taguatinga e do Sindiatacadista, diretora do Sindivarejista e vice-presidente da Associação Comercial do DF.

Além da atual atividade profissional, formou-se na língua francesa e inglesa, é membro da Academia Internacional de Cultura. Já ministrou palestras sobre os mais variados temas, dentre eles o Empoderamento e o Crescimento da Mulher na Sociedade Moderna, os Direitos da Mulher, Mulheres Empreendedoras e a sua Trajetória pessoal.

janine@ferragenspinheiro.com.br

Acima de tudo mulher

Sabemos que a trajetória de uma pessoa é a sua referência; é o que norteia nossas decisões. Certa vez, iniciei uma palestra dizendo que fui criada em família estruturada e que me sentia na obrigação de "dar certo" na vida, pois nunca me faltou o essencial, além de bons estudos para o melhor preparo; já em outra palestra, iniciei dizendo que tudo, para mim, havia sido dificultado, pois nasci mulher, em 1963, no seio de uma família emigrante do Nordeste, radicada em Brasília, que me educou para ser esposa e dona de casa, e tendo dois irmãos mais velhos, o meu espaço nos negócios familiares seria sempre à sombra destes. Assim é exatamente como acontecem as oportunidades do empreendedorismo. Você pode vê-las de diversas formas e interpretar a mesma situação como sendo ideal ou imprópria; oportuna ou inadequada; hora de se mexer, ou de ficar quieto. Tudo depende sempre do seu estilo e coragem para enfrentar as dificuldades de qualquer negócio, aliados à sua necessidade, mas lembre-se de que empreender é sinônimo de decidir realizar e se preparar para tudo.

Permito-me fazer uma breve e pessoal definição do que entendo por empreendedor. Para mim, empreendedor é aquele que tem a capacidade de fazer negócios que gerem emprego, impostos e renda (resultado), cuja função social é a criação de produtos, ou o abastecimento do mesmo no mercado ou, ainda, a prestação de serviços à sociedade. Existem muitos casos em que o empreendedor não gera empregos diretos, porém ele mesmo assume a posição de trabalhador e se autorremunera com o resultado de seu negócio. Em especial, torna-se fundamental que o empreendedor tenha conhecimento acerca do funcionamento do negócio e esteja sempre atento às oportunidades e novidades do mercado para que aplique os resultados de forma criativa e inteligente. O empreendedor pode ser individual ou coletivo. Para ser empreendedor é fundamental que preencha os requisitos basilares da profissão. O espírito empreendedor é um dom, que evolui com a vivência no negócio, a prática e o preparo técnico. Nem me atrevo a mencionar bibliografia, pois neste caso me utilizo de ideias próprias e não poderia responsabilizar ninguém por meus devaneios e sentimentos. Recentemente, alguém escreveu que um aposentado que vive de sua aposentadoria e que se dedicou a vida inteira a um emprego público pode ser considerado um empreendedor. Meu entendimento diverge, totalmente, dessa linha de raciocínio. Assim como fazer uma reforma no quintal de casa não é empreendedorismo. Empreendedor é diferente de investidor, empresário, poupador e até mesmo de especulador. São definições distintas e atuações completamente diferentes. Uma empresa pode ter no quadro societário um sócio investidor, que apenas entra com capital e participa dos dividendos; um empresário, que consta do quadro societário e representa civil e penalmente a empresa; e um empreendedor, que se movimenta no sentido de provocar o crescimento e adaptação do negócio às constantes mudanças do mercado; cada qual exercendo o seu papel.

Dito isso, conto um pouco de minha história de vida, que se mistura com a de minha cidade, Brasília, pois nasci poucos anos depois de sua fundação. Meus pais chegaram à cidade, para fixar residência, em meados de 1960, incentivados pelo então presidente Juscelino Kubitscheck, que era amigo do meu avô paterno. Meu pai, homem humilde, fundou a sua primeira empresa individual e começou o fornecimento de aço e derivados para a construção da cidade. Havia índios e redemoinhos para todos os lados e minha mãe, mulher elegante e vaidosa, cuidava da casa e dos filhos, enquanto o marido buscava o sustento da família com a modesta loja de distribuição de aço, a Ferragens Pinheiro. Não é de admirar que eu tenha crescido com diversos dotes domésticos e uma boa vocação para o empreendedorismo. Já por volta dos dez anos de idade sentia muita vontade de multiplicar os pequenos recursos infantis, oriundos da mesada de filha mulher, que era sempre inferior à dos irmãos homens. Enquanto isso tocava piano, estudava línguas e cuidava dos afazeres domésticos com minha mãe. Meus pais me ensinaram que o sustento do lar caberia ao homem, jamais à mulher, que deveria, no máximo, trabalhar para obter crescimento intelectual e manter seus próprios caprichos e mimos pessoais.

Durante a adolescência, passava muito de meu tempo tentando encontrar um jeito de ganhar alguns tostões extras, pois esta necessidade tinha a ver com minha personalidade. Vendi tamarindos, que meu pai trazia da fazenda, para os coleguinhas do colégio, o que para mim era bom investimento, pois isso me garantia sensação de independência, vez que guardava a maior parte do dinheiro e podia emprestar a minha mesada aos amiguinhos vizinhos tendo em vista obter um valor percentual em troca; brincava de ser o Banco da criançada. O tempo foi passando e consegui fazer uma pequena poupança, nada expressivo, mas foi determinante para comprar uma dúzia de jogos de lençóis e dar início ao meu primeiro negócio. A vida me pregou algumas peças e assim que me casei pela primeira vez, desde o início, percebi que meu marido não seria o provedor ao qual estava acostumada com o exemplo do meu pai, e, além disso, minha ambição era centenas de vezes maior que meu padrão de vida. Só havia um caminho para realizar a montanha de sonhos que pesavam sobre minha cabeça, vez que nunca havia trabalhado fora de casa e não poderia me contentar com os módicos empregos que ofertavam em minha cidade: era necessário empreender!

Eu não sabia nada sobre o assunto, mas sabia fazer contas, economizar e não tinha preguiça de trabalhar a qualquer hora do dia, a qualquer dia do mês, sem folga, sem preconceito e com muita humildade no coração. Nascida em uma família tradicional e pioneira não era de esperar que eu fosse vender roupas de cama de porta em porta e que ao final do dia estivesse expondo lençóis na escadaria da própria faculdade de Direito durante o intervalo das aulas, mas eu amava o resultado que alcançava com essas vendas. O negócio andou lentamente, mas em menos de um ano abri minha primeira loja de enxoval de noivas. O ponto era ruim e o negócio, que durou quatro anos, serviu para manter a casa e para me ensinar tudo o que NÃO se pode fazer em um comércio. Foi uma grande escola de vida. Aos 25 anos de idade, o primeiro divórcio já estava sendo assinado e o trabalho passou a ser minha grande válvula de escape. O mesmo aconteceu nas outras duas separações que tive de enfrentar ao longo da vida. Tinha que me sentir equilibrada para criar minhas duas filhas e para realizar todas as tarefas que, cuidadosamente, eu mesma me impunha dentro de um planejamento particular. Fiz minhas opções de vida. Não sabia qual o preço a pagar, mas estava disposta a ele. A essa altura, meu pai era construtor de imóveis próprios, além de próspero comerciante em Taguatinga e fazendeiro na região de Goiás. Em 1988 recebi um desafio: meu pai perguntou-me se teria condições de passar no exame do Creci e tirar a licença para comercializar imóveis. Meu prazo era de 15 dias, pois ele teria de indicar um profissional do ramo para comercializar os imóveis constantes de seu primeiro edifício e, se eu conseguisse me habilitar, teria um emprego em sua construtora com um salário correspondente a 10% do que ganhavam meus irmãos homens e mais 0,5% de comissão sobre o valor de cada imóvel vendido, em um total de 66 unidades. Vendas feitas, eu voltaria a receber o tal salário. Topei na hora, sem titubear. Deu tudo certo, passei de primeira nas nove matérias de admissão do Creci e assumi a administração imobiliária dos imóveis do meu pai. Foi assim que comecei a participar dos negócios familiares. Ao mesmo tempo, já advogada, saí em busca de clientes propondo cobrança judicial de cheques pelas ruas de Taguatinga e Ceilândia, cidades satélites do DF, indo de loja em loja oferecer meus serviços. Passava meus domingos e feriados a vasculhar jornais em busca de notícias que possibilitassem ações judiciais e corria atrás dos possíveis futuros clientes. Numa dessas encontrei uma senhora, doméstica, que havia engravidado com as "pílulas de farinha" (placebos usados para testes), indevidamente comercializadas por um grande laboratório de medicamentos. Fui contratada e logo protocolizei com uma ação de indenização por danos morais. O sucesso obtido em curto prazo e a notoriedade da matéria nos jornais brasileiros me garantiu espaço em programas de TV e colunas jurídicas em revistas locais, especialmente a Revista Evidence que pertence a uma grande amiga, Armíldes Correia, que me divulgou durante anos. Isso me conduziu para o mundo jurídico. O interessante é que fazia tudo ao mesmo tempo e ainda não me sentia plena; sabia que podia ir muito além.

Graduada em Administração de Empresas e Direito, resolvi entender o funcionamento técnico das empresas e do judiciário. Queria estar tecnicamente preparada, mas confesso que meu grande mestre não foi Rui Barbosa e sim o meu pouco estudado pai, que me ensinou tudo o que sei, especialmente a sonhar alto com os pés bem firmes no chão. Foi ele quem me mostrou a importância da honestidade de uma pessoa e o quanto vale a perseverança, a determinação e a economia de recursos. Gastar com supérfluo nunca fez parte de seus ensinamentos. Nossa empresa nunca teve compromissos não cumpridos e cresceu no azul, que inclusive é sua cor oficial. "Nada de dívidas!" – ele repetiu em minha cabeça até que comecei a achar que dever aos outros era algo parecido com uma doença terrível, e, para evitá-la, tomei vacina todos os dias da minha vida. As coisas foram lentas, mas caminharam com uma solidez que serviu de base para todas as gerações presentes e futuras de nossa família.

Com tantas lições, observei coisas interessantes, como, por exemplo, que cada empreendedor tem seu próprio estilo de empreender e, curiosamente, homens empreendem diferentemente de mulheres. Não podemos esquecer que o gênero do indivíduo interfere diretamente no prazer que sentirá em realizar os seus negócios. No meu caso, tive de criar e educar, sozinha, as minhas filhas, o que me levou à busca do crescimento pessoal dentro dos negócios familiares, por serem mais seguros, apesar de terem natureza bruta e masculina. Rapidamente percebi o enorme potencial de multiplicação existente na base patrimonial construída por meu pai e passei a ter como objetivo sua ampliação. Não foi nada fácil convencer a família da minha vontade nos rumos da empresa e dos negócios, mas em quatro anos atuando como CEO da empresa familiar já havia criado um grupo empresarial composto de uma indústria de corte e dobra de aço e fabricação de telhas galvanizadas sob medida, uma megaloja conceitual no bairro mais concorrido de Brasília, o Setor de Indústrias, além da construção de um edifício de salas e lojas comerciais e muitos outros feitos, como a vitória judicial na liberação de terras, que já se encontravam em poder do Incra para fins de Reforma Agrária. Tudo com o importante apoio e ajuda dos meus irmãos. O patrimônio imobiliário, a contar do início das atividades administrativas em que fui inserida, até a presente data, sofreu um acréscimo de mais de 200% em quantitativo, porém em termos de valorização o acréscimo alcança percentuais bem maiores. Todas essas conquistas foram resultado de uma adequada aplicação dos recursos auferidos e não resultaram em nenhum tipo de endividamento.

Uma das coisas que aprendi com a experiência de vida é que quando temos condições financeiras precárias a busca pelo dinheiro visa fundamentalmente à sobrevivência, qual seja, a manutenção das necessidades básicas de alimentação, transporte, saúde, moradia etc.; no entanto, ao ultrapassar essa fase e ter a garantia do custeio de nossas despesas essenciais, o dinheiro passa a ser ferramenta hábil para o mais puro exercício do poder.

Indagaram-me sobre as dicas que daria a alguém que pretende adentrar o mundo dos negócios e se tornar um empreendedor. Bem, eu diria que o primeiro passo é definir um objetivo inicial, que deverá estar de acordo com a sua real necessidade e disponibilidade para se dedicar ao seu futuro empreendimento. O objetivo determinará a estratégia de ação e vai depender de vários fatores, inclusive, o gênero ao qual pertence, por exemplo: uma mulher que acabou de dar à luz o seu filho se sentirá muito melhor em investimentos seguros, que demandem menos dedicação de tempo e que possam ser administrados à distância com possibilidade de retorno constante e duradouro, ainda que não sejam de alto desempenho. Isso ocorre porque sua emoção está interligada à maternidade, de outra forma poderia se sentir insegura e menos motivada. Por outro lado, um homem jovem e solteiro poderá sentir grande atração por investimentos que tenham maior risco e que possam lhe garantir o desbravamento de novos horizontes a cada momento. Não estou dizendo que as mulheres não queiram viver aventuras, tampouco que os homens não busquem segurança, mas pontuo sobre a influência do potencial emocional variável de acordo com o gênero humano nos investimentos. Não gosto das diferenças de oportunidades entre homens e mulheres, mas me rendo às diferenças de condições que enfrentam para exercerem alguns ofícios e valorizo a análise dessas condições antes de iniciar qualquer empreendimento. Sempre há um preço a ser pago e este é bem diferente para homens e mulheres.

Ultrapassada a fase da escolha do empreendimento, parto para o segundo passo, que se refere ao tamanho do negócio pretendido e à origem do capital a ser empregado. Muitas vezes presenciei pessoas darem pulos de alegria ao conseguirem alcançar financiamentos gigantescos à custa de crédito bancário, mesmo quando as parcelas se dividem em intermináveis anos de sua existência, sujeitam-se a reajustes imprevisíveis e bloqueiam o seu acesso a novas e melhores linhas de crédito. Evidentemente, estou me referindo ao início de uma vida empreendedora, dos primeiros passos, da dúvida e do medo pertinentes às pessoas que trocarão seu emprego pela perspectiva empreendedora. Por outro lado, se ficarmos contando sempre com os riscos negativos, não se terá a coragem necessária para investir, pois há sempre a parcela da incerteza. O custo do capital empregado e o alcance de mercado do(s) seu(s) produto(s), analisados sob a ótica do momento econômico atual do seu país, região e mesmo de sua cidade, são fundamentais para qualquer começo de negócio. Nessa fase, informação é a palavra-chave. É necessário que se obtenha o máximo de informação possível. A resposta acerca da viabilidade de um negócio consiste em analisá-lo dentro das perspectivas de mercado a fim de se evitar surpresas indesejáveis. Lembre-se de que ser empreendedor não é o mesmo que ser investidor, embora ambos trabalhem com a perspectiva do resultado financeiro. Escolher muito bem as pessoas que vão integrar o seu time e fechar as parcerias é a mais árdua tarefa. Um sócio não pode ser eleito apenas pelo critério da amizade ou afinidade pessoal. É importante que se analisem as habilidades, o caráter, a conduta moral, o conhecimento sobre o assunto, a disposição para o trabalho e o equilíbrio das obrigações e dos investimentos de cada integrante do quadro societário de uma empresa. Os sonhos se tornam pesadelos, rapidamente, quando o critério é o da simples amizade ou parentesco.

No meu caso, atualmente, somos dez pessoas da família trabalhando juntas no nosso grupo empresarial. Nossa convivência é harmoniosa por termos plena consciência e respeito quanto à capacidade, o grau de comprometimento, a lealdade e o espaço de cada um. De outra forma, seria um caos. Chego ao final das minhas considerações esperando ter contribuído com minha história, que não acaba por aqui, pois a vida é dinâmica e as circunstâncias mudam a todo instante. Tenho orgulho do que construí e do que faço, portanto, certamente não vou parar enquanto tiver saúde. Hoje vejo que, se conseguimos chegar a um determinado patamar através do aproveitamento de oportunidades e da correta aplicação dos resultados até aqui alcançados, por certo a multiplicação futura será uma questão de aritmética, afinal, o otimismo e a coragem são o grande tempero do sucesso. Ser empreendedor é contar com isso e estar preparado, sempre, para o que vier.

23
EMPREENDEDORAS DE ALTA PERFORMANCE

Juliana de Oliveira Nasciutti

Juliana de Oliveira Nasciutti

Executiva em Supply Chain, é graduada em Engenharia de Produção Mecânica pelo Instituto Mauá de Tecnologia, MBA em Gestão Empresarial pela Fundação Instituto Administração (FIA) e certificada CPIM (Certified in Production and Inventory Management) pela APICS. Durante sua vida acadêmica foi monitora do curso de Probabilidade e Estatística do Instituto Mauá de Tecnologia e participante voluntária da comissão organizadora das III, IV e V Semanas de Engenharia na mesma universidade. Nomeada a melhor estudante da classe de 2006. O prêmio foi dado pelo Instituto Mauá de Tecnologia e o Crea (Conselho Regional de Engenharia, Arquitetura e Agronomia de São Paulo). Em 2007, ganhou o primeiro lugar em um concurso promovido por uma importante indústria de telefonia com um projeto desenvolvido sobre os seguintes critérios: aplicabilidade, inovação e custos para implementação. Em seguida direcionou sua carreira dentro de Supply Chain em multinacionais de diversos segmentos como farmacêutica, alimentos e cosméticos. Atualmente atua como gerente de Supply Planning para a América Latina em uma gigante americana do setor de Alimentos e Bebidas e é membro do "Mulheres do Brasil", grupo fechado composto por mulheres de vários segmentos de todo o Brasil que se reúnem para discutir e propor ações em temas ligados à educação, empreendedorismo, cota para mulheres e projetos sociais.

(11) 98106-9747
dju_oli@yahoo.com.br

Uau! Foi o que eu pensei quando recebi o convite para escrever este capítulo. Senti-me feliz, começaram a "brotar" ideias, mas uma pergunta não saía da minha cabeça: o que eu, na minha idade, poderia agregar a outras pessoas sendo que há milhares de mulheres com muito mais experiência e vivência do que eu? Comecei assim a pensar na minha história, no meu dia a dia, desafios, motivações, realizações e concluí: "Poxa, independente de não acumular tantos anos de experiência, desde pequena já venho tomando decisões importantes e equilibrando meus pratinhos!" E é a forma que venho aprendendo a como decidir e como me equilibrar que eu gostaria de dividir com vocês.

Sou do signo de Capricórnio, que por teoria é ambicioso, disciplinado, trabalhador, responsável e prático, disposto a persistir o quanto for necessário para conquistar seu objetivo. Coincidência ou não, já na escola me destacava por ser muito aplicada e organizada com as minhas atividades, fazia meu dever de casa sem ter de ser lembrada pelos meus pais e buscava a melhor nota. Olhando hoje para meu passado, vejo uma criança até muito responsável e séria para a idade! Poderia ter sido um pouco menos *nerd*, mas algo me motivava a ser assim. Sempre tive objetivos e com eles traçava metas e das metas planos para atingi-las. Minha mãe, Edna, uma pessoa que me ensinou e ainda me ensina muito sobre a vida, me dizia: "Filha, você deve sempre estar entre pessoas iguais ou melhores a você". Era um incentivo para que me superasse e evoluísse. E vejo que segui e sigo até hoje esse conselho.

Aos oito anos minha mãe me colocou para fazer Kumon. "Um método de ensino em que o aluno aprende a buscar a informação por si próprio, resolve e corrige exercícios (tudo com um mínimo de ajuda do orientador), se tornando um autodidata. Além de desenvolver diversas capacidades, como hábitos de estudo, concentração, raciocínio lógico, agilidade mental, capacidade de execução de tarefas, autonomia, responsabilidade, disciplina, entre outras." Desde então, comecei a ter mais intimidade com os números e certa facilidade e curiosidade em aprender. O Kumon foi minha primeira experiência crítica com a qual aprendi um meio de ter alta *performance*. Porém como o método é focado no autodidatismo, faltava interação com as pessoas! Somada à característica do capricorniano que é ser reservado, ele não vai ser o mais expansivo e comunicativo da turma. E novamente, coincidência ou não, eu era exatamente assim. Foi aí que veio minha segunda experiência crítica.

Aos 13 anos meus pais abriram uma loja de moda praia em Santos. Como morávamos em São Paulo, todos os finais de semana e também finais de ano quando eu já estava de férias íamos trabalhar na loja. Ajudava no estoque, na escolha e gestão da trilha sonora, na limpeza e reposição de peças nas araras. Até o dia em que me pediram ajuda para atender estrangeiros, pois em Santos na época de férias aportavam muitos cruzeiros. Com essa idade já falava Inglês bem (gostava de aprender, lembram?) e comecei a atender os estrangeiros. Com isso, tive de me inventar como vendedora, pois estava trabalhando com o público, coisa que não aprendi no Kumon. Mas, por outro lado, o Kumon me ensinou a ser autodidata e fui observando as outras vendedoras e principalmente minha mãe, que nasceu com o dom da comunicação e relação interpessoal. Até que me saí bem! Tanto que passei a atender brasileiros também e com isso fui desenvolvendo outras habilidades como comunicação e negociação.

Essa vivência foi muito rica, porém não me afastou das Ciências Exatas. Com essa predileção e também com certa influência do meu pai, Decio, optei por cursar Engenharia. Meu pai estudou Engenharia Mecânica e sempre atuou na área em uma indústria automobilística, mas eu queria algo um pouco menos técnico. Nessa época um curso relativamente novo surgia, que era Engenharia de Produção. Busquei saber mais sobre o que fazia um engenheiro de produção. Fui a palestras, conversei com profissionais da área, li no Guia do Estudante e descobri que o Engenheiro de Produção "[...] gerencia os recursos humanos, financeiros e materiais de uma empresa, com o objetivo de aumentar sua produtividade e rentabilidade. Sua formação associa conhecimento de Engenharia a técnicas de Administração e fundamentos de Economia, preparando-o para adotar procedimentos e métodos que racionalizam o trabalho, aperfeiçoam técnicas de produção e ordenam as atividades financeiras, logísticas e comerciais de uma organização". Organização, planejamento e aperfeiçoamento... vi que tinha tudo a ver comigo! Completei o curso em cinco anos, sem nenhuma DP (dependência). Confesso que durante esses anos tive muitos desafios, o que me levou inclusive a pensar se estava no curso certo. Então, um dia em que estava muito triste e frustrada com meu desempenho na faculdade, meu pai me disse: "Filha, quem passou pela vida em branca nuvem [...]

e não sofreu foi espectro de homem, e não homem, só passou pela vida e não viveu". Essa citação é originalmente de Francisco Otaviano, porém, para mim, será sempre do meu pai e foi ele que me motivou a seguir e a enfrentar os obstáculos entendendo que não era possível ser boa em tudo e que deveria ser mais flexível comigo mesma.

A experiência crítica número três também ocorreu durante a faculdade, quando fiz um intercâmbio para a Austrália. Fui sozinha, e lá não só deslanchei no Inglês, mas também convivi com pessoas de várias partes do mundo. Viajei muito, conheci lugares e fiz novos amigos. Estudei muito também! Claro que tinha de ter uma meta, certo? E era voltar proficiente no Inglês. Ao chegar à escola fiz um teste e fui para a sala de *Upper Intermediate*. Não satisfeita, pedi ao diretor para me colocar na sala *Advanced*, que era o último nível da escola. Lembrando que o bom e velho capricorniano persiste até conseguir o que deseja e associado à habilidade de comunicação e negociação adquiridas na loja dos meus pais, o diretor cedeu. Fui para a sala *Advanced* e como o pessoal lá era bom! Será que conseguiria acompanhar? Sim!! Vamos estar sempre entre os melhores e nos desafiar constantemente, certo, Edna? Essa fantástica experiência me suportou muito para meu início de vida profissional.

Comecei estagiando em uma empresa de telecomunicações em uma área bastante técnica que se chamava Rede. Uma área que cuidava de toda a estrutura de antenas de sinal de celular e controle de gastos com energia elétrica. Nada a ver comigo. Muito técnico!! E, além disso, abstrato! Mas, durante o período em que estive lá surgiu um concurso para os estagiários, nível Brasil, onde o melhor projeto que apresentasse Inovação e Economia para a empresa ganharia uma viagem com tudo pago para a Itália para conhecer a sua sede. Aqui vi a oportunidade de empregar meus conhecimentos de gestão e otimização de recursos, com o apoio e suporte do meu chefe e um senhor colega de trabalho. Sim, não fazemos tudo sozinhos e ter "padrinhos" e parceiros é fundamental para atingir os objetivos! Ganhei o concurso em 1º lugar e na mesma semana soube que havia passado em um processo seletivo para uma empresa de bens de consumo na área de *Supply Chain*. Tudo que eu queria! Aqui tive uma das primeiras decisões difíceis da vida (a primeira creio que foi a escolha da profissão), seguir na empresa e usufruir do prêmio, além de ser vista como uma estagiária diferenciada, ou seguir para onde meus olhos brilhavam em uma empresa cujo produto (bens de consumo) me atraía de verdade? Olhei para frente e pensei: fiquei muito feliz com o prêmio, nunca fui para a Itália, mas sei que se seguir firme com meu objetivo e fazer o que gosto terei outras oportunidades de viajar para esse país. Assim, abri mão do prêmio e mudei de empresa. O diretor de RH da empresa pediu para se reunir comigo e eu disse a ele exatamente nessa reunião: quero fazer o que gosto e seguir com meu objetivo maior. Tinha na época 20 anos de idade.

Dessa forma iniciei minha carreira em *Supply Chain*. Migrei de empresa mais uma vez, também de bens de consumo, e foi nela que tive mais duas experiências importantes. Seguindo a ordem das demais que já citei, vou comentar rapidamente sobre a quarta experiência crítica em minha vida.

Estava feliz nessa empresa, aprendendo muito sobre *Supply Chain* e trabalhando cerca de 12 horas por dia. Gostava tanto do que fazia que nem me dava conta das horas passando e me dedicava 100%. Até que grandes reestruturações aconteceram e fui "convidada" a exercer outra função. Na verdade, não havia muita opção para seguir trabalhando lá, a resposta teria de ser sim. O único ponto é que o local de trabalho seria em Luziânia, localizada no entorno do Distrito Federal. Uma cidade pequena de cerca de 190.000 habitantes, porém considerada muito violenta, ao ponto de ter uma unidade da Força Nacional instalada lá. "A cada mil jovens de 12 a 18 anos do município, 5,4 morrem assassinados (o maior Índice de Homicídios na Adolescência da Região Centro-Oeste) e apenas 10,7% dos homicídios e latrocínios registrados pela polícia do município de janeiro de 2009 a fevereiro de 2010 foram solucionados. Em 2010, a cidade foi atingida por um grande número de desaparecimentos de jovens", tratava-se de um *serial-killer* que mais tarde foi preso. E em que época estava eu em Luziânia? Exatamente nessa! Não era a cidade dos sonhos, mas foi lá que tive a oportunidade de trabalhar no chão de fábrica e de aprofundar meus conhecimentos em *Supply*. Além disso, foi a primeira vez que morei sozinha e desenvolvi diferentes habilidades com as novas responsabilidades que tinha. Foi uma época extremamente importante para meu amadurecimento profissional e pessoal e que bom que tive essa oportunidade! Faria tudo de novo!

De volta a São Paulo, com 24 anos, fui promovida e ganhei mais responsabilidades. Estava vivendo um período profissional muito bom. E foi também nessa época e nessa empresa que tive uma fase amorosa bastante positiva. Conheci o Alexandre, meu marido, e um pouco depois veio minha quinta experiência crítica. O casamento. Mais responsabilidades, mais evolução como ser humano, e tudo isso a dois. A vida no seu ciclo natural torna-se cada vez mais complexa e com todas essas experiências aprendemos para evoluir. Portanto, tendo base nessa minha pequena biografia e todas essas complexidades adquiridas (os pratinhos!), comparto cinco pilares que sustentam hoje minha filosofia de vida, que é: buscar o equilíbrio.

1º pilar – Planejamento e organização

Como comentei, desde cedo planejamento e organização estão presentes na minha vida me ajudando a executar e a alcançar o que desejava. Muitas pessoas acham que ter planejamento e organização é chato, deixa a vida mais cinza e engessada. Ao contrário! São meios de deixar tudo mais colorido lá na frente! Planejar é importante para saber qual o caminho a seguir em busca do seu objetivo e se organizar é fundamental para poder executar com os recursos e prazo que se tem. Porém o plano pode não ser único, assim como a execução pode mudar, isso porque vivemos hoje em um ambiente VUCA, que vem do Inglês e significa *Volatility, Uncertainty, Complexity and Ambiguity* (Volatilidade, Incerteza, Complexidade e Ambiguidade). Sim, podemos ter mudanças nos planos, já que o ambiente não é estável. Hoje em dia há muita informação, ação, conectividade, a uma velocidade que mal conseguimos acompanhar. Por isso, não vamos nos desesperar, vamos nos preparar! Aí vem o pilar número 2.

2º pilar – Inteligência emocional

O preparo que menciono aqui é o emocional. Lidar com mudanças que obrigam a tomar outro curso pode ser muito difícil para algumas pessoas (eu que o diga!). Contudo, as variáveis externas existem, elas não estão na maioria das vezes sob o nosso controle e tudo pode acontecer, logo, se tem de ser diferente, vamos em frente! Mas, o que fazer? Eu procuro respirar e buscar um plano B. A inteligência emocional é um tema bastante interessante e amplo, que não vou dissertar aqui, mas dentre suas características gosto muito do conceito sobre resiliência e procuro exercitá-lo no momento de alguma pressão ou situação que foge ao meu controle.

Também gosto de flexibilidade. Às vezes eu não consegui seguir de um jeito, mas posso tentar de outro e ainda por cima exercitar a criatividade e o jogo de cintura! Há muitos benefícios quando buscamos aprender mais sobre como controlar nossas emoções e canalizar essa energia a nosso favor, desenvolvendo novas habilidades! Mas de que maneira fazer para aprender isso? No livro parece simples e óbvio, mas na prática não é bem assim. Por isso divido com vocês o terceiro pilar que venho praticando.

3º pilar – Cuidado da mente

Cuidar da mente não é somente necessário quando se está deprimido, ou em casos de grandes traumas ou TOC (transtorno obsessivo compulsivo), mas também para ter um momento de reflexão e de autoconhecimento. A gente acha que se conhece, porém quando estamos perante um problema ou conflito, reagimos mal ou não temos reação alguma. Nesse exemplo, entender porque sua reação foi ruim ou porque não reagiu é se conhecer, e ao passo que se exercita essa consciência interior se torna mais fácil entender qual mudança de atitude é necessária. Desde que eu comecei a psicoterapia percebi uma melhora no meu comportamento. Situações ou comentários que antes me aterrorizavam ou me tiravam do eixo agora encaro com mais tranquilidade. Meu terapeuta costumava me dizer que "ou eu engolia o sapo ou eu dava com o sapo na cara de alguém". As duas atitudes são ruins e devem ser evitadas. Entendi através do autoconhecimento que no momento em que surgisse um cenário de instabilidade eu deveria organizar meus pensamentos antes de agir, e com essa pausa comecei a reagir melhor, a meu favor. Somos humanos em constante evolução e sabia que tinha de melhorar, mas não sabia como. Uma amiga muito especial, psicóloga e sexóloga, Paulinha, me incentivou muito a dar esse passo em direção à psicoterapia. Também existem outros meios, como a meditação, ioga ou algum esporte que proporcione essa reflexão, o que vale é encontrar o seu e praticar esse exercício mental.

4º pilar – Cuidado do corpo

Mens sana in corpore sano ("uma mente sã num corpo são") é uma famosa citação latina do poeta romano Juvenal. O corpo também deve estar bem para realizar tudo que desejamos. Com uma rotina mesmo que frenética, temos de encontrar tempo para manter a máquina funcionando, se deixar para depois, ela pode parar um dia e máquina parada não produz. Nessa linha, o que eu procuro fazer é ir aos médicos regularmente, fazer todos os exames de rotina, retornar ao médico e seguir suas recomendações à risca. Também busquei uma nutricionista para me ajudar a comer melhor. Confesso que quero perder uns quilos aqui ou ali, mas mais que isso ter saúde hoje e amanhã. Ter disposição, evitar doenças e envelhecer bem. Sim, já temos de pensar desde cedo como envelhecer, pois o corpo cada vez que fica mais velho precisa de mais manutenção e mantê-lo em ordem hoje facilita as manutenções futuras.

Além disso, é fundamental fazer uma atividade física. Nunca fui muito fã. Fiz bastante natação quando era mais nova e depois musculação, o que não me motivava muito. Foi quando senti um nervo pinçado na perna direita e ao ir ao fisiatra ele me indicou, além de sessões de acupuntura, o Pilates e ali eu me encontrei! De novo, fazer o que se gosta é o caminho do sucesso! Tento não perder uma aula! E se perco por algum motivo trato de repor rapidamente. A parte aeróbica tem sido um desafio para mim. E com o amor ao Pilates acabei deixando um pouco de lado o resto. Comecei a fazer aulas com *personal trainer* e vi o quanto meu cardiovascular estava despreparado e fiquei preocupada. Fazíamos aulas funcionais e vi que estava gostando. Depois ingressei na zumba. Que bom! Descobri mais duas atividades que gosto de fazer! Agora, é ter como meta e me exercitar com frequência. Objetivo, plano, organização e disciplina!!

5º pilar – Cuidado do coração

Esse pilar eu dedico ao meu marido, minha família, meus amigos. Estar bem de saúde, realizado profissionalmente e não ter com quem dividir suas experiências, preocupações e realizações é não estar completo. O ser humano não sabe existir sozinho, eu ao menos não sei. E, por isso, procuro ter hábitos e atitudes que me mantenham perto dessas pessoas que amo.

Além de ser uma profissional, cuidar da mente, do corpo, também tenho de cuidar da minha família e procuro fazer isso sempre com primor. Quando estou com eles, ESTOU de fato. Ao terminar o dia de trabalho, não vejo mais *e-mails* e procuro sempre cumprir minha agenda de segunda a sexta e nos finais de semana somente se for, de fato, necessário. Temos tanta coisa para fazer e se pararmos para pensar a menor fração de tempo está para a família e amigos, assim, gosto e me importo em viver esses momentos com eles de forma intensa e 100% dedicada. De sexta a domingo à noite a agenda é movimentada. Seja para ficar em casa com meu marido tomando uma taça de vinho, sair para jantar com os amigos, ou almoçar com os familiares. Às vezes sobra pouco tempo para as demais atividades, mas eles são a prioridade. No fim de semana direciono meu tempo com quem quero e preciso estar, assim, atividades como fazer as unhas ou comprar um sapato tento fazer durante a semana, pois acredito que administrar esses detalhes da rotina do dia a dia fazem a diferença no final.

Também existem os momentos em que não consigo conciliar tudo, quando há algo que está mais latente e tomando mais tempo que de costume. Nesse ponto confirmo uma afirmativa: seu marido também deve ser seu parceiro, e vice-versa! Não conseguiria desempenhar tudo que tenho se não tivesse o apoio do Alexandre. Ele divide as responsabilidades comigo e quando não estou dando conta ele não se importa em ter de "ir ao mercado" ou "regar as plantas". Sei que sempre posso contar com ele e isso me ajuda a ter mais serenidade quando sou mais requisitada em outra esfera da minha vida.

Por fim, o que concluo é que a busca do equilíbrio é constante. E posso dizer que dificilmente tudo estará com o mesmo peso, haverá situações em que o trabalho precisará de mais atenção, períodos em que a família solicita sua presença, ou a amiga pede um colo. E, assim, vamos regendo, como se fosse uma orquestra. E é isso que para mim é a chave do sucesso e realização! Espero poder ter conseguido dividir como tento orquestrar minha vida e que ajude vocês a serem brilhantes maestros das suas!

24

EMPREENDEDORAS DE ALTA PERFORMANCE

Juliana Lourenço

Juliana Lourenço

Tem 32 anos, mãe do Leonardo e da Larissa. Bacharel em Ciências Contábeis e pós-graduada em Controladoria e Finanças pela Universidade Cruzeiro do Sul, pós-graduada em Gerenciamento de Projetos e MBA em Gestão de Pessoas pelo Centro Interativo SEB. Contadora, com 15 anos de experiência nas áreas contábil, financeira e recursos humanos. Professora-tutora dos cursos de contábeis e gestão financeira do Uniseb por três anos. Sócia-fundadora da Life Consultoria Empresarial. É uma das consultoras do GruPpo E Soluções Integradas. Membro do Grupo Mulheres do Brasil e do Projeto +10 Mulheres.

(11) 96984-8611
www.lifeconsultoriaempresarial.com.br

Acho que desde pequena eu sou empreendedora, pois enquanto as crianças da minha idade brincavam eu gostava de ouvir a conversa dos adultos e só depois eu vim a descobrir que os principais temas eram economia e política.

No bairro em que eu morava, tinha uma senhora que fazia uns geladinhos deliciosos, mas a criançada tinha preguiça de ir comprar, então eu juntava as moedas dos meus colegas e ia comprar os geladinhos e cobrava o "frete". Nossa rua era no final de uma longa subida e o mercado mais próximo ficava no topo dessa rua. Quando a mãe de alguém gritava para o filho ir ao mercado, eu logo me aproximava e oferecia para fazer esse frete também, logo as mães da rua já me chamavam e me pediam, os pedidos eram anotados no caderno e o troco sempre vinha acompanhado da nota fiscal. Acredito que esse tenha sido meu primeiro "empreendimento".

Meu pai sempre foi empreendedor, teve vários negócios ao longo da vida e eu sempre fui muito atenta aos acontecimentos.

Em 1994, ele comprou um bar falido na Lapa e, descapitalizado, precisava fazer o negócio girar; minha mãe estava de licença maternidade e junto com meu avô e tia o ajudavam, e eu quis muito fazer parte disso. Eles me deram a oportunidade. No alto dos meus 12 anos eu ajudava nas mesas e no caixa, fazia pequenas compras e era elogiada pelos fregueses. Durante meses foi assim, eu ia para a escola e na parte da tarde ia "trabalhar".

Outros negócios vieram depois desse e eu sempre interessada em ajudar e aprender. Quando terminei o ginásio resolvi estudar à noite e cursar técnico em Administração de Empresas, logo consegui um estágio numa empresa de comércio exterior.

Quando eu fiz três meses de empresa, o dono reduziu a equipe e comecei a colocar os aprendizados da escola em prática, fiquei responsável pelo contas a pagar, pela logística e pelas pequenas compras. Foi um desafio e uma experiência incrível. Nesse meu primeiro "emprego" longe da família, percebi que para qualquer negócio dar certo é necessário dominar e estudar o mercado e as operações.

Daí para frente passei por muitas empresas, e pode acreditar, leitor, eu empreendia nesses lugares, implantava processos, criava meios de facilitar as rotinas, aumentava carteiras de clientes e então, na crise dos 30 e mãe de dois filhos lindos que quase não me viam, mas contavam muito com os cuidados do meu marido que sempre foi o maior parceiro, resolvi jogar a carteira de trabalho para o alto, junto com todos os benefícios e segurança que o registro me dava e empreender para mim, para o meu crescimento pessoal e profissional e para o bem-estar da minha família e clientes. Então, nascia a Life.

Nos primeiros meses foi difícil, a falta de grana para investir e o posicionamento no mercado não eram tão simples como parecia ser. Um dia parei para pensar e percebi que era isso que faltava, PENSAR, PLANEJAR, descobrir os prós e contras, descobrir onde estavam meus clientes e quais eram suas dores.

Pesquisando, pesquisando e pesquisando, cheguei à palavra ESTRATÉGIA e, a partir de então, comecei a aplicar na Life. Fazer parcerias foi o primeiro passo, mostrar ao mercado que minha empresa existe foi o segundo passo, criar procedimentos de atendimento personalizado foi o terceiro passo que se tornou o diferencial.

Contratar pessoas confiáveis e que vestem a camisa da sua empresa também é uma grande estratégia, e dessa forma, venho ajudando também a formar bons profissionais. Sempre em busca de descobrir os prós e contras, desvendar onde estavam meus clientes e quais eram suas dores.

Outra grande Estratégia foi participar de Redes, hoje sou membro do Grupo Mulheres do Brasil, idealizado pela querida Luiza Helena Trajano, do GruPpo E que é um grupo de consultores que oferecem soluções integradas a pequenas e médias empresas e ser cofundadora e organizadora do projeto +10 Mulheres, que dá aulas empresariais a empreendedoras de vários lugares de São Paulo, fortalecendo *networking* e o ecossistema empreendedor do País. O convívio com outras empresárias nos torna mais fortes e a gente sempre aprende algo novo, mas estar com a família também nos dá o equilíbrio que precisamos ter para seguir em frente!

25

EMPREENDEDORAS DE ALTA PERFORMANCE

Karen Louise Mascarenhas

Karen Louise Mascarenhas

Possui cerca de 30 anos de experiência em Recursos Humanos adquirida em companhias como Banco Itaú, Banco Chase Manhattan (JP Morgan Chase), Unilever, Andersen Consulting (Accenture), gerenciando programas de atração, formação, desenvolvimento e retenção de profissionais. Atuou como diretora de Recursos Humanos e Qualidade para o Grupo VR, e foi membro do Comitê Executivo desta empresa. Nos últimos 15 anos atua como consultora em atividades de Coaching, Outplacement, Gestão de Carreira, em consultorias como DBM (LHH) e KLM. É especialista em programas de desenvolvimento de liderança, gestão de equipes de alta performance e mudança cultural. Ministra programas e aulas em Inglês e Espanhol, tendo atuado na Argentina, Chile, Colômbia, México e Estados Unidos. Graduada em Psicologia pela USP, com pós-graduação em Administração para Graduados (CEAG) pela FGV e mestrado em Psicologia Social pela PUC-SP. Coach formada pelo ICI (2006), pela DBM (2010), e pela Erickson College (do Canadá, 2012). Formação em Team Coaching, pelo TCI (EUA, 2014). É professora do programa de pós-graduação em Administração da FGV-SP desde 2009 em disciplinas como Liderança e Inovação, Comunicação, Negociação e Gestão de Pessoas. Também ministra programas para a Fundação Dom Cabral desde 2010.

(11) 99201-1317
www.klm-consulting.net
karenmascarenhas@klm-consulting.net

> "Muitas coisas não ousamos empreender por parecerem difíceis; entretanto, são difíceis porque não ousamos empreendê-las." (Sêneca)

Identidade empreendedora

Ao longo de minha vida e carreira tenho escutado diversas vezes a objeção: "Mas eu não sou empreendedor... não penso em ter meu próprio negócio." Sempre fiquei curiosa com relação a essa afirmação. Então, afinal, o que significa empreender?

De acordo com o dicionário Aurélio, empreender significa propor-se, tentar, deliberar, executar, pôr em prática, em resumo: realizar tarefas normalmente difíceis ou desafiadoras. O dicionário informal completa com: criar opções de melhor desempenho, ganho ou lucro. Transformar rotinas de trabalho de forma a gerar mais produtividade, ter ideias inovadoras e desafiadoras. Capacidade de enxergar além do cotidiano, solucionar com habilidade e criatividade. Ter visão de dono.

Atualmente, o termo empreender é bastante utilizado nos jornais e nas revistas de negócios para se referir não apenas à ação prática de criar um negócio, mas também a uma atitude de inovar e se dedicar a transformar ideias em realidade. Parece que nesta visão temos uma liberdade maior para empreender onde for.

Nesse contexto mais amplo, o que importa é a atitude que pode ser aplicada em qualquer ambiente, seja na criação e desenvolvimento de um negócio próprio, seja atuar em um projeto de desenvolvimento de um produto ou de melhoria de um processo dentro de uma empresa.

Trabalhei por muitos anos em empresas, na área de Recursos Humanos, cuidando desde a seleção e contratação de pessoas, o treinamento e desenvolvimento delas e, quando necessário, de seu desligamento. Uma das coisas que mais me chama atenção é que, seja qual for o perfil do cargo, a capacidade de criar e trazer soluções está entre os requisitos mais desejados. O que é isso senão o perfil empreendedor?

Na minha concepção, empreender está no coração de todo mundo. A questão é como escolhemos usar esta capacidade de empreender. A serviço de que missão estamos colocando nosso empreendedorismo? Qual é o propósito de cada um, ou seja, o que você veio fazer aqui neste mundo? Talvez esta seja a questão mais difícil de responder. Causa-nos pânico quando não temos clareza de nosso real propósito de vida.

Durante mais de dez anos trabalhei com executivos em seus processos de recolocação, quando tinham de pensar sobre suas vidas e carreiras. Notei que muitos enfrentavam esse momento buscando apenas um trabalho, de preferência o mesmo trabalho do qual foram demitidos, porém que mudassem as circunstâncias, isto é, o chefe, a pressão por resultados, o ambiente, o jogo político etc. Tendiam a seguir na linha do que já estavam fazendo, tendo dificuldade de refletir de forma mais profunda. Entretanto, aquele que usava essa oportunidade que a vida lhe oferecia para aprender algo novo, para refletir em quem ele é em sua essência e em quem ele gostaria de se tornar, conseguia mudar tudo.

Por exemplo, houve um executivo do mercado financeiro, de perfil bastante agressivo, que vinha de uma carreira de crescimento rápido resultante de grandes lucros obtidos por operações engenhosas. Ele estava num momento de grande energia e impulsão para o topo da hierarquia da empresa. Entretanto, a arrogância e ganância foram tomando conta dele, de maneira que ele descuidou das relações interpessoais. Era duro com a equipe, intolerante com os pares e por vezes rebelde com seus gestores. A demissão foi um alerta. Seu comportamento intempestivo foi a maneira que ele encontrou para dizer a si mesmo que bastava. A demissão pode parecer o fim. E é mesmo. Entretanto, também é o começo. É o início de uma nova fase, é a oportunidade de repensar quem é você e o que você de fato está fazendo de sua vida.

Depois do choque inicial, ele começou a repensar na sua vida e percebeu que estava desconectado de seu propósito. Ao se ver sem emprego depois de quase 20 anos trabalhando num ritmo acelerado, percebeu que nunca havia parado para pensar sobre se gostava ou não de seu trabalho. Apenas o executava e cada vez mais o ritmo se acelerava. Foi então, nesse momento de parada, que ele teve a oportunidade de refletir sobre seus gostos, prazeres, interesses e objetivos. Fez uma releitura de sua vida e notou que não gostava do que fazia. Ia para o trabalho sem energia, se entediava com as mesmas conversas, se irritava com facilidade, chegou a quebrar três telefones da empresa atirando-os ao chão ou contra a parede. Descobriu que seu propósito estava relacionado a criar soluções para situações difíceis. É claro que ele tinha a oportunidade de realizar este propósito num banco, pois, afinal, situações difíceis são os desafios do dia a dia. Entretanto, outro aspecto fundamental refere-se a estar alinhado com seus valores e aí estava seu problema. Revisitando seus valores identificou que integridade, trabalho desafiador e ajudar pessoas seriam melhor vivenciados em outro ambiente. Foi então que ele construiu uma nova solução para sua vida e carreira: criou uma ONG voltada para fomentar o desenvolvimento de pequenos negócios de empreendedores que gostariam de obter investimento de empresas de *private equity*[1] para deslanchar. Assim, ele poderia utilizar seus conhecimentos de banco de investimentos a serviço de pessoas, e com isso estar alinhado com seu propósito e seus valores.

Bem, então, e você? Está fazendo algo alinhado ao seu propósito e valores? Já pensou sobre isso?

Ultimamente, tenho encontrado cada vez mais pessoas que se queixam dizendo que não gostam ou não se identificam com o que fazem. Mas não sabem o que lhes daria prazer, sentem-se perdidos quando tentam responder à pergunta sobre o que gostam e é ainda mais difícil identificar seu propósito. Noto isso principalmente nas pessoas jovens, que recém-ingressaram no mercado de trabalho.

Pela minha experiência ao longo de 15 anos assessorando pessoas a repensar a vida e a carreira em um processo de *outplacement coaching*[2], uma das maneiras mais produtivas de encontrar seu propósito é refletir sobre sua história de vida. Nela você irá notar vários pontos que lhe darão dicas do que é importante para você. Vou ilustrar este ponto compartilhando um pouco da minha vivência.

Venho de uma família de cultura estrangeira. Minha é mãe inglesa e meu pai indiano. Vieram viver no Brasil, considerado país do futuro quando eu nasci. Tive uma educação baseada em valores cristãos de amor ao próximo, trabalho, esforço e busca de objetivos. Desde cedo me interessei por entender as pessoas, suas relações e suas formas de funcionamento. Aí, estudar Psicologia fez muito sentido. Na época da faculdade pensei muito sobre como usar esse interesse em conexão com minha realidade. Juntar minha curiosidade de conhecer gente de diversas formações, com pontos de vista e culturas diferentes, e a vontade de fazer a diferença trazendo resultados efetivos. Encontrei no ambiente corporativo um celeiro próspero para explorar esses interesses. E assim me vi dentro da área de

---
1. Empresa de investimentos de risco.
2. Coaching para recolocação profissional.

Recursos Humanos, iniciando carreira como estagiária e chegando a ser diretora de Recursos Humanos e Qualidade, passando por empresas nacionais e multinacionais, num constante aprendizado.

Algo importante para sustentar meus objetivos foi desenvolver competências. Assim, além da formação em Psicologia na USP, fui atrás da pós-graduação em Administração para que eu pudesse entender mais sobre negócios. Foi na FGV que encontrei o ambiente propício para ampliar meus conhecimentos.

Ao longo da minha carreira fui percebendo algumas coisas que me ajudaram no crescimento. Algumas que eu nem sabia que poderia utilizar, como, por exemplo, o idioma Inglês. Como venho de uma família inglesa, este foi o primeiro idioma que aprendi. Na época de minha infância, falar Inglês não era muito comum. Mais adiante, quando ingressei na vida profissional, essa foi uma competência que me possibilitou mudar de um trabalho de teor mais técnico numa empresa nacional, sem perspectiva de crescimento, para uma empresa multinacional, assumindo minha primeira função gerencial aos 25 anos, e me levando a desenvolver a competência de liderança.

E você, quais foram as competências que desenvolveu? O que você faz bem? Quais são seus diferenciais?

Por exemplo, durante seu período escolar ou em sua experiência de vida você fez parte do centro acadêmico no qual desenvolvia atividades para os demais colegas, ou aquela pessoa que mesmo tendo um perfil mais reservado era aquele que os colegas procuravam quando necessitavam de um conselho sensato, ou que tinha habilidade em transformar as ideias próprias ou de outros em textos conexos e interessantes.

Como você poderia utilizar essas habilidades num outro contexto? De que maneira essas habilidades já desenvolvidas anteriormente poderiam se tornar competências que atendam demandas do mercado de trabalho atual?

Você poderia transformar essa habilidade de agregar pessoas em torno de um objetivo em liderança de um projeto, ou a capacidade de compreender as necessidades das pessoas em gestão de processos relacionados a recursos humanos, ou a arte da escrita em jornalismo ou comunicação corporativa.

Outros aspectos que podem contribuir na sua análise são refletir sobre seus motivadores, sua visão de futuro de curto e médio prazo e suas características pessoais.

Então, vamos por partes. Motivador é aquilo que impulsiona sua energia para a realização de algo. Ou, trocando em miúdos, como diria a professora Sylvia Vergara da FGV, motivação é motivo para a ação. Vamos a algumas referências:

Daniel Pink[3] em seu livro *"Drive"* apresenta uma abordagem interessante, baseada em pesquisas científicas e pode ser útil para sua reflexão. Ainda que a maioria das pessoas tenda a acreditar que a melhor maneira de motivação própria e dos demais venha de estímulos exteriores como dinheiro e reconhecimento, Daniel apresenta uma perspectiva diferente. Ele sugere que a verdadeira motivação é baseada em três fatores: autonomia (habilidade de autodirecionar sua energia), maestria (desejo de progresso, de ser bom em algo) e sentido (conexão com um propósito).

Então falamos novamente sobre a importância de despertar essa energia interna que nos direciona para realizar o nosso propósito. Numa perspectiva complementar, Edgar Schein[4], através de pesquisas, identificou oito âncoras de carreira consideradas como as principais mobilizadoras de nossa energia. Reflita sobre quais são as suas:

• **Desafio técnico** (desenvolver competências técnicas, se tornar o *expert* em sua área).

• **Gerência geral** (ser generalista, envolvido em assuntos que englobam várias áreas e conhecimentos. Coordenar muitas pessoas, tomar decisões, e ser responsável pelos resultados de um time.).

• **Independência e autonomia** (desejo de fazer as coisas "do seu jeito", com pouca interferência de outros. Aprecia flexibilidade para estabelecer seus métodos de trabalho e cronograma.).

• **Segurança e previsibilidade** (aprecia previsibilidade, estrutura e clareza na definição de responsabilidade e resultados esperados, por vezes, incluindo também o "como fazer" correto. Tende a ser avesso a riscos, preferindo ambientes onde estes sejam mais controlados.).

---

3. PINK, Daniel H. Drive: the surprising truth about what motivates us. New York: Riverhead Books, 2009. Em português foi publicado como Motivação 3.0: os novos fatores motivacionais que buscam a realização pessoal e profissional. Rio de Janeiro: Elsevier, 2010. Veja também um vídeo de uma palestra https://www.youtube.com/watch?v=bIhHrL73d4s (legendas em português), e palestra no TED.com https://www.ted.com/talks/dan_pink_on_motivation
4. SCHEIN, Edgard H. Identidade Profissional: como ajustar suas inclinações e opção de trabalho. São Paulo: Nobel, 1996. O livro contém um questionário para autoavaliação de suas âncoras de carreira e explicação detalhada de cada uma.

- **Desafio empreendedor** (aprecia oportunidades para criar, inovar e implementar resultados).
- **Dedicação a causas** (aprecia oportunidades de fazer algo útil para as pessoas).
- **Puro desafio** (resolver situações difíceis, enfrentar os riscos associados para produzir resultados).
- **Qualidade de vida** (busca atividades através das quais possa equilibrar e integrar as necessidades pessoais e profissionais).

Normalmente temos duas ou três âncoras mais importantes que nos guiam ao longo da vida. Conseguiu reconhecer quais são as suas?

No meu caso, identifiquei como as âncoras mais fundamentais o desafio técnico, a dedicação a causas e a autonomia e liberdade. Consegui me basear nestas âncoras em meu trabalho em Recursos Humanos, desde a função de estagiária até a de diretora de Recursos Humanos e Qualidade. O interesse pelo desafio técnico me levou a estudar e me preparar para lidar com os temas. Assim, fui da graduação para a pós-graduação pouco tempo depois e mais tarde ao mestrado. E esse trabalho estava muito associado a apoiar as pessoas dentro da organização a seguir seu crescimento e também apoiar a organização a conquistar, reter e desenvolver pessoas a fim de atingir seus resultados. Pessoas e organização numa estreita ligação e codependência. Apesar de estar dentro de uma empresa e ter uma estrutura de comando, sempre tive certa liberdade para conduzir as questões, sendo que encontrei a autonomia que me manteve motivada. As culturas das empresas para as quais eu trabalhei eram focadas em meritocracia, deixando espaço para o profissional trazer as melhores soluções e ser responsável por suas ações e resultados. Para mim funcionou muito bem até certo momento.

Continuando a sua reflexão: "Qual é sua visão de futuro? Quais são seus sonhos e anseios? Quer conhecer o mundo, ter uma carreira internacional? Quer constituir família, ter filhos, estar perto de seus pais? Quer ser reconhecido como um influenciador num mercado específico? Sonha em fazer a diferença através de uma participação política?"

De que maneira suas características pessoais lhe propiciam sustentação para atingir seus objetivos? Se você é uma pessoa aberta ao novo, gosta de conhecer pessoas e culturas, tem facilidade em interagir com costumes diferentes, então talvez você possa se adaptar às demandas de uma carreira internacional. Se você prefere ambientes conhecidos, não aprecia viajar muito, gosta de ter uma rotina fixa com poucas variações, é provável que você será mais feliz numa atividade mais estruturada.

Ao empreender dentro de uma empresa, é importante observar a cultura da organização. A cultura organizacional é o conjunto de hábitos e crenças estabelecidos através de normas, valores, atitudes e expectativas compartilhados pelos membros da organização. Então, é importante entender como as coisas acontecem no dia a dia da empresa. O ambiente é formal ou mais relaxado e inclusivo? A empresa é aberta a inovações ou extremamente rígida em seus processos? Uma pessoa cresce na carreira por meritocracia ou por tempo de casa?

Como você irá responder a estas perguntas? É simples: você irá ler tudo que puder a respeito da empresa, ver o *site* oficial, reportagens na mídia, irá interagir com a empresa e construir seu entendimento sobre ela durante o processo seletivo. Você também poderá estabelecer contatos para obter *inside information*[5], ou seja, informação de pessoas que trabalham na empresa. Se você conhece alguém, ótimo, pergunte a ela como são as coisas. Não conhece ninguém? Não tem problema, busque na sua rede de contatos quem conhece e que poderia apresentá-los.

Outro fator importante é olhar o mercado. Quais são as demandas no momento atual e futuro? Que tipo de necessidade precisa ser atendida? De que maneira você poderia alinhar seu propósito às necessidades do mercado?

Atualmente, muitas empresas querem contratar pessoas com o espírito empreendedor, com a atitude de dono, ou seja, pessoas voltadas para ter ideias, criar soluções e implementar mudanças. Claro que esse empreendedorismo deve estar a serviço de atender às necessidades do mercado e à estratégia da empresa. Nesta situação você estará subordinado a uma cadeia de comando e terá responsabilidades por um projeto com objetivos definidos. Isso pode soar bem para você se prefere ter diretrizes para se basear, mas pode ser uma camisa de força que limite seus desejos de criar ou inovar livremente.

Vamos pensar nos prós e contras de empreender dentro de uma empresa. Além da estrutura, recursos e diretrizes, atuar numa empresa pode significar a oportunidade de participar de projetos complexos, com uma

---

5. Informação oriunda das pessoas que trabalham dentro da empresa.

equipe diversificada e que lhe propicie trocas e aprendizagem rápida. Por outro lado, você pode sentir-se tolhido por ter de se manter dentro dos limites estabelecidos pela gestão e adaptar-se ao ritmo imposto pela empresa. Por vezes, projetos são engavetados depois de meses de trabalho duro, o que causa frustração. Isso pode exigir um alto grau de resiliência de sua parte.

Para finalizar, um último ponto para o qual gostaria de chamar sua atenção é que, seja qual for o caminho que escolher, durante sua vida e carreira, você deve revisitar suas escolhas, seja de forma programada, seja porque você voltou a se questionar. Como tudo na vida, tendemos a evoluir e modificar nossa forma de exercer nosso propósito.

Depois de quase 20 anos atuando em empresas na área de Recursos Humanos, atuando na posição de diretora eu não estava feliz. Percebi que estava muito focada nos objetivos da organização e pouco no desenvolvimento das pessoas. Assim, decidi fazer uma mudança para apoiar as pessoas a se desenvolverem para que elas pudessem trazer resultados ainda melhores para suas vidas e para as organizações ou trabalhos com que estivessem envolvidas. Fiz minha primeira mudança de carreira para trabalhar como consultora numa empresa especializada em desenvolvimento de pessoas. Atuei com *outplacement, coaching,* treinamento e desenvolvimento. Senti falta de estudar mais e fui buscar o mestrado, que permitiu me tornar professora do programa de pós-graduação da FGV. E, depois de mais de dez anos atuando dessa maneira, decidi fazer uma nova mudança, desta vez para me tornar independente e ativar minha própria empresa de consultoria. Nessa nova fase tive oportunidades incríveis de trabalhar em projetos internacionais de mudança de cultura e de desenvolvimento de liderança, viajei para vários países na América Latina, além dos Estados Unidos, aplicando esses programas. Também dividi minha atuação com os processos individuais e grupais de *Coaching*. Pois, enfim, consegui realizar meu propósito de maneiras diferentes de acordo com meu momento de vida e carreira.

O planejamento de vida e carreira se dá num mundo real, no qual temos necessidades e, muitas vezes, ganhar dinheiro é importante. Claro que devemos sempre considerar este aspecto, mas, se estamos engajados com nosso propósito, tendemos a fazer as coisas com muito mais conexão e brilho, levando-nos a sermos bons naquilo que fazemos e o aspecto financeiro acaba sendo mais uma consequência de sermos nós mesmos, fazendo o nosso melhor. Vamos à luta então?

REFERÊNCIA BIBLIOGRÁFICA

IBARRA, Hermínia. Identidade de Carreira. São Paulo: Editora Gente, 2009.

Muitas pessoas frequentemente pensam em mudar de carreira, por se sentirem não realizadas, frustradas ou infelizes com o seu trabalho. Contudo, temem reinventar a sua trajetória profissional devido aos anos de tempo e esforço investidos na carreira atual. Hermínia Ibarra apresenta uma proposta de reinvenção de carreira baseada na ação e experimentação. Demonstra através de histórias cativantes um conjunto de princípios e estratégias que fundamentam transformações de carreira bem-sucedidas.

PINK, Daniel H. Motivação 3.0: os novos fatores motivacionais que buscam a realização pessoal e profissional. Rio de Janeiro: Elsevier, 2010.

Em Motivação 3.0, Daniel Pink nos prova que a motivação à base de recompensas e punições já não é mais eficiente. Os fatores motivacionais vêm de dentro de cada um de nós. É o legado que deixaremos no mundo e nosso nível de satisfação pessoal e profissional que nos fazem buscar um melhor desempenho e resultado no que nos propomos a fazer.

SCHEIN, Edgard H. Identidade Profissional: como ajustar suas inclinações e opção de trabalho. São Paulo: Nobel, 1996.

O livro visa ajudá-lo a identificar suas âncoras de carreira, que estão associadas aos objetivos e valores dos quais não abre mão, pois representam sua verdadeira identidade. Ao conhecer suas âncoras, você poderá tomar decisões sobre sua carreira e vida alinhadas com como você se vê. Há um questionário que poderá apoiá-lo em seu autoconhecimento e direcionamento profissional.

26

EMPREENDEDORAS DE ALTA PERFORMANCE

Kelly Beltrão

Kelly Beltrão

Possui 15 anos de experiência no mercado. É jornalista graduada pelo Centro Universitário de Brasília (Uniceub), pós-graduada em Gestão da Comunicação nas Organizações pela PUC-Brasília.
Já trabalhou na TV Brasília, TV Brasil, Ministério da Saúde, Agência do Rádio Brasileiro, Ministério da Agricultura, coordenou Agências de Comunicação no RJ e atualmente é CEO e jornalista da KB Comunicação, na Barra da Tijuca, Rio de Janeiro.

kbcomunicacao1@gmail.com

Como se destacar na área de Assessoria de Imprensa Estratégica?

Amor pela profissão! Ter isso já é meio caminho andado para o sucesso. Meu nome é Kelly Beltrão, sou jornalista, brasiliense e, em 2011, decidi desbravar o Rio de Janeiro. Após ter passado por veículos como TV Educativa, TV Brasília, Agência do Rádio Brasileiro, Ministério da Saúde e ficar quatro anos na Assessoria de Imprensa do Ministério da Agricultura (Mapa) decidi morar no Rio de Janeiro. Ter perdido o meu cargo comissionado no Mapa foi o empurrãozinho que precisava para descobrir o meu verdadeiro caminho. Percorri 1,2 mil quilômetros de carro com minha mãe, Isabel Alcantara (minha fiel escudeira que sempre esteve ao meu lado) e, após uma semana da minha demissão, já estava na cidade maravilhosa para desbravá-la.

Sempre gostei de atuar como repórter, conheci lugares belíssimos como o Pantanal, fiz matérias de aventuras como a de aviação agrícola - só cabiam quatro pessoas no avião e a porta não fechava -, fui para o Vale dos Vinhedos, no Rio Grande do Sul, fazer matéria de vinho, visitei Paraty para fazer reportagem sobre cachaça, entrevistei José Dirceu, o ex-presidente Lula, Roberto Jefferson (delator do mensalão), cobri esporte (narrei gols), mas foi na assessoria de imprensa que descobri a minha paixão.

Ao chegar ao Rio de Janeiro enviei o meu currículo para 100 lugares em um mês, a maioria não queria me contratar por ter pós-graduação em Gestão da Comunicação nas Organizações e achar que não aceitaria ganhar menos da metade do que recebia em Brasília, mas falava ao telefone: "Não tem problema, preciso conhecer jornalistas no Rio de Janeiro, não me adianta só ter contato de profissionais de Brasília". Até que fui chamada para três entrevistas e passei em todas. Então, decidi coordenar uma Agência de Comunicação no Shopping Barra World, no Recreio dos Bandeirantes: a Cercon Cereja & Conteúdo, que ficava a dois quilômetros da minha casa. Aí sim. Nada de trânsito. Se tinha uma coisa que me tirava do sério no Rio era pegar engarrafamento, mas tinha tirado a sorte grande, pessoas excepcionais e trabalho perto de casa.

Após quatro meses na Cercon, outra assessoria de imprensa me chamou para ganhar mais e fui, mas chegando lá, tudo o que tinham me prometido era mentira. Decidi, então, no mesmo dia, pedir demissão da outra empresa. Fiquei chateada, peguei o carro e fui chorando... "É, não vai ter jeito, vou ter que voltar para Brasília, mas meu sonho sempre foi morar no Rio, não posso ser orgulhosa, vou mandar uma mensagem para a minha ex-chefe Letícia Rio Branco e pedir para voltar." Ela conversou com a sua sócia Angie Diniz e, dois dias depois, me aceitaram de volta e, para minha surpresa e alegria, aumentaram o meu salário para o que a outra empresa tinha oferecido. Vocês acreditam? Nem eu acreditava. Muitas lágrimas nos olhos. Acreditaram em mim e no meu potencial. Estava difícil a ficha cair. Fui muito feliz lá. Um clima de trabalho maravilhoso. Em dois anos fiz contato com jornalistas de rádios, jornais, sites, revistas e TVs e quando estava cuidando de dez clientes decidi abrir a minha assessoria de imprensa: KB Comunicação.

Quem pensa que empreender é fácil, que vai trabalhar menos e descansar mais, está enganado. O começo é muito difícil. Diversas coisas acontecem para que você desista, mas é preciso ser forte e eu fui. Para começar um negócio é importante estudar os seus principais concorrentes.

Fiz uma lista das dez principais assessorias de imprensa do Rio de Janeiro e, depois, as cinco maiores da Barra da Tijuca, local onde morava. Verifiquei nos sites os principais clientes que as empresas atendiam e decidi apostar em um nicho diferente: de advogados e especialistas em recrutamento e seleção.

Mas fechar com um cliente de negócios é mais difícil que um de beleza, em um primeiro momento. Então, todos os dias pegava o telefone e ligava para uns 140 salões de beleza e clínicas de estética. Resultado do final do dia: conseguia marcar umas quatro ou cinco reuniões daquele montante. Hoje, quando conto isso para os meus alunos (ministro curso de como abrir o seu próprio negócio na área de Assessoria de Imprensa Estratégica, em que já capacitei mais de 170 jornalistas) eles falam: "Que loucura, professora, é muita ligação". Mas, se não for assim, você não consegue cliente. É preciso persistir, ir a campo, bater de porta em porta, levar o seu cartão de visita, sua pastinha com as tabelas dos veículos sobre quanto eles cobram por anúncio para mostrar ao seu futuro cliente quanto ele economizaria em publicidade ao investir em assessoria.

Uma coisa é certa: anúncio todo mundo vê que você pagou para estar ali. Assessoria de Imprensa, que vai conseguir entrevistas para os clientes e espaços em artigos e colunas, vai dar credibilidade ao empresário, pois quando alguém compra um jornal e vê uma matéria diz: "Se entrevistaram o fulano de tal é porque ele é bom". Poucos sabem que teve um assessor de imprensa para colocá-lo ali. E agora nessa época de crise as empresas estão decidindo investir ainda mais nesse serviço, pois sabem que vai sair na frente aquele que tiver visibilidade e sair na mídia.

O que mais encontramos por aí são assessorias de imprensa que fecham com os clientes por seis meses e prometem o mundo para eles e no final conseguem duas matérias neste período. Comigo não adianta. Sou sempre franca e direta: "Kelly, quero Veja na primeira semana, quero te pagar por matéria, quero Fátima Bernardes, Jô Soares, Jornal Nacional" e eu respondo: "Isso todo mundo quer. O que te garanto é, pelo menos, uma entrevista por semana, mas é importante você sair primeiro em jornais, *sites* e rádios para depois sair em TV. Os jornalistas começam a te conhecer e querer te entrevistar".

Vale ressaltar que o trabalho de assessoria de imprensa é resultado de um bom relacionamento da empresa e dos assessores com os veículos de comunicação. Tudo depende de o assessor ter boas fontes e, principalmente, entregar uma demanda no prazo e conseguir, além de especialistas, personagens para as matérias. Os assessores não pagam os jornalistas pela matéria, então não tem como negociar valores por publicação.

O caminho das pedras

Vamos lá. Decidi abrir a minha Assessoria de Imprensa, verifiquei os concorrentes, defini o meu nicho de mercado. Não comece atirando para todos os lados. É importante você verificar uma área e investir nela. Comece pelo segmento com que você tem mais afinidade que tudo será mais fácil. Depois de já ter uns três clientes da mesma área aí sim passe a ter um segundo nicho.

A partir do momento em que você estiver com dois clientes da mesma área virá a seguinte pergunta: "Mas como você faz para lidar com clientes que são concorrentes? Não quero sair com o meu concorrente". Neste caso, respondo: "Já verificaram que nos jornais é difícil um repórter dar uma matéria apenas com uma fonte? É preciso entrevistar várias pessoas, ter diversas opiniões para uma reportagem ficar a mais isenta possível".

Com isso, aquele assessor que tiver três fontes da mesma área sairá na frente daquele que decidiu abrir a empresa e ter um cliente de cada área. Além disso, organizar pautas estratégicas para clientes de diversas áreas dará muito mais trabalho e você precisará de mais mão de obra. Outra questão importante é a elaboração do seu *mailing list* (contatos de jornalistas).

O ideal é você ter um mailing estadual, com os três principais jornais de cada Estado, três rádios e as seis principais emissoras de TV. Com isso, você estará preparado para fechar cliente de qualquer Estado. Lá na KB, apesar de estarmos localizados no Rio de Janeiro, também temos clientes em São Paulo, Brasília, Espírito Santo, Minas Gerais e Bahia.

Em três anos e meio de empresa já captei 85 clientes nas áreas de beleza, negócios, saúde, moda, celebridades (organizamos a imprensa para cobertura da visita do príncipe da Noruega ao Brasil e o aniversário da cantora Ludmilla), divulgamos o lançamento de mais de 30 livros no Brasil, entre eles, o do ex-BBB Mau Mau, da modelo Ângela Bismarchi e do livro Empreendedoras.*Coaching*.

Follow

A chave para o sucesso é o *follow* (ligar para os jornalistas para saber se uma pauta foi aprovada). É isso que dá resultado. Não adianta você mandar uma sugestão por *e-mail* e não ligar para o jornalista para saber se o editor gostou e se o assunto foi sugerido na reunião de pauta. Para poder se organizar, o assessor de imprensa deve fazer um relatório diário com as ligações que fez – colocando o assunto que sugeriu a determinado jornalista, o que ele achou, quando pediu para retornar e inserir os dados (telefone, *e-mail,* nome e sobrenome do jornalista).

Assim, no dia seguinte, o assessor vai chegar, abrir o documento e saber para quem deverá ligar e "cobrar" se gostaram. Outro diferencial é o relatório semanal para os clientes. A maioria das assessorias oferece relatório mensal com o que saiu na mídia durante aquele mês. Fazem isso porque não apresentam resultados semanais. Uma assessoria ativa é aquela que liga para 30 a 40 jornalistas por dia para sugerir cada um dos clientes.

Atendimento

A partir do momento que você sugeriu uma pauta, o editor aprovou e marcou uma entrevista para TV, é de extrema importância designar alguém da equipe para cobrir e acompanhar o cliente. Digo isso porque o assessor é peça fundamental para deixar o cliente mais tranquilo, dar dicas de vestimenta, verificar se está com crachá ou óculos pendurado (isso fica muito feio no vídeo) e, principalmente, o assessor deve aproveitar o momento para fazer um *making off* da entrevista. Tirar foto do cliente com a equipe de reportagem e dele também. Essa ação o ajudará a conseguir mais clientes, pois poderá comprovar os jornalistas que conhece pessoalmente e as matérias que já conseguiu na mídia.

Outra ação importante na hora de acompanhar uma entrevista é gravar na íntegra aquilo que foi dito. Isso é importante para o assessorado postar nas redes sociais depois que a matéria foi ao ar como foi a íntegra da sua entrevista, pois a maioria reclama que em matéria de TV só sai cinco segundos do especialista. E é verdade, pois, muitas vezes, o jornalista tem um minuto e meio para fechar a matéria e deve colocar mais de uma fonte. É importante o dono da empresa ligar toda a semana para os clientes para marcar entrevistas, ver se tem alguma palestra, curso ou contrato importante que a organização fechará que poderá render uma pauta.

Pós-atendimento

Poucas assessorias se preocupam em prestar um pós-atendimento nas entrevistas que foram marcadas e isso é um diferencial importante. É necessário estar atento para saber se uma entrevista deu certo ou se o jornalista da redação estava atolado com uma demanda e não ligou para o cliente. Por isso, sempre espere uns 15 minutos do horário que estava marcado para a entrevista e pergunte ao seu cliente e ao jornalista se a entrevista deu certo. Se não ocorreu ainda, ligue e lembre o jornalista e avise o seu cliente para avisá-lo depois como foi. Com isso, você pode ter um *feedback* de o que o seu cliente e o jornalista acharam da entrevista e se rendeu. Após esse passo, o próximo é saber com o jornalista se ele precisará de foto da fonte e quando sairá a matéria para você poder comprar a revista ou o jornal, escanear e mandar para o cliente por *e-mail.*

O que acontece, muitas vezes, é o jornalista criar intimidade com o cliente e passar a ligar diretamente para ele antes de te ligar. Cabe a você explicar logo no início ao cliente que é importante ele te avisar sempre que um jornalista ligar e pedir para entrar em contato com você para que marque o melhor dia e verifique o tipo de pauta e se vale a pena participar.

Hoje, todos os meus clientes estão "bem treinados" e quando um jornalista liga direto para eles já falam: "Pode ligar para a minha assessoria de imprensa, por favor?" Orgulho!

Não há nada melhor do que uma assessoria proativa, que pensa em pautas, lê os jornais toda manhã e já pensa em quais temas pode sugerir para cada cliente por dia. Se você for esperar o seu cliente pensar em temas que rendam notícia é melhor ficar sentado. É importante você se antecipar a eles e, quanto menos problema deixar para se preocuparem, melhor. No começo é sempre bom saber qual tipo de tema eles podem falar, mas com o tempo você vai saber o "gancho" que cada um quer ter e o público-alvo que deseja atingir.

Outra questão importante é saber se o seu cliente é tímido ou se gosta de dar entrevista para rádio e TV. A pior coisa é você sugerir uma pauta para um veículo e depois falar: "Ah, o meu ciente tem vergonha e não vai falar para TV". Então, já verifique isso no primeiro contato, peça também fotos em alta resolução, pois jornalistas pedem, de vez em quando, fotos dos especialistas e é bom ter umas em estúdio, de braços cruzados e em pose de empresário.

Nunca pare de prospectar cliente. É difícil uma empresa investir o ano inteiro em assessoria. Então, é sempre bom você ter alguns na manga. Não há nada melhor do que o boca a boca, a indicação de clientes que gostaram do seu serviço e te indicam para os amigos. Graças a Deus só tenho a agradecer a rede de profissionais que passou pela KB Comunicação ao longo desses três anos e meio e a quantidade de clientes que me indica. Muito obrigada pela confiança.

Não tenho medo do novo. Compro um livro sobre determinado assunto, leio, estudo, me debruço e vamos em frente sugerir pauta. Não vou te dizer que essa vida de assessor de imprensa é fácil, sugere pauta ali, escreve aqui, acompanha cliente na Barra, na Zona Sul, na Zona Norte, no Centro, pega trânsito, mas não há nada melhor do que você verificar a carinha do seu cliente com sorriso largo nos lábios e falar: "Caramba, olha o meu nome no jornal, nossa, não acredito que vou sair na TV!" Trabalho concluído com sucesso! Mas o que é o sucesso? É você poder trabalhar com o que você ama, ter uma equipe sensacional: Karen Benevides, Ramon Odriguez, Fabiano Gama e Roberto Albuquerque, e ter encontrado o amor da sua vida em pleno Carnaval carioca: Raphael Castro.

Nunca desista dos seus sonhos, pode demorar, mas você vai chegar lá, basta arregaçar as mangas, ter um computador e um telefone. E aí? Qual vai ser a primeira pauta que você vai sugerir? Bem-vindo à Assessoria de Imprensa Estratégica. Rumo ao sucesso. Abrindo o seu próprio negócio você não vai sentir a crise! Acredite em você e no seu potencial. Boa sorte e bons negócios. Enquanto uns choram, outros vendem lenços! Crie.

27

EMPREENDEDORAS DE ALTA PERFORMANCE

Kelly Freire

Kelly Freire

Neurocoach e leader coach pelo IBC, Instituto Brasileiro de Coaching, com credenciais das mais renomadas instituições internacionais em Coaching, como a European Coaching Association (ECA), Global Coaching Community (CGC), Behavorial Coaching Institute (BCI) e Metaforum International. Arquiteta e urbanista, formada na Universidade de Belas Artes de São Paulo e desde 2007 atua como coach, quando decidiu trocar a arquitetura da construção pela arquitetura da mente humana. Pósgraduada em Gestão de Equipes e Pessoas e formada em Coaching e Mentoring pelo Instituto Holos/SP. Tem sólida experiência como coach, com mais de 3.000 horas de atendimento e vem auxiliando pessoas das mais diversas áreas, idades e condição social a solucionarem suas dúvidas, aprenderem a ter e manter o foco, realizarem seus objetivos e a ter mais qualidade de vida. Acredita que não há limites para uma mente bem conduzida, pois a energia flui onde a atenção está e o mundo é exatamente o que você pensa que é, portanto, se ele não está como você gostaria, mude e faça isso agora!

kelly@escoladamente.com
www.escoladamente.com

Autoconfiança, coragem e iniciativa – os segredos do sucesso!

Eu me pergunto como uma arquiteta, totalmente cosmopolita, vivendo em São Paulo, Capital, a terceira metrópole do mundo, conseguiria viver numa cidade muito menor, com pouco mais de 300 mil habitantes, lá na região metropolitana de Porto Alegre, no Rio Grande Sul, mudar de área profissional, para se tornar *coach*, empreender e ter sucesso?

Isso aconteceu há 12 anos, quando me mudei para Canoas no Rio Grande do Sul para realizar um projeto, ainda na minha antiga área de atuação, a Arquitetura, que duraria aproximadamente dois anos.

Mas, no meio do caminho, um tórrido romance me tirou o chão, casei-me muito apaixonada e aí é que tudo começou a mudar... Após um tempo, o meu relacionamento chegava ao final de uma forma nada agradável, e isso me levou a uma depressão que me acompanhou por aproximadamente dois anos.

O fato é que eu não queria voltar para São Paulo destruída como eu estava, e decidi encontrar um novo caminho que me curasse. Nessa busca frenética, encontrei o *Coaching*, ainda numa fase muito embrionária aqui na terra dos pampas, mas que prometia ser um novo jeito de lidar com nossa mente, com nosso comportamento e, consequentemente, com nossa vida.

Abandonei as terapias convencionais, às quais sou muito grata pelo que consegui com elas, as medicações psiquiátricas e decidi me dedicar a aprender o que era esse novo universo que se apresentava para mim e que eu sentia que poderia me tirar daquele ciclo vicioso depressivo. O que eu não imaginava era que isso seria minha nova profissão!

Então, há oito anos eu fiz uma transição de carreira, confesso que não muito planejada, mas muito desejada! Tornei-me *coach*, na realidade, neurocoach, porque além das práticas convencionais do *Coaching* eu utilizo técnicas de controle cerebral e montei o meu mais novo empreendimento: a ESCOLA DA MENTE®!

E respondendo ao meu próprio questionamento: "Como eu consegui mudar de carreira e empreender? Como eu, de arquiteta, passaria a palestrar e ministrar cursos sobre desenvolvimento humano?"

Com autoconfiança, coragem e iniciativa!

Um detalhe que ainda não te contei é que sou mãe de um garoto, na verdade, hoje um homem, um advogado lindo e que na época do furacão em minha vida era um adolescente tentando entender todas as mudanças em sua vida. Claro que não foi uma tarefa tão simples para nós dois, mas olhando para nossa vida hoje, acredito que conseguimos superar as adversidades e encontrar um caminho do bem que nos trouxesse evolução e felicidade.

E aqueles ingredientes – **AUTOCONFIANÇA, CORAGEM E INICIATIVA** –, que eu considero essenciais para quem quer empreender e ter sucesso na vida, nunca me abandonaram, porém isso depende de cultivo diário e é sobre isso que eu quero lhe falar, para que, ao menos, eu possa te inspirar a seguir com mais determinação e garra construindo o seu projeto de vida, seja ele qual for.

Quando penso em AUTOCONFIANÇA, logo me vem à mente uma frase de Eleonor Roosevelt: "Ninguém pode fazê-lo sentir-se inferior sem o seu consentimento!"

E pensando nela é que percebo que nós mesmos somos a nossa maior fonte de oposição para alcançarmos nossos sonhos, desejos e metas.

Na minha jornada profissional noto que o que mais falta para que as pessoas consigam construir e seguir com seu próprio negócio não são as habilidades técnicas inerentes ao que irão fazer, mas sim a confiança nos seus próprios valores, em suas próprias conquistas e, até, em suas próprias vontades.

Normalmente estão "escravizadas" por quatro motivos, que parecem óbvios, mas não são: pelas circunstâncias, pelos outros, pela rotina ou pela submissão.

Ao entrar em justificativas intermináveis do porquê não conseguem, do porquê não se arriscam, do porquê as condições não são ideais - e podem nunca ser - as pessoas se entregam ao que se chama estado de escravidão pelas circunstâncias. Acredito que os vencedores não ficam aguardando as melhores circunstâncias, mas, sim, criam as circunstâncias desejadas.

Há ainda quem esteja preso ao que os outros vão dizer, porque, afinal de contas, ao se dedicar a um novo negócio não se sabe se vai ter sucesso.

Uma eterna escravidão pelos outros ou pela submissão, que significa o medo de expor suas próprias opiniões, que não leva a lugar nenhum.

Mas a pior delas, em minha opinião, é a escravidão pela rotina. Nesse ponto estamos sempre deixando para amanhã o que poderíamos começar a fazer hoje! As desculpas são inúmeras e sempre aparecem na frente de quem se sente escravo de sua própria rotina. É preciso romper com esses hábitos mentais e comportamentais que nos levam a fazer sempre a mesma coisa e do mesmo jeito!

> "Aquele que consegue vencer os outros é forte, mas aquele que consegue vencer a si mesmo é muito poderoso." (Lao Tsé)

Quando nossa autoconfiança não é elevada os sintomas mais comuns são o medo de errar – e quem é que nunca errou? –, o medo de não ser aceito – como eu posso ser tão diferente? –, o medo de não ser notado – que ninguém olhe para mim agora! – e o incrível medo do fracasso.

Como assim medo de fracassar ou de errar? Para mim a vida é um contrato de risco e por isso estou sempre arriscando – de forma calculada e racionalmente pensada, claro – para testar uma nova ideia. E se eu errar ou fracassar? Aprendi que nossos erros são nossos melhores professores! Basta que não os encaremos com culpa, raiva ou tristeza, e sim como oportunidade para escolher e decidir melhor numa próxima vez.

Eu sugiro que você pare por uns minutos agora para avaliar como andam seus níveis de autoconfiança:

- Você sabe quais são seus valores e propósitos e aposta neles?
- Você dá muita atenção ao que as outras pessoas irão dizer?
- Se você errar ou fracassar, consegue se recuperar rapidamente?
- Você procrastina coisas importantes para você, sejam elas quais forem?
- Sua vida é exatamente como você gostaria que fosse?

Você tem o poder de decisão, segundo Steve Jobs. Decida o caminho que quer seguir e vá adiante, passo a passo, sem perder a confiança em seu próprio valor como ser humano que está aqui para aprender e se testar.

Somos limitados porque acreditamos em nossas próprias limitações. A notícia não tão boa é que nossos modelos mentais, que são adquiridos desde a infância, nem sempre são produtivos e fortalecedores. A boa notícia é que podemos, via comprovação da neuroplasticidade, produzir novas redes neurais que significam construir novos pensamentos, novos comportamentos e, consequentemente, novos resultados.

Como fazer isso no dia a dia?

Desafie seus próprios limites!

Não se contente em receber um "não" e ficar ali parada buscando explicações, que quase nunca são suficientes para eliminar a sensação de fracasso. Pense em que ponto você poderia apostar e aposte!

Quando eu pensei em empreender, a primeira coisa que me veio em mente, em estado meditativo – sim, sou meditante regular há oito anos – foi o nome do meu empreendimento. O nome já foi suficiente para eu ir atrás do registro de marcas e patentes, da logomarca – fiquei tão entusiasmada com o nome, que fui para a *internet* e fiz sozinha o logotipo, sem saber mexer em sistemas gráficos, encontrei um site que fazia logos *free* para leigos –, *site, fanpage*, e assim passo a passo, desafiando todos os meus limites fui dando forma a minha empresa.

Não tema as mudanças e o novo!

Claro que na minha trajetória empreendedora passei por várias mudanças de planos. Até porque vivemos numa era de transformações constantes e rápidas – muito rápidas, aliás - e quem não se adaptar a elas estará fadado ao insucesso. Quando digo isso em palestras, costumo citar que eu nasci no século passado e na minha época o telefone fixo – porque nem se pensava em celular, *internet, WhatsApp* etc. – valia tanto que era possível se negociar em compras de casa e carros e você pode estar pensando: "Nossa, que anciã!" Mas ainda estou na minha quarta década de vida e muita coisa mudou neste curto espaço de tempo.

É preciso estar consciente de que nem sempre acertamos na primeira tacada. Às vezes é necessário mudar a rota e ajustar o planejamento – que é sumariamente necessário, embora não seja o foco deste artigo – para se chegar aonde se quer. As coisas não são estáticas, nada na vida é permanente, tudo está em constante transformação, portanto, alie-se a mudanças ao invés de resistir a elas.

Utilize seus erros como professores.

Pare de se crucificar porque errou ou fracassou em algum momento em sua vida. Decididamente esse é um mecanismo infame e altamente destrutivo. Coloca-a(o) em posições vibracionais – também estudo e aplico Física quântica – muito empobrecidas. Você já ouviu falar no Mapa da Consciência do dr. David R. Hawkins apresentado no livro "*Power vs Force: The Hidden Determinantes of Human Behaviour?*" Ele, médico psiquiatra americano, pesquisou muito e elaborou uma escala de consciência que correlaciona os níveis mentais, emocionais e vibracionais com nossos processos de vida. E nesse estudo fica claro que se colocar em níveis de culpa, apatia, medo, tristeza ou vergonha gera uma carga energética baixa pouco capaz de elevar nossa autoconfiança e produzir novos resultados mais satisfatórios.

Por isso, quando você se deparar com um erro ou com um fracasso, sem se jogar permanentemente nos motivos, identifique a possível causa e pense: "Como posso fazer diferente?"

Faça o seu máximo sempre!

Mesmo naqueles momentos desafiadores, mais complexos, temidos e até desmotivadores, realize o que tiver de ser realizado com força total. Se você ainda não conseguiu alcançar o seu objetivo e sente-se desmotivada(o), saiba que a melhor forma para que você saia daí para um lugar melhor é dedicando-se com alegria, coragem e amorosidade, pois é nesses níveis – em referência ao Mapa da Consciência – que a vida nos apresentará novas possibilidades. Segundo a Física quântica, atraímos matérias de mesmo valor, sempre!

> "Aquilo que você valoriza e pelo que sente verdadeiramente em sua vida, seja o que for, aumentará!" (Srikumar Rao)

Deepak Chopra e Rudolph Tanzi, em sua publicação O Super Cérebro, afirmam que nosso cérebro está sempre à espreita de nossos pensamentos. O que ele ouve, ele aprende. Se nós lhe ensinarmos limitações, ele será limitado.

Tudo aquilo em que você colocar sua atenção, seja nos "problemas" e preocupações – que eu gosto de chamar de situações –, seja no que aconteceu ontem que não foi tão bom, seja no que vai acontecer amanhã, que será muito difícil – que eu gosto de falar: muito desafiador –, funcionará como uma lente de aumento: fazendo tudo ficar maior e perturbador, contaminando o que você estiver fazendo naquele momento.

E ainda, se você insistentemente ficar focando no que deu errado, sem conseguir partir para a solução, seu sistema límbico, que é a parte emocional do seu cérebro, pode entrar em alarme de perigo e toda a parte racional, que está localizada no córtex pré-frontal, não conseguirá lhe ajudar produzindo clareza de ideias sobre o que pode ser feito diante daquela situação desafiadora.

Srikumar Rao chama essa conversa interna destruidora de tagarelice mental e eu, particularmente, gosto deste termo e vou utilizá-lo aqui, como sempre uso em atendimentos, treinamentos e palestras. Somos incrivelmente tagarelas e vamos pensando, sem controle nenhum, nas falhas, erros e insucessos, e isso funciona como uma armadilha, porque aquilo que nossa mente consciente pensa e diz a mente inconsciente afirma como verdade e isso passa a ser sua realidade.

Lembrando que o cérebro não consegue distinguir entre fantasia e realidade, se você pensar agora que tem um elefante na sua frente comendo bananas, mesmo sendo uma informação surreal, a sua mente já produziu esta imagem.

Da mesma forma, se você ficar repetindo para si mesmo que é muito difícil, que no Brasil as coisas não facilitam a vida do empreendedor, que você não vai conseguir, é isso que sua mente irá produzir e nesse momento você estará, gradualmente, criando sua realidade no mundo das dificuldades.

Eu me lembro que ao realizar os primeiros eventos da Escola da Mente®, que eram e continuam sendo abertos ao público em geral, por alguns momentos eu ficava pensando, ativando a minha tagarelice mental: "Será que as pessoas virão? Será que eu vou conseguir falar tudo o que me propus? Será que vai dar certo?"

Para estancar essa tagarelice eu lanço mão de alguns recursos, usando meu poder de consciência, como por exemplo: "O que é realmente importante agora? O que eu quero verdadeiramente que aconteça?"

São indagações que fazem com que a parte racional do meu cérebro entre em cena e produza pensamentos mais dirigidos para aquilo que eu realmente quero que se materialize em minha vida.

Outro recurso importantíssimo, que eu não poderia deixar de lado, são as práticas meditativas. O que eu destaco aqui como mais evidente é o equilíbrio emocional, necessário para me resgatar, principalmente em momentos desafiadores e fazer com que a minha autoconfiança se evidencie, tornando-me mais apta a superar os obstáculos.

Outro fator que pode ser um impeditivo para a AUTOCONFIANÇA é em razão de que, na maioria das vezes, permanecemos na zona de conforto, que eu chamo carinhosamente de zona de desconforto, porque queremos agir diferente, queremos começar algo novo, queremos nos dedicar ao estudo, aos exercícios, a uma nova carreira profissional, a regular melhor nossa alimentação, mas continuamos do mesmo jeitinho de sempre.

E o que fazer para sair da zona de conforto? Há uma pílula mágica?

A saída é utilizar o que temos disponível: **o poder da consciência.**

Ter a consciência de onde estamos, o que estamos fazendo e sentindo, para onde queremos ir para dar os primeiros passos. Como? Arriscando mais! Sem medo de ser feliz... ou infeliz...

Nem sempre estamos conscientes do que estamos sentindo, pensando e, tampouco, temos a ideia bem definida sobre aonde realmente queremos ir. Isso até parece brincadeira, mas não é. É necessário reconhecer o que pensamos, questionar nossos sentimentos e crenças bloqueadoras, abrir espaço para novas reflexões e assim ter a oportunidade de ter novas e boas experiências, talvez nunca imaginadas antes.

Tanto a minha jornada pessoal, quanto o meu histórico profissional demonstram que as pessoas que conseguem ter mais autoconsciência, arriscar mais, dedicar-se com afinco, com boas doses de bom humor e jogo de cintura são as que mais alcançam os resultados desejados, o que contribui para reforçar sua autoconfiança.

E para que isso aconteça outra estratégia é fundamental: **responsabilizar-se pela sua vida!**

E eu me refiro a uma responsabilidade em nível integral, tanto pelas fortalezas, como pelas fraquezas. E neste ponto eu tenho comentado sobre um ocorrido em uma de minhas palestras quando uma pessoa que assistiu a minha apresentação sobre autoconfiança e automotivação, ao final, quando eu cheguei no ponto da responsabilidade, me perguntou:

"Mas eu já tenho muitas responsabilidades, terei que assumir mais esta?"

Puxa vida, a responsabilidade a que me refiro não é simplesmente ao fato de ser uma pessoa responsável por suas tarefas e funções sociais, mas, sim, a de assumir suas convicções, vontades, valores e projetos, independente da opinião dos outros ou das circunstâncias.

Assumir a responsabilidade vai te livrar da síndrome do coitadismo, que acontece quando temos um sentimento de autopiedade, culpando tudo e todos pelos nossos insucessos. Portanto, assuma suas convicções, para tudo há ônus e bônus. Mas, na balança da vida, nada melhor do que ser aquilo que você quer para alimentar sua autoconfiança!

> "Coragem não significa ausência de medo, mas a percepção que algo é mais importante." (Stephen R. Covey)

Sempre quando me refiro à **CORAGEM**, a tendência é que as pessoas logo pensem e comentem atos heroicos de alguém ou delas mesmas, mas eu acredito que ela está intrínseca no dia a dia das pessoas que arriscam, que apostam em suas vontades, que acreditam em seus sonhos.

O medo é um sistema natural do ser humano. Possuímos um setor em nosso cérebro, que é chamado amígdala cerebral, que funciona como uma sentinela psicológica. Em 1995, Daniel Goleman mostrou para o mundo através da teoria da QE – Inteligência Emocional, que esta é uma das partes responsáveis pelos sequestros emocionais, quando perdemos totalmente a capacidade racional diante de situações extremamente perturbadoras – quem é que já não passou por isso? O tempo inteiro a amígdala cerebral está rastreando o que pode ser ruim.

Então, como funciona: se, em algum momento da sua vida, você já empreendeu e não foi tão bem-sucedida, por diversas causas, como, por exemplo, seu sócio não correspondeu às expectativas, seu produto não foi aceito pelo mercado, seus fornecedores não cumpriam prazos etc., hoje, ao menor sinal "parecido" com algo do passado, todas as memórias rapidamente vêm à tona e, consequentemente, a tendência é transferir o sofrimento anterior para o agora. Mesmo que todas as condições sejam diferentes.

A vida, como um contrato de risco, é cheia de percalços e nos sujeita a tombos inesperados. O grande lance para quem quer ter sucesso como empreendedora é entender isso e estar disposta a entrar no jogo, equilibrando emoção e razão.

A maneira para estancarmos as "emergências emocionais" produzidas pela amígdala cerebral é ativar a parte racional do nosso cérebro – o córtex pré-frontal. Gosto de dar uma dica que aprendi com uma pessoa muito sábia – minha avó: PARA E PENSA! O funcionamento do córtex pré-frontal é mais lento do que o sistema límbico, que reage instantaneamente, por isso, precisamos treinar nossa mente para se acalmar e se controlar diante de situações muito conturbadas.

E o que ganhamos com isso?

Equilíbrio entre emoção e razão, evitando os exageros temerosos, aumentando a coragem para seguir adiante e produzindo iniciativa para agir.

> "Aprender a produzir com os elementos que temos à mão é uma questão de inteligência." (Marina Thomaz)

Eu gostaria de propor um exercício para você:
- Pense em algo que queira realizar em curto prazo.
- Defina, no mínimo, os três primeiros passos necessários para o seu projeto.
- Reflita se esses passos são factíveis.
- Se encontrar dificuldades, divida-os em passos menores.
- Reflita: se eu pudesse realizar o primeiro passo agora, eu conseguiria?
- Se a resposta for não, pergunte-se: por quê? A resposta precisa ser breve e objetiva.
- Se a resposta for sim, FAÇA JÁ!

Para você que respondeu que talvez não consiga, investigue os pensamentos impeditivos. Eles podem ser crenças bloqueadoras e, nesse caso, precisam ser ressignificadas.

Como por exemplo: "Eu não conseguirei porque não tenho habilidades suficientes, porque não sei como começar, porque as coisas estão muito difíceis, porque não tenho dinheiro, porque não sei ao certo se é isso que eu quero".

Veja bem, independente se essas ideias já sejam realidade ou não, se continuarem na sua mente, certamente se tornarão cada vez mais concretas e aí você vai apenas confirmar o seu próprio pensamento realizador.

E nem sempre podemos ter controle sobre tudo que nos acontece, mas SEMPRE teremos controle sobre COMO REAGIR a tudo que nos acontece.

Romper com essas ideias bloqueadoras é fundamental para produzir iniciativa. Roberto Shinyashiki, em suas palestras, as chama de certezas absolutas. Se você tem certezas absolutas sobre algo de forma negativa e precisa disso para construir o seu projeto de vida, o seu empreendimento, duvide! Abra sua mente para vislumbrar novas alternativas, duvide sempre dos seus próprios impedimentos e não desista de encontrar uma nova solução para velhos problemas.

A minha intenção com este texto não é esgotar o assunto sobre AUTOCONFIANÇA, CORAGEM e INICIATIVA, mas, sim, trazer boas reflexões de forma simples, que possam contribuir com sua jornada rumo ao sucesso!

Nunca deixe que a opinião dos outros sufoque seus sonhos. Afinal, somos todos merecedores do melhor que a vida pode nos oferecer!

REFERÊNCIAS BIBLIOGRÁFICAS

COVEY, Stephen R. As 3 escolhas para o sucesso – Princípios eternos para você se tornar uma pessoa mais produtiva e feliz. Rio de Janeiro: Vida Melhor Editora S.A., 2013.

CHOPRA, Deepak; TANZI, Rudolph E. Supercérebro: como expandir o poder transformador da sua mente. São Paulo: Alaúde Editorial, 2013.

GOLEMAN, Daniel, pPhD. Inteligência Emocional: a teoria revolucionária que define o que é ser inteligente. Rio de Janeiro: Objetiva, 2012.

GOLEMAN, Daniel. PhD. Foco: a atenção e seu papel fundamental para o sucesso. Rio de Janeiro, 2014.

HILL, Napoleon; STONE, W. Clement. Atitude mental positiva. Porto Alegre: CDG, 2015.

RAO, Srikumar S. Você está preparado para o sucesso? Descubra o caminho para se tornar uma pessoa iluminada. Rio de Janeiro: Elsevier, 2006.

TOLLE, Eckhart. O poder do agora: um guia para a iluminação espiritual. Rio de Janeiro: Sextante, 2002.

WEBB, Liggy. Como ser feliz: maneiras simples de desenvolver confiança e resiliência para se tornar uma pessoa mais feliz e saudável. São Paulo: DVS Editora, 2014.

HAWKINS, Dr. David R. Map Of Consciousness. The Institute for Spiritual Research, Inc. Veritas Publishing, 1995-2011.

SHINYASHIKI, Roberto. A coragem de confiar. O medo é seu pior inimigo. São Paulo: Editora Gente, 2009.

28
EMPREENDEDORAS DE ALTA PERFORMANCE

Luciana Augusto Guimarães

Luciana Augusto Guimarães

É fundadora e diretora executiva da Integra Medical, empresa do ramo da saúde, responsável pelo suporte a mais de 1 milhão de pessoas com doenças crônicas e de alta complexidade. Atualmente, vem se dedicando à sucessão da empresa, vendida no ano passado para a AmerisourceBergen, 2º maior grupo de saúde do mercado americano, com faturamento anual de cerca de US 150 milhões de dólares, e ao desenvolvimento de novos negócios que sejam inovadores e de alto impacto para as pessoas. É formada em Publicidade e Propaganda com formação em Coaching pela SBC, diversos cursos desenvolvidos na área de autoconhecimento; tem o empreendedorismo na sua trajetória profissional, com mais de 25 anos de experiência na criação de serviços e gestão de negócios. É empreendedora Endevor, a maior organização de apoio a empreendedorismo e empreendedores de alto impacto no Brasil.

luciana@integramedical.com.br

Vamos em frente... Sucesso!

Quando paro para relembrar e entender um pouco mais da minha história, vêm à mente momentos de que não tenho dúvidas que desde menina já me encaminhariam para o caminho do empreendedorismo.

Sempre fui motivada pelo relacionamento com as pessoas e desde quando cursei a escola primária (naqueles tempos ainda no colégio estadual) já me via à frente dos grupos, integrando as pessoas, conduzindo times em um dos meus prazeres que era a quadra de voleibol. Ainda me lembro de que a pura satisfação era movimentar as pessoas em prol do mesmo objetivo.

Os anos passaram e algo ainda estava para vir... Aparentemente uma curiosidade nata e uma força inexplicável para realizar. Após muito aprofundamento sobre minha essência, sei que realizar é um dos maiores propósitos que me move.

Com 14 anos, abri mão de todos os momentos que uma adolescente habitualmente vive para ingressar na pequena empresa da família, que havia sido fundada com apoio de investidores estratégicos. Nessa altura, meu pai, um homem muito batalhador e experiente no segmento farmacêutico, foi quem abriu as portas da nossa vida para essa brilhante experiência de construção.

Eu, em vez de aplicar meu tempo nas tardes de estudo, ou conversas gostosas com meu grupo de amigas, já me encantava ao querer entender a necessidade das pessoas que passavam por uma situação de doença em família. Como aquilo me tocava!

Mesmo sem entender tudo isso e ainda desconhecer os caminhos que me levariam à minha história, me deslocava do colégio rumo ao escritório, para ali iniciar minha carreira profissional como recepcionista. Como era desafiante e motivador quando aquele telefone tocava!

A atenção com as pessoas e o prazer de servir também eram traços fortes da minha pessoalidade e os relacionamentos que até então eram puramente comerciais, em grande parte das vezes, evoluíam para uma relação de amizade e confiança mútua.

Estávamos em 94, quando eu, já promovida para a área de vendas da distribuidora, tive uma reunião em família para decidir a compra da empresa. Mas como? Não temos dinheiro... Como vamos pagar? O que faremos? Não sei. Daremos um jeito. Vamos em frente!

Palavras que nos impulsionaram e que nos levaram à aquisição de 100% do nosso negócio. Grande conquista! A essa altura, do ponto de vista do mercado havíamos desenvolvido algo inovador. A primeira distribuidora de medicamentos especializada na distribuição de medicamentos oncológicos.

A causa sempre foi algo muito forte. Fazer a diferença na vida das pessoas e poder ajudar de alguma forma um paciente a obter melhores condições no seu tratamento era algo que fazia meu coração palpitar.

Já nessa altura e na mesma proporção de entusiasmo, fui me desenvolvendo profissionalmente. Incontável o número de palestras, de leituras, de busca, que me envolvia nesse mundo e que já me despertava para a posição de gestão.

Onze anos permanecemos à frente dessa estrutura até que definimos pela venda da empresa e a aposentadoria dos meus pais. Mas como? Aonde encontrar alguém que possa assumir nosso negócio e perpetuar a nossa empresa?

Desafios sempre me moveram. Muita atenta às oportunidades, listei as empresas do setor e como prospectar um cliente, saí em busca desse potencial comprador. O "não" nunca foi um motivo para limitar realização dos meus objetivos. Lembro-me de que após alguns anos um grande mentor que me auxiliou em muitos questionamentos profissionais reforçou minha intuição: "O 'não' você já tem, Luciana, sempre tentar, nunca desistir!"

Surpreendentemente a venda da empresa ocorreu em menos de um mês de negociações. Meta alcançada.

Meus pais já preparados para esse momento, finalmente já podiam curtir mais a vida e desfrutar das conquistas obtidas em todos aqueles anos de trabalho.

Eu permaneci na empresa e tive a oportunidade de ampliar minha visão administrativa ao ser líder de uma área em uma empresa que naquele momento tinha dez vezes o tamanho da nossa. Período de muito crescimento e mais aprendizado. Foi nesse período que lidei com as objeções de ser mulher à frente dos negócios.

Eu, com 30 anos, a única mulher em um corpo diretivo formado apenas por homens mais maduros e experientes na área, encarava cegamente qualquer desafio que poderia surgir nesse novo caminho. Confesso que a força interna, a humildade para saber conviver nesse meio e a forte resiliência, que é um traço marcante da minha personalidade, me fizeram viver esses dois anos de aprendizado com muita sabedoria, para então partir para o novo empreendimento.

E foi nesse momento, por um feliz encontro da vida, que a ideia de criar algo próprio, dessa vez associada à minha melhor amiga de infância, bateu a minha porta.

2005...

O que podemos fazer para ajudar os pacientes a ter um melhor acesso ao tratamento?

– Doutor, o que você acha que devemos criar para ajudar seus pacientes no dia a dia?

– Meu amigo, quando você vai ao médico com um sintoma e recebe uma prescrição médica, você, habitualmente, realiza o tratamento corretamente.

Perguntas que faziam parte do nosso discurso e a curiosidade e inquietude para identificar onde seria o acerto para o novo empreendimento que viria.

Nessa altura não foi a construção de um plano de negócios que direcionou nossas iniciativas. A inquietude, o forte relacionamento com o mercado, a criatividade e o poder de execução nortearam nossos passos e criaram a nossa própria metodologia para gerir o negócio.

Sucesso!

Lembro-me do primeiro brinde... Ainda em copo de plástico, celebrando a conquista do nosso primeiro cliente. Novartis.

Vamos pagar para trabalhar. Mas o que importa? É nosso momento. Vamos investir. Com eles vamos aprender o que devemos fazer para nos estruturarmos e partirmos para o nosso mercado.

Foi assim que tudo começou. Uma grande causa aliada à junção de pessoas com o mesmo propósito construíram mais uma história de sucesso.

Foram mais dez anos, mais de 1 milhão de pessoas assistidas pela nossa estrutura, até que em outubro de 2015, indo ao encontro da visão sobre a necessidade de expansão e sustentabilidade do nosso negócio, vendemos a nossa empresa ao maior grupo de saúde dos Estados Unidos.

Essa é mais uma história que merece um capítulo à parte, da grande experiência de vida que me trouxe.

Quando paro para pensar, me vejo em uma história real de mulheres empreendedoras que superaram todos os desafios de gerir casa, família, marido, escola, saudade em prol de uma missão que foi escolhida por nós.

Agora, em um novo momento, nossas mentes não param imaginando o que virá. Com certeza, nada nos fará parar.

Vamos em frente!

Sucesso...

Para novos sonhos... Sempre!

EMPREENDEDORAS DE ALTA PERFORMANCE

29

Manuella Curti de Souza

Manuella Curti de Souza

Graduada em Direito pela Pontifícia Universidade Católica de São Paulo (PUC-SP), iniciou a carreira como advogada, fundando o seu próprio escritório de advocacia em 2009. Atualmente é diretora geral do Grupo Europa – Purificadores de Água, empresa brasileira líder no segmento de purificação de água residencial. Pós-graduada em Administração de Empresas pelo Insper/SP, concluiu o curso de conselheira de administração no IBGC em 2014.

(11) 2423-2500
www.europa.com.br
mcs@europa.com.br

Acredito que a vida seja o conjunto de ciclos sucessivos encadeados por processos de transformação de naturezas diversas. Estamos expostos a todo momento a mudanças constantes propostas pelo mundo externo tanto quanto estamos vulneráveis às nossas mudanças internas. Esse fluxo contínuo de transformações que ora se complementam e constroem pontes, ora se chocam e geram crises que nos levam aos nossos limites, exigindo-nos coragem para sermos os protagonistas do processo de mudança que deve ocorrer naquele momento.

Aos 26 anos fui presenteada pela vida com acontecimentos naturais nada fáceis de serem digeridos. Em menos de um ano, todas as circunstâncias da minha vida pessoal e profissional mudaram e me vi desafiada a tomar atitudes e gerar movimentos a partir de mim mesma com o apoio e a experiência de pessoas muito especiais que encontrei pelo caminho.

Essa história teve início em 1984, quando tive a honra de nascer filha de Dácio Múcio de Souza, empreendedor carismático e inspirador que em março do mesmo ano fundou, junto com Antonio Carlos Camargo, a Europa – Purificadores de Água, empresa 100% brasileira, pioneira e líder em purificação de água residencial. Minha mãe, Sueli Curti, mulher forte, guerreira e hábil, sempre foi indispensável ao sucesso de meu pai como empreendedor e, por consequência, do negócio fundado por ele.

Eu e meus irmãos crescemos "dentro" do negócio e meu pai, totalmente dedicado e entregue ao que fazia, muitas vezes nos dava a sensação de que todos nós éramos parte de uma grande família, chamada Europa. Cresci tendo pouca convivência com meu pai, que passava a maior parte do seu tempo na empresa. Quando completei 15 anos, fomos surpreendidos com o diagnóstico de que em seu pulmão havia um tumor e na cabeça mais três, totalizando quatro tumores cancerígenos malignos. No mesmo dia em que fez os exames, meu pai já não saiu do hospital, passou por cirurgias delicadas e a partir daquele momento um novo ciclo se iniciou.

Apaixonado pela vida, pelo trabalho e pelas pessoas, meu pai, desenganado pelos médicos no momento de seu diagnóstico, teve 11 anos de sobrevida. Passou por outros diversos tumores, viveu uma vida muito próxima do normal, dedicando-se ao que amava, trabalhava em média oito horas por dia, entre uma quimioterapia e outra. Exemplo de força, fé, determinação, foco e amor, pude aprender com ele sobre o potencial que todos os seres humanos têm de transformar o que quer que seja a partir de pequenas atitudes e hábitos.

A vida seguiu, me formei em Direito e, após trabalhar em escritórios de advocacia, trabalhei por um período na área jurídica da empresa e em seguida abri meu próprio escritório, tendo a Europa como meu primeiro cliente. Em paralelo, meus irmãos mais velhos trabalhavam na empresa, cada um em uma ocupação diferente.

Após o Natal de 2009, na madrugada do dia 27 fomos surpreendidos com a morte violenta e abrupta de meu irmão Dácio Jr., que estava sendo preparado para dar continuidade à empresa fundada por meu pai. Após o ocorrido, Dácio pai, que durante 11 anos lutou e venceu mais de dez tumores, não resistiu à perda do filho e, após seis meses, em julho de 2010, partiu.

A partir desse momento um novo ciclo se iniciou. Fui nomeada formalmente como diretora geral do Grupo Europa em março de 2011 e desde então ocupo essa posição e tenho como principal missão dar continuidade ao negócio que gera mais 5.000 empregos diretos e indiretos e que contribui ativamente para a melhoria da água de mais de 20 milhões de brasileiros.

Iniciamos um lindo processo de transformação que tem sido significativo para a empresa e para mim. Entendemos que este, para que se perpetue no tempo e seja genuíno, deve nascer de forma participativa, planejado e executado diária e constantemente por um time multidisciplinar que acolhe colaboradores antigos e novos e contempla a maior diversidade possível.

Ao longo dos últimos quase seis anos, implantamos um Conselho Consultivo tendo a presença de um conselheiro independente que nos ajuda a olhar para fora e de fora para dentro. Essa medida foi fundamental para percebermo-nos no todo com um olhar mais fresco e sem viés sobre nós mesmos, o que nos oportuniza promover mudanças necessárias nos momentos adequados.

Aliás, entendo que a busca constante e incessante por aprendizado e renovação é condição de existência e desenvolvimento nos dias de hoje. Não sei como a empresa estaria se eu não tivesse aprendido tanto com tantas pessoas inspiradoras e altamente competentes, de dentro e de fora da organização. Portanto, é indispensável se cercar de pessoas fantásticas.

Sonhar com algo e acreditar nele é um bom início, mas só isso não paga as contas e não promove crescimento consciente e sustentável. É preciso uma boa dose de ousadia, coragem e perseverança para que um negócio se sustente e cresça no Brasil. Por isso, foco e energia com excelência na execução e orientação para as pessoas é fundamental. Quando falo pessoas, falo de toda a comunidade afetada pela marca (sócios, fornecedores, colaboradores, distribuidores, revendedores, vendedores etc.).

Trabalhar o olhar que lançamos sobre as oportunidades e desafios é essencial para que haja o engajamento do time. Comemorar as pequenas vitórias nos fortalece no dia a dia, pois passamos a enxergar o movimento com mais clareza. O ritmo estabelecido pela liderança acaba ditando o passo da organização em relação ao seu crescimento e desenvolvimento.

Como ponto principal, aprendi que um bom plano é indispensável, mas absolutamente nada se constrói sem uma equipe forte, engajada em um propósito poderoso, regida por valores claros e que alimenta o diálogo no dia a dia, mantendo a comunicação transparente e constante.

No momento em que a maioria das grandes oportunidades aparece em nossas vidas e estamos abertos a percebê-las, pensamos ou sentimos que não estamos preparados. Isso porque aprendemos a ser exageradamente exigentes conosco mesmos, buscando sermos perfeitos no que fazemos. Quando isso acontece, existem grandes chances de nos autossabotarmos para não aceitarmos o que a vida está nos apresentando e criamos infinitas justificativas para nos manter na inércia. Não podemos deixar o medo do fracasso nos paralisar. Ele existe para nos manter a salvo dos grandes perigos da vida e não para nos roubar as possibilidades de sermos felizes e realizados. Ao longo do caminho muitos dirão que não é possível, não é viável, que é loucura. Esteja preparado para transformar essas palavras em alimento que nutra a sua paixão de perseguir o que você acredita de verdade.

Nosso desafio aqui na Europa é imenso. Nossas oportunidades ainda maiores. Isso porque o assunto com o qual lidamos é água e acredito que esse seja um tema relevante e de interesse geral, já que água é vida. Talvez a maioria das pessoas não saiba, mas o mundo está enfrentando atualmente uma grande crise hídrica em razão da poluição, crescimento populacional e mudanças climáticas, o que faz com que quase dois bilhões de pessoas vivam em regiões do planeta que apresentam estresse hídrico. Estima-se que até 2025 dois terços da população mundial enfrentará a escassez de água, o que pode se dar não só pela falta do recurso, mas também pelo significativo aumento dos níveis de toxicidade, já que 90% da água residual produzida nos países em desenvolvimento é lançada, sem tratamento, em rios, riachos e costeiras locais.

A Europa não faz água, transforma-a. Buscamos todos os dias transformar a água por meio do nosso produto, a nós mesmos por meio do nosso trabalho e exercendo a nossa melhor versão, o mundo ao nosso redor propondo-nos a pensar e desenvolver soluções relevantes que sirvam à sociedade em geral e auxiliem na manutenção da vida.

O mundo de hoje nos exige adaptação e flexibilidade o tempo todo. Os ciclos são necessários para que a renovação aconteça. "Ao fim de cada ciclo as árvores se desenvolvem, animais ganham nova pelagem e todas as criaturas vivas se renovam com o nascimento de novos indivíduos da sua espécie." (Roberto Otsuo)

Aprendi que na jornada da vida não controlamos nada do que pensamos que controlamos. Absolutamente tudo é impermanente. Apesar da necessidade de adaptação todo o tempo, é preciso ficar presente em si para não se perder do propósito maior de estarmos aqui. Tantas coisas acontecem no frenesi do dia a dia que só nos desviam do caminho que desejamos trilhar.

A vida é o resultado de ciclos que se compõem de um conjunto de escolhas. Temos escolhas a todo tempo e cabe a nós, totalmente presentes e íntegros, nos responsabilizarmos pelo caminho e transformações que estamos dispostos a sofrer ou promover.

Aprendi que o caminho nos traz mais alegria que o destino. Às vezes, obcecados por ele, que tantas vezes parece ficar cada vez mais longe, já que as construções culturais de nossa sociedade nos impõem metas e resultados cada vez maiores, perdemos a chance de desfrutar do processo maravilhoso que é a vida. O caminho se faz ao caminhar. Portanto, desejo que possamos continuar caminhando e transformando-nos para que possamos transformar. Que estejamos conectados à nossa verdadeira essência, que nos guia confiantemente pela trilha única de nossa jornada. Desejo que todos os dias estejamos dispostos a protagonizar a nossa vida e que ela seja um legado positivo para o mundo.

EMPREENDEDORAS DE ALTA PERFORMANCE

30

Maria Claudia Villaboim Pontes

Maria Claudia Villaboim Pontes

Farmacêutica formada pela USP, pós-graduada em Marketing pela ESPM, MBA em Comércio Internacional pela USP, especialização em Finanças pela USP e curso de Governança pelo IBCG.

Vinte e dois anos de experiência e empreendimentos no mercado farmacêutico brasileiro e na América Latina conduzindo seis novos projetos de start up e dois processos de turnaround.

Trabalhou na Natura, Haarman & Reimer, Laboratórios Biosintética, Sanofi-Aventis e Medley.

Atualmente é a CEO da Weleda do Brasil, empresa suíça de medicamentos antroposóficos, de cosméticos naturais e orgânicos.

(11) 99266-7032
mariaclaudia.pontes@weleda.com.br

Quem cedo madruga...

Acho que cheguei ao mundo com pressa de dar certo: tirei o médico da cama na madrugada de uma segunda-feira e nasci, em ponto, às cinco da manhã, no centro do Rio Janeiro. Não sei se os astros explicam, mas sou ariana até na ascendência e na Lua. Já os chineses dizem que sou cachorro, e de metal. E o que isso significa, afinal de contas? Ainda estou tentando descobrir...

Disposição para desbravar, coragem para enfrentar o desconhecido e intuição para enxergar boas oportunidades talvez sejam alguns dos créditos que espero que vocês me confirmem ao lerem esta retrospectiva. O exercício me custou umas semanas de reflexão e autocrítica. Desejo que o resultado possa ser útil para quem está na estrada há menos tempo ou decidiu mudar o rumo da sua.

De meus pais, herdei duas convicções que me acompanham até hoje: a importância da educação e o valor do trabalho. Também aprendi que gentileza e humildade são sinais de respeito e aprendizado, jamais de subserviência.

Das mulheres da família, determinadas e muito fortes, aprendi que independência financeira e pessoal não acontecem sem suor e muita dedicação. E as dificuldades nunca foram justificativas aceitáveis para não seguir em frente.

Ainda menina, sonhava em poder mudar o mundo ou, ao menos, o meu País. Ficava incomodada de ver, principalmente, crianças menos favorecidas financeiramente perambulando pelas ruas sem rumo ou perspectiva. Acho que esse inconformismo esteve impregnado e subjacente na minha trajetória até aqui: não quero somente ganhar dinheiro e ser reconhecidamente bem-sucedida, quero, também, fazer alguma diferença para as pessoas que encontro pelo caminho.

Boa aluna, comecei a dar aula particular de Matemática aos 11 anos. Aos 15, me encantei com História. Mas foi a paixão instantânea pela Química, aos 16, que me fez decidir por Farmácia e Bioquímica. Com a cara e a coragem – que só uma pós-adolescente de 17 anos poderia ter – deixei a casa dos meus pais para vir morar sozinha em São Paulo. Mais uma vez, o espírito irrequieto precisava de mais atividade que o curso de Farmácia, já bem puxado e de tempo integral, exigia de mim. Achei tempo de estudar alemão à noite e, nos finais de semana, ainda corrigia provas de cursinho para ganhar uns trocados.

No último ano da faculdade, passei a estudar no período noturno e arranjei meu primeiro emprego, como atendente de farmácia. Limpar as caixinhas de medicamentos, organizar prateleiras, servir café e atender os clientes me deixaram duas lembranças marcantes: o valor do trabalho, seja ele qual for, e os pés inchados pelas longas horas atrás do balcão.

Seis meses mais tarde, consegui um estágio em uma grande empresa de cosméticos, na área de Garantia de Qualidade. Além de ganhar crachá como efetiva no ano seguinte, descobri a minha capacidade (e o prazer) de identificar cheiros. Mal sabia o quanto a perfumaria iria influenciar a minha carreira.

E, mais uma vez, a sede incontrolável de viver experiências novas me levou a concorrer a uma bolsa internacional em uma escola de intercâmbio em São Paulo. Foi assim que eu quase matei a minha família de susto: aceitei um convite para estagiar em uma casa de perfumaria em Zagreb, na Croácia, país que estava acabando de sair de uma guerra. No mesmo dia em que o Brasil foi tetracampeão, embarquei atrás de um sonho, sem (muito) medo do desconhecido.

De volta ao Brasil, consegui de cara um emprego de avaliação olfativa, graças à indicação de um vizinho, que conhecia minha história. Não parei por aí. Seis meses depois, já estava em outra casa de perfumaria alemã, bem maior. Dessa vez, a indicação veio de um cliente que enxergou meu potencial, apesar de nem me conhecer direito. Às vezes, achamos que ninguém está prestando atenção em nosso trabalho. Não se engane, pois sempre tem alguém observando como você atravessa a correnteza. Por isso, não deixe de entregar o melhor, sempre.

Sim, é possível empreender dentro de uma organização

"Empreender é saber identificar oportunidades
e transformá-las em negócios lucrativos."

Quando iniciei na multinacional alemã, como avaliadora olfativa, tive o privilégio de trabalhar com uma grande chefe e mentora: inteligente, organizada e muito exigente, também foi muito generosa nos seus ensinamentos. Sou muito grata a ela pela paciência e por me desafiar a ser melhor todos os dias.

Neste período, senti que deveria continuar investindo na minha qualificação e decidi fazer minha primeira pós-graduação em *Marketing*. A experiência me rendeu outra descoberta importante: o faro para enxergar boas oportunidades e desenvolver novos negócios. Na ESPM, fiquei conhecida por fazer pesquisas de avaliação olfativa com os colegas e concorrência com a cantina. Para ganhar uma graninha extra, vendia chocolates para a turma.

Graças ao sucesso alcançado em projetos com a Natura, Avon, Boticário e Unilever, o chefe-do-chefe-da-minha-chefe (ufa) me convidou para desenvolver o mesmo trabalho na área de aromas. Foi assim que me tornei, aos 27 anos, gerente de *marketing* de uma multinacional alemã.

O salário era bom e o cargo também, eu estava muito feliz. Mas o tal espírito empreendedor queria dar saltos mais emocionantes e eu não resisti: aceitei o convite de um laboratório farmacêutico nacional, de médio porte, para montar uma nova área de negócios, com foco em cosméticos (novamente, indicação de uma amiga querida). E, apesar de não saber nada de mercado farmacêutico, topei o desafio.

Nos primeiros meses, dediquei-me a aprender, ouvir e questionar o negócio. Meus chefes (pai e filhos) eram empreendedores visionários e muito respeitados. Em menos de um ano, em 1998, lançamos a primeira linha de dermocosméticos do mercado brasileiro, uma parceria com um grande laboratório francês. Posso dizer que foi a minha estreia como empreendedora.

As muitas viagens à França para encontrar nossos parceiros me mostraram a necessidade urgente de aprender o Francês. Nos negócios, acho fundamental falar a mesma língua, em todos os sentidos. Em uma dessas idas e vindas, descobri outro laboratório francês, que tinha uma toxina botulínica em seu portfólio. Fiquei logo interessada pelo produto e no seu potencial de mercado. Na cara de pau, consegui agendar uma reunião com eles.

Depois de algumas reuniões e muita troca de *e-mails*, consegui convencê-los a nos licenciar a marca e o produto para o Brasil. Meu chefe concordou, ainda sem saber no que daria a novidade. Quase dois anos depois, lançamos o produto com enorme sucesso: além do uso clínico, o produto é hoje amplamente usado em estética. Nascia meu "segundo empreendimento".

Com os resultados obtidos na dermatologia, meu chefe me convocou para "dar uma força" na estruturação de um novo negócio. Dizia ele que não iria me tomar muito tempo e sequer sabia se daria certo. O nome do projeto era "Medicamentos Genéricos".

A lei acabara de ser publicada e, no início de 2000, já tínhamos alguns produtos para lançar. Precisávamos trabalhar rapidamente em um plano estratégico de comunicação e de venda.

Até então, ninguém tinha a menor ideia do que viria a ser esse mercado. Graças ao forte impulso do governo, combinado com o apoio do varejo e o aval da classe médica, o segmento de genéricos tornou-se um sucesso instantâneo e continua crescendo de forma sustentada até hoje.

Para responder às exigências desse novo mercado, nós precisávamos continuar lançando produtos para atender às expectativas dos clientes e pacientes. A demanda crescente me obrigou a aprofundar meus conhecimentos sobre desenvolvimento de produto, a buscar mais inovação e a fazer parcerias estratégicas. Nesse admirável mundo novo era preciso entender os novos desafios regulatórios, repensar a cadeia logística e desenvolver uma nova lógica para gerenciar os projetos. Para dar conta desse novo e complexo universo de negócios, decidi cursar um MBA em Comércio Internacional. Valeu o esforço: aos 34 anos de idade, tornei-me diretora da Unidade de Negócios Genéricos, acumulando as responsabilidades de diretora comercial dos demais negócios da empresa.

Para mim, esse terceiro grande desafio foi, de longe, o maior empreendimento que já tive a oportunidade de liderar. Esse projeto, além de representar um marco na minha carreira, me proporcionou uma satisfação especial como cidadã. Tive a oportunidade de contribuir para algo maior, que permitiu a milhões de brasileiros terem acesso a medicamentos de qualidade e preços mais acessíveis.

Em cinco anos, a empresa tornou-se a terceira de genéricos do Brasil, o que despertou logo o interesse de outros grupos. E, em outubro de 2005, a empresa foi vendida e eu, bem... Apesar das oportunidades oferecidas pela nova organização, vocês já podem adivinhar que meus olhos sempre brilham mais diante do desconhecido.

E lá fui eu embarcar em outra aventura, desta vez a bordo de uma empresa multinacional interessada em participar do mercado global de genéricos. A oportunidade de ganhar experiência em uma empresa de grande porte e de liderar projetos de maior alcance falaram mais alto.

No começo, eu me senti um pouco como um peixe fora d'água, mas aos poucos conquistei o respeito e a confiança de meus chefes e pares. Em dois anos, apoiada por uma equipe altamente qualificada, conseguimos lançar mais de 20 novos genéricos, além de ganhar vários prêmios de performance. O quarto empreendimento já tinha certidão de nascimento, mas ainda havia muitas terras para conquistar.

O time, muito motivado, passou a coordenar o desenvolvimento de novos produtos e o gerenciamento de portfólio de toda a empresa no Brasil. Cuidávamos, em média, de 50 projetos simultâneos, desde extensões de linha de marcas consagradas até a incorporação de uma nova categoria de alimentos funcionais conhecida como nutracêuticos. Esse meu quinto empreendimento, que começou localmente, converteu-se em investimento mundial do grupo, graças à iniciativa da equipe brasileira.

Em 2009, finalmente, o nosso grupo decidiu comprar a maior empresa de genéricos do Brasil, tornando-se líder desse segmento no País. Participei da aquisição e integração desse projeto e esse novo negócio tornou-se um sucesso para o grupo. No ano seguinte, a alta gestão da empresa decidiu iniciar a expansão da marca e do negócio para outros mercados da América Latina. Fui convidada a liderar o projeto "Genéricos na América Latina" e acho que não preciso dizer que tive um prazer enorme de participar dessa saga.

Em apenas dois meses, montei uma equipe multidisciplinar e multicultural: uma experiência incrível. Precisei viajar muito para aprender in loco as peculiaridades de cada país. As características dos diferentes mercados, as exigências regulatórias, mas, principalmente, as questões culturais. Aprendi muito com meu time e, em troca, procurei dividir com eles a minha experiência. Esse espírito de time foi essencial para montar uma estratégia vencedora na região. Os resultados me permitiram emplacar o sexto grande empreendimento de minha carreira: levar uma marca reconhecida de genéricos no Brasil para vários países da América Latina.

Percorrendo comigo esses anos todos, você pode achar que a estrada não tinha curvas fechadas, subidas difíceis ou descidas abruptas. Mas a verdade é que, muitas vezes, bate solidão, insegurança e medo de errar. Ninguém gosta muito de contar ou prefere esquecer o que deu errado ou que não trouxe o resultado esperado. E a angústia não vem só no plano profissional. Quando recebi o convite para assumir essa última missão, tinha acabado de ter meu primeiro filho, aos 38 anos, e queria muito acompanhar o crescimento do meu pequeno. Apesar da dúvida e do coração apertado, sabendo que passaria muito tempo em viagens, acabei aceitando a empreitada, com medo de perder uma grande oportunidade de empreender e para minha carreira.

No final de 2012, iniciamos uma negociação para adquirir outra empresa de genéricos na região. Nesse período, as viagens aumentaram bastante, me deixando muito tempo longe de casa. Para complicar, desenvolvi uma síndrome de pânico de avião, seguida por uma crise forte de diverticulite. Em 2013, com a conclusão da compra da nova empresa, tive a certeza de que não queria morar no Exterior nem continuar viajando frequentemente.

Quando me perguntam quais são os "telhados de vidro" para ascensão de mulheres a cargos executivos, logo penso no quanto estamos dispostas a abrir mão do convívio de nossas famílias. As empresas, ainda em sua maioria, adotam processos e rotinas que consomem um tempo precioso dos profissionais, sem que esse tempo seja necessariamente produtivo. Quantas horas perdemos em reuniões intermináveis, apenas para buscar um suposto consenso sobre decisões já tomadas? Quantas vezes perdemos tempo opinando sobre assuntos que deveriam ser decididos, com mais propriedade, pela área competente?

Tenho observado, com esperança, o esforço que uma nova safra de empresas tem feito para permitir que seus colaboradores consigam equilibrar melhor a vida pessoal e profissional. Continuo acreditando que a receita mais segura para o sucesso é fazer o que se gosta na organização com a qual você se identifica, em valores e propósito.

E, por causa da vontade de passar mais tempo com a minha família, decidi aceitar, prontamente, o convite para voltar à filial brasileira e participar de uma missão muito complexa: a de fazer um "*turnaround*" da operação brasileira de genéricos, a maior da região. Vocês achavam mesmo que eu só estava buscando sombra e água fresca?

A oportunidade de voltar a pôr a mão na massa foi maravilhosa, mas os desafios me custaram muitas noites de sono! A empresa ficava fora de São Paulo e a dedicação era total. Saía de casa às seis da manhã e voltava às nove da noite. A luz do dia, eu só conseguia ver da janela do escritório. Foram dois anos de loucura, mas conseguimos reverter a situação. Participar de um projeto tão complexo me deu de brinde um diagnóstico de *burnout* e outra crise de diverticulite. Mas a experiência foi única e inesquecível e eu faria tudo de novo!

Repensar a vida, repor as energias e ganhar fôlego para novos voos

Melhorar a qualidade de vida e transferir o tempo gasto nas estradas para minha família e equipe foram os bons motivos que me fizeram mudar para o Interior, no início de 2015. Mas a vida nem sempre nos entrega o controle das mudanças de itinerário. É preciso saber reconhecer a hora de repor as energias, para não perder o brilho nos olhos e a capacidade de desafiar e continuar a fazer diferença, no plano profissional e pessoal.

Devido a algumas mudanças ocorridas na organização, entendi que era a hora de encerrar um ciclo e de me conceder uma parada, um sabático: precisava de um tempo, para repensar o percurso e resgatar a essência que tinha me trazido até aqui. Queria desfrutar prazeres simples, como pegar meu filho na escola, frequentar a academia que paguei tantas vezes e nunca consegui frequentar. Enfim, ver a luz e sentir o calor do dia do lado de fora, sem janelas.

Porém um "empreendedor" não resiste a uma "bela oportunidade" e logo fui outra vez sequestrada pela obstinação de criar e de construir algo diferente: não tive como recusar a proposta de dirigir uma empresa de cosméticos orgânicos, de produtos naturais e medicamentos antroposóficos. Não sei fazer nada sem paixão, mas esse novo desafio não me dá apenas uma nova oportunidade profissional e de empreendedorismo. Ele me dá um propósito maior, que é continuar trabalhando pela saúde e pelo bem-estar das pessoas, de maneira mais harmoniosa e sustentável com o meio ambiente e com os valores que comungo. E lá vou eu, iniciando mais um "empreendimento".

Mensagens finais

Entender que a vida é feita de ciclos e que há um tempo certo para tudo é uma dádiva que só enxergamos depois de algum tempo na estrada. Aceitar essa sequência de forma serena ajuda a superar as barreiras e a gerenciar os imprevistos que encontramos pelo caminho.

A vida é feita de ganhos e perdas, de vitórias e fracassos. Ter sucesso é saber aproveitar os bons momentos e aprender com os ruins, sem esmorecer. E em paz com os seus valores e a sua essência.

Cada um dos "empreendimentos" que tive a sorte de liderar nas empresas pelas quais passei contam um pedaço da minha história. Nem sempre acertei, mas sei que dei o meu melhor e agi com o propósito de acertar, respeitando meus colegas e as organizações que confiaram em mim.

Fazendo o balanço dessa jornada, que ainda não terminou, espero ter contribuído, de alguma maneira, para o crescimento das equipes maravilhosas que tive a sorte grande de liderar. Espero ter ajudado a despertar em algumas pessoas a mesma chama que me move todos os dias a seguir em frente. Tenho muito orgulho de saber que, além de pessoas admiráveis, tantos se tornaram profissionais de sucesso.

Ao contar a minha história neste livro, espero convencer mais pessoas a acreditar em seus sonhos e a lutar por eles. Alguns podem pensar que não tiveram a mesma sorte ou as mesmas oportunidades de fazer o que gostam. Para eles, quero compartilhar a frase de uma pessoa muito especial: "Você não pode voltar atrás e mudar o teu passado, mas pode, a qualquer momento, mudar as tuas crenças, as tuas atitudes e com isso começar agora a escrever um novo fim. Reprograma tuas metas, busca o bem e você viverá melhor".

Grande abraço!

EMPRE ENDE DORAS DE ALTA PERFOR MANCE

31

Maria Gabriela Prado Manssur

Maria Gabriela Prado Manssur

Formada em Direito pela PUC-SP, é Promotora de Justiça do Ministério Público do Estado de São Paulo desde 2003, especialista na prevenção e enfrentamento de todas as formas de violência contra as mulheres. Ganhadora da Medalha Ruth Cardoso em 2015 e palestrante TEDx São Paulo. Atualmente é membro do GEVID - Grupo de Atuação Especial de Enfrentamento à Violência Doméstica do Ministério Público de SP; membro do COPEVID - Comissão Permanente de Combate à Violência Doméstica e Familiar contra a Mulher do Grupo Nacional de Procuradores-Grais e Diretora da Mulher da Associação Paulista do Ministério Público.
É idealizadora do site Justiça de Saia.

mg.manssur@uol.com.br

Vocês estão ouvindo a minha voz?

Ele: *"Você me ama? Então, como prova de amor, me dê a senha do celular e das suas redes sociais. Quero saber com quem você fala, o que você posta... Não é ciúme, querida. É proteção. Quero cuidar de você."*

Ela: *"No começo ele dizia que me amava, que era por amor. Hoje ele me controla, segue meus passos, critica todas as minhas postagens nas redes sociais, apagou meus contatos e desfez minhas amizades virtuais. Perdi a vontade de tudo. Me sinto feia, gorda, burra. E não tenho mais amigos. Até minha família se afastou."*

Ele: *"Se você não ficar comigo, não vai ficar com mais ninguém. Eu vou te perseguir, vou te infernizar, vou tirar nossos filhos de você, vou te deixar na miséria. Você é feia, louca, um lixo, não presta pra nada."*

Ela: *"Ele é muito ciumento. Ele bebe. Eu quero o divórcio, mas ele não aceita. Me persegue, me ameaça, me espera na porta do trabalho. Ele não me bate, mas me xinga. Depois pede desculpas. Na última briga, ele me trancou no quarto. Não consigo mais sair de casa. Estou com pânico. Mas ninguém acredita em mim. Dizem que estou louca."*

Casos como esses são corriqueiros na minha vida profissional, atuando como promotora de Justiça no enfrentamento a todo tipo de violência contra a mulher. É um dia a dia duro e pesado. Por isso, a pergunta que todo mundo me faz: "Por que você escolheu essa profissão?" Minha resposta é: por amor, por admiração e respeito pelas mulheres.

Fonte de inspiração

Aquela frase "somos as netas de todas as bruxas que vocês não conseguiram queimar" diz muito sobre quem eu sou.

Sou feminista desde pequena, influenciada por minha avó Marília, que era uma mulher revolucionária, que não aceitava o "não" pelo fato de ser mulher. Ela se separou muito cedo - foi um dos primeiros "desquites" do Brasil - e teve de ir à luta para sustentar quatro filhos. Trabalhou muito e sempre sofreu preconceito por ser separada. Ela superou muitos obstáculos e venceu em tudo o que se propôs a fazer, sempre com muito amor e carinho.

Um dia ela me disse: "Gabica, seja o que você quiser ser, vou pedir três coisas: nunca deixe de ser quem você é; nunca aceite o segundo lugar; e quando eu morrer leve no meu enterro um maço de cigarro e uma cervejinha bem gelada".

Eu me formei e decidi ser promotora de Justiça. Comecei a estudar já com uma filha pequena, a Camilinha, minha eterna companheira (ela "estudava" comigo madrugada adentro, num bercinho que eu armei ao lado da minha escrivaninha), abri mão de tudo e mais um pouco e em quatro anos passei no concurso. No dia do anúncio dos aprovados, combinei de ligar para minha avó (ela já estava doente, com artrite reumatoide e acamada) assim que saísse o resultado.

Foi iniciada a divulgação do primeiro colocado. De repente, eu ouvi: "Em segundo lugar, Maria Gabriela Prado Manssur". Em meio à alegria de ter passado, lembrei-me do que minha avó tinha dito sobre não aceitar o segundo lugar. Liguei imediatamente e disse: "Vó, passei. Passei em segundo lugar, mas vou aceitar, tá? Fico te devendo essa". Ela respondeu: "Tudo bem, mas nunca esqueça do que te falei".

Dois anos depois minha avó faleceu. E, claro, no enterro, escondidinha, levei uma maço de cigarro e uma latinha de cerveja para ela. E quando olhei para o lado, todos os outros netos também tinham levado.

Por essas e por outras, ela é minha fonte de inspiração e está sempre presente em minha vida.

Um início marcante de carreira

Desde o meu ingresso na carreira, em 2003, me deparei com casos muito graves de violência contra a mulher e me chamava muito a atenção a falta de uma legislação específica para a defesa dos nossos direitos. Era uma verdadeira banalização da violência. Comecei a me interessar pelo tema e a acompanhar as evoluções do então projeto da lei Maria da Penha e o vi como uma grande oportunidade para a emancipação feminina. Foi então que comecei, de fato, a estudar a história do feminismo, a evolução dos direitos das mulheres, me aproximei de feministas, ativistas, acadêmicas e fui me descobrindo cada vez mais mulher, cada vez mais feminista.

Em 2008 fui promovida para a cidade de Embu Guaçu, primeira cidade em que atuei como titular, um município muito carente, com um dos maiores índices de violência contra a mulher. Ali, o crime contra a mulher era tido como de menor potencial ofensivo e tratado sem a menor sensibilidade. Eu não podia aceitar aquilo. A Lei Maria da Penha já tinha sido promulgada e resolvi dar voz a essas mulheres. Passei, então, a fazer um trabalho especializado.

Formei um núcleo para defesa dos direitos da mulher, me aproximei da sociedade e criei uma identidade com o local, indo às escolas, Prefeitura, orientando as mulheres, mostrando seus direitos e o acesso ao sistema de Justiça. Resultado: aumentaram os números de denúncias, de processos, de sentenças condenatórias, de medidas protetivas. As mulheres começaram a se identificar e a contar com meu apoio. Mas minha carreira estava só começando.

Um dia conheci a dona Celeste. Ela chegou toda machucada nos braços. Perguntei o que havia acontecido. "Caí, bati o braço na mesa", respondeu. Eu sabia que tinha alguma coisa nessa história. Ela me visitava toda semana, me levava bolinho de fubá (sim, ela lembrava a minha avó Marília). Na semana seguinte, ela voltou ainda mais machucada. Então contou... "Meu filho me bate todos os dias. Ele está viciado em cocaína. Se não dou dinheiro para comprar droga, quebra a casa toda e me bate. Não aguento mais, mas não quero denunciar meu filho, não quero que ele vá preso." Naquele momento eu tinha de agir.

Pedi uma medida protetiva para afastar o filho de dona Celeste do lar. Ele descumpriu, voltou e tentou enforcar a mãe. Foi preso em flagrante e ficou três anos na cadeia. Nesses anos, a dona Celeste renasceu: ela engordou, passou a pintar o cabelo, o dinheiro da sua aposentadoria era só dela. Nesse meio tempo, fui promovida para Taboão da Serra, na Grande São Paulo. Depois de dez dias, minha estagiária de Embu-Guaçu me ligou e deu a notícia: "Doutora, a dona Celeste faleceu. O filho dela foi solto e a matou com 20 facadas".

É preciso ir sempre além

Entre os emaranhados de papel que ocupam diariamente minha mesa de trabalho, existem vidas, esperança, amor. Por isso, não adianta só cumprir minha obrigação. É preciso ir além. E, depois do caso da dona Celeste, fiz uma promessa: nunca mais vou perder uma vida.

Hoje sou outra promotora de Justiça, muito mais próxima da sociedade e preocupada em desenvolver projetos de empoderamento das mulheres e de ressocialização do agressor. Aprendi, com o tempo, que nos crimes de violência contra a mulher a PUNIÇÃO isoladamente não basta. É PRECISO IR ALÉM, TODOS OS DIAS. E então desenvolvi estratégias.

Colocando a mão na massa

Algumas estatísticas mostram porque ainda há resistência em procurar a Justiça: atualmente 27% das mulheres não denuncia por dependência econômica; 25% por dependência psicológica, por gostar, por ter pena, por não querer destruir a família, por vergonha; 20% por medo e por achar que nada vai acontecer, por não acreditar no sistema da Justiça. Esses números colocam o Brasil como o quinto país do mundo com maior índice de mortes violentas de mulheres.

Como romper o silêncio e incentivar as mulheres a denunciarem e não desistirem de viver sem violência? Como acompanhá-las? Como evitar a reincidência? Como dar visibilidade para a causa?

A resposta é: empoderando essas mulheres! E o que é empoderar? É usar aquilo que você tem de melhor, o seu dom, para transformar a vida das pessoas. E o meu dom é o meu trabalho, e com ele eu quero transformar o mundo: levar informação para as mulheres; inserir as mulheres em situação de violência no mercado de trabalho e fazer com que essas mulheres tenham mais autoestima. Eu posso usar as redes sociais para divulgar a causa e buscar apoio; eu posso impedir que os homens voltem a agredir suas mulheres.

Saí do gabinete e fui à luta

1. Desenvolvi o **projeto Maria Linda** em parceria com a Secretaria da Justiça e da Cidadania do Estado de São Paulo, passei a percorrer todos os Centros de Integração e Cidadania do Estado de São Paulo levando informação para as mulheres: Lei Maria da Penha; direitos das mulheres, formas de violência, aonde procurar ajuda. Muitas dessas mulheres nem sabem que estão em situação de violência (53% das mulheres sofrem violência física; 35% sofrem violência moral + violência psicológica; 4% sofrem violência patrimonial e 8% sofrem violência sexual).

2. **Projeto Educa-Ação:** em parceria com a Diretoria Regional de Ensino de Taboão da Serra e Embu das Artes, levamos informações sobre a Lei Maria da Penha para as escolas, para crianças e adolescentes, atingindo aproximadamente 8 mil alunos da rede estadual de ensino, além da capacitação de professores(as) e conselheiros(as) tutelares.

3. **PPI - Projeto de Proteção Integral**: passamos a identificar os motivos pelos quais as mulheres desistiam de processar seus agressores e percebemos que a maioria desistia por dependência econômica. Passamos então a fazer uma parceria com a Secretaria de Desenvolvimento Econômico e com empresas locais para a inserção de mulheres em situação de violência no quadro de funcionários delas, e deu muito certo.

4. **Movimento pela Mulher.** Eu amo correr. É a forma que encontro para enfrentar todo esse tipo de violência que indiretamente me atinge. O vento batendo no rosto me traz liberdade. A endorfina reduz o estresse. A sensação de meta cumprida após um treino me fortalece. Vi na corrida não só uma oportunidade de me tornar forte física e mentalmente, como também fortalecer muitas mulheres. E, se serve para mim, vai servir para todas, afinal, somos iguais. Foi então que pensei em unir a luta pelo fim da violência contra a mulher com o esporte e desenvolvi o Projeto Movimento pela Mulher.

Aproximei-me de pessoas maravilhosas e comecei com pequenos treinos na Universidade de São Paulo (USP). No primeiro treino compareceram 50 pessoas; no segundo, 300 pessoas; no terceiro, 500; e no quarto treino reunimos 800.

Isso chamou a atenção de empresas, órgãos públicos e muitas mulheres (e homens) aderiram ao movimento. Em março de 2015, criamos a corrida oficial Movimento pela Mulher, cuja renda foi revertida para ONGs e associações que trabalham no combate à violência contra a mulher e promovendo o empoderamento feminino, e levamos 2.500 pessoas, entre homens e mulheres, para o Ibirapuera, correndo lado a lado pelo fim da violência contra a mulher. Resultado: nossa corrida Movimento pela Mulher tornou-se corrida oficial do calendário de corridas de rua do Município de São Paulo e em 2016 levamos mais 3 mil pessoas para as ruas. E em 2017 tem mais.

5. **Mídias sociais.** E como dar visibilidade à causa? Aos projetos?

Como atingir mais e mais pessoas? Por meio das mídias sociais. Comecei a postar fotos das palestras no Instagram, Facebook, criei o site "Justiça de Saia", para mostrar um pouco do dia a dia na promotoria, falar de casos graves, divulgar índices, casos, ações positivas, informando e encorajando as mulheres. A violência, tema que antes era guardado entre quatro paredes, agora é questão de saúde pública e precisamos falar sobre isso.

Essa exposição, "desnecessária" para alguns (foi muito criticada no começo), me trouxe grandes conquistas: a medalha Ruth Cardoso de 2015, a aparição em quase todos os jornais e revistas de grande circulação, *sites*, *blogs*, programas de televisão, o **remake** da TV Mulher com a Marilia Gabriela (obrigada, meu Deus) e a participação no programa da Eliana #elianaportodasleas. A causa ganhou visibilidade, não é mais algo feio de se falar.

6. **Tempo de despertar**: nesses anos trabalhando na linha de frente do combate à violência contra a mulher, percebi que já tinha desenvolvido muitos projetos para a autonomia e empoderamento das mulheres, mas não tinha conseguido diminuir a violência. Parei e pensei: tenho de mudar a estratégia, tenho de falar com os homens autores de violência doméstica. Se tem uma mulher agredida tem um homem que agride, e é com ele que eu quero falar.

Implementamos a primeira edição do projeto Tempo de Despertar em Taboão da Serra, sem nenhum recurso (aliás, eu sempre falo que não existe o projeto perfeito, mas sim uma ideia posta em prática que será "lapidada" com o tempo e, se der certo, será "comprada").

Trata-se de um programa de ressocialização de agressores que propõe a desconstrução do machismo, uma reflexão e conscientização sobre a violência cometida e sobre os direitos das mulheres.

Na primeira edição do projeto, obtivemos a queda de 65% para 1% de reincidência. No segundo grupo, já contamos com apoio da prefeitura, equipe técnica, parcerias e uma divulgação na mídia muito grande. Resultado: nenhuma reincidência.

Com isso, tivemos reconhecimento até internacional. E deixamos nosso legado, pois o projeto virou lei - Lei Tempo de Despertar -, a primeira do Brasil que torna obrigatório o programa para autores de violência contra as mulheres.

Cheguei a me emocionar várias vezes no desenvolvimento do projeto: de um lado vendo o sofrimento, a culpabilização das mulheres e a resistência dos homens em encarar um programa como esse. De outro lado, a mudança de comportamento dos homens. Eles chegam resistentes, como vítimas, mas aos poucos fui ouvindo frases como:

"Quando você está na situação, não vê a gravidade. Estou chocado! Ouvindo a senhora falar, está passando um filme na minha cabeça." (A.M.F., 46 anos, autônomo)

"Esse projeto abriu minha mente. Eu ainda amo minha ex-mulher, mas sei que tenho que respeitar a decisão dela." (E.S.A., 29 anos, metalúrgico)

"Eu errei. Estou consciente." (C.G.R., 34 anos, ajudante geral)

"Não é vergonha chorar e se abrir pra mostrar que você é homem." (R.O.G., 55 anos, empresário)

Lugar de mulher é onde ela quiser

Hoje eu tenho vários sonhos realizados: movimento mais de quatro projetos de prevenção à violência contra a mulher e empoderamento feminino, além de administrar uma promotoria com mais de seis mil processos criminais, atendimento ao público, audiências e júri. Eu adquiri alguma experiência sim, alguns anos de vida e, claro, algumas rugas.

Perdi amigas, momentos com meus filhos, com meu marido, meus pais, irmãos, momentos de lazer, muitas e muitas noites sem dormir. Mas quando você vê o resultado do seu trabalho e, principalmente, vê que esse resultado traz felicidade para as pessoas, você se esquece de si e pensa: sempre vale a pena.

Mas o mais importante é que eu adquiri a sensibilidade de me colocar no lugar da mulher que está em situação de violência, entender o ciclo de violência a que ela está submetida e ter a certeza de que nenhuma mulher merece violência. Hoje eu consigo sentir a dor da mulher que leva um tapa; o medo da mulher que é ameaçada; a vergonha da mulher que é abusada sexualmente, a intranquilidade da mulher que é violentada psicologicamente e a mágoa da mulher que é ferida em sua honra, em sua moral, sem nenhum tipo de preconceito, revitimização, culpabilização ou preconceito.

Hoje entendo o que a minha avó quis dizer em não aceitar o segundo lugar. Se você é mulher, você pode sim estar no primeiro lugar, pode usar a roupa que você quiser usar, estar onde você quiser estar, decidir sobre ter ou não ter filhos, se casar ou ser solteira para o resto da vida, é respeitar a sua orientação sexual, a sua cor, a sua religião. É ser do lar, do bar, do escritório ou de onde você quiser...e ninguém tem nada a ver com isso.

Eu não pretendo construir um currículo invejável. Mas eu quero e vou construir uma linda história. Não a minha. Mas a sua, a nossa, a das mulheres. E a lei Maria da Penha me deu a oportunidade de começar a escrevê-la: ela nos deu voz. Agora, a minha missão é fazer com que a nossa voz seja cada vez mais ouvida.

Vocês estão ouvindo a minha voz?

Meus agradecimentos especiais a todas as mulheres que lutaram pelos nossos direitos e, claro, à minha vó Marília, carinhosamente apelidada de Boía, e à Maria da Penha.

32
EMPREENDEDORAS DE ALTA PERFORMANCE

Maria Stoze de Almeida

Maria Stoze de Almeida

Cofundadora e sócia da Empresa Saúde Vip – Solução em Saúde Ocupacional –, fundada em 2001. Com a união com a G2 Medicina Diagnóstica passou a ser o único player no segmento que possui em seu portfólio um laboratório de análises clínicas próprio.
Executiva em Gestão de Saúde Ocupacional, coordena a área administrativa e financeira, relacionamento com clientes e parceiros. Desenvolvimento e implantação de Programas de Qualidade de Saúde no Trabalho dentro de Ambulatórios Médicos de clientes, chamado "Projeto Colaborador Apoiado".
Responsável pela implantação do módulo informatizado de Medicina do Trabalho, para registros de todos os atendimentos e do cadastro de atestados médicos após suas validações pelos médicos auditores, reduzindo o absenteísmo em 28% comparado ao período antes de sua implantação.
Responsável pela reorganização de políticas e implantação de procedimentos operacionais padrões de controles internos, objetivando o crescimento da empresa de forma sustentável e aproveitando ao máximo os recursos disponíveis.
Responsável por manutenção e negociação de contratos.
Desenvolvimento e implantação de Projetos Sociais Voluntários como o Projeto "Oficina da Ultra Memória", específico para o público da terceira idade, além do Projeto de Apoio Psicológico aos professores de escolas públicas.
Atua como voluntária em algumas ações sociais através do Grupo Mulheres do Brasil.
Formação acadêmica: Pedagogia (Unip); Administração Escolar (Unip); Psicopedagogia (pós-graduação) Universidade Ibirapuera; Psicanálise – CEP – Centro de Estudos Psicanalíticos, conclusão 2006.

(11) 98990-7124
maria@saudevipsp.com.br
www.saudevipsp.com.br

O que será descrito nas próximas páginas deste capítulo são lições que aprendi com os erros e acertos cometidos por mim ou que presenciei.

Aceitei o desafio de escrever um capítulo deste livro sobre minha história para que quem o ler possa também refletir sobre a vida, atitudes e padrões de comportamentos que todos nós temos.

Herdamos de nossos pais incentivos aparentes e ocultos, integridade e persistência, percepções e objetivos. Fazemos um filtro com aquilo que queremos alcançar e procuramos nos espelhar em experiências de sucesso para trilharmos novos caminhos.

Nasci em uma pequena cidade da Bahia, fui a primeira filha de um casal que teve oito filhos, que trabalhava na roça arduamente para a própria subsistência. Não é mérito algum falar que eu era analfabeta até os meus dez anos de idade, mas foi um fato.

Meus pais vieram para São Paulo em 1970 trazendo consigo a esperança de dias melhores e oito filhos, sem dinheiro algum e, ainda pior, tendo de "morar" de favor em casa de parentes.

Agradeço até hoje Deus ter permitido que viéssemos, mesmo passando por todas as dificuldades que passamos. A partir da nossa chegada na rodoviária, me dei conta de que o mundo era bem diferente daquele que eu tinha vivido até então. A comida farta onde nasci (sim, nada nos faltava para comer, pois pescávamos, plantávamos e meu pai ainda tinha uma pequena criação) agora era escassa. Chegamos a fazer uma só refeição diária, pois se fizéssemos duas não teríamos o que comer no dia seguinte. Recordava a casa de pau a pique em que morávamos, que abrigava toda minha família, diferente da nova situação em que tínhamos de nos espremer em um cômodo pequeno, onde o calor humano era o nosso cobertor, mas fazer o quê? Era o que tínhamos para o momento. Meus pais, acostumados à roça, tiveram de trabalhar em atividades que até então sequer pensavam que existiam. Enfim, sobrevivemos e eu estou aqui hoje podendo contar essa história e aprender com ela.

Mesmo pequena, me vi com o dever de ajudar no sustento da família e aos 13 anos já trabalhava como empregada doméstica em casas de famílias no município de Itu, para onde tínhamos mudado de São Paulo.

Tendo me formado no ensino médio, comecei a trabalhar em uma grande empresa naquela cidade. Com o fechamento da filial, a empresa cuja sede era em São Paulo me deu a oportunidade de vir trabalhar na capital. Conheci meu marido e nos casamos quando eu tinha 21 anos. Passados nove meses, nasceu a minha primeira filha e, por opção, abdiquei de tudo para me concentrar na educação dela. Pouco mais de três anos depois, veio a segunda filha.

Muitos anos fora do mercado de trabalho, aproximadamente 12 anos, resolvi, nesse ínterim, voltar a estudar. Tinha de dar o exemplo para elas e me formar em um curso superior. Motivada e incentivada, cursei e concluí o curso de Pedagogia em 1998 e, a partir daí, não parei mais de estudar. Fiz pós-graduação em Administração Escolar, Psicopedagogia, Formação em Psicanálise, muitos, muitos cursos que me abriram os horizontes do conhecimento, além de poder conhecer pessoas, ampliando significativamente meus contatos.

Meu primeiro empreendimento foi uma escola de educação infantil, de zero a seis anos. Percebi de forma muito brusca que existia uma lacuna entre a teoria da faculdade e a realidade ao administrar o próprio negócio. Estava motivada para transformar todo o meu conhecimento teórico em prática, planejamento das aulas, selecionar profissionais, interagir com os pais; no entanto, me faltava algo essencial: planejamento do negócio, entendimento de como cuidar das despesas e receitas, como lidar com o capital intelectual e unir todas essas necessidades para uma boa gestão. Reconheço também que a sociedade entre família não favoreceu nesse momento, não pelas pessoas, ao contrário, mas porque ambos não tinham maturidade para enfrentar esse desafio, ou seja, dividir o que era família e o que era negócio. Lição número um: independente de qual for a ideia empreendedora é preciso unir a teoria à prática. Não adianta eu saber tecnicamente o que um profissional necessita ter de qualidades para gerir uma sala de aula, se depois não sei como motivá-lo ou orientá-lo. Saber o que é preciso é teoria, saber como orientá-lo e estabelecer metas: é prática.

Com a conclusão da Pedagogia e a Psicopedagogia, decidi encerrar a sociedade da escola e abrir uma clínica de Psicopedagogia. Empolgada com essa ideia emendei o curso de formação em Psicanálise, para agregar mais valor ao meu novo negócio.

Pensava que tudo estaria em pouco tempo às mil maravilhas. Tinha o conhecimento técnico, que nunca deixei de aprofundar, porém faltava-me planejamento do negócio mais uma vez. Nada de decolar, muito ao contrário, com tais insucessos pensava até em desistir, dada minha angústia, frustração e dinheiro gasto. À beira de desistir de mais uma ideia, me veio um *insight* de realizar trabalhos voluntários para que o meu trabalho fosse conhecido. Aprendi na prática que esse tipo de negócio é por indicação e para isso tinha de começar a realizar parcerias com escolas públicas e privadas, e conversar com pessoas que já atuavam nesta área. Até para igrejas que atendiam uma parcela da população fui oferecer atendimentos em Psicopedagogia gratuitamente. Lição número dois: precisei sair da "caixa". Sem parcerias, sem estabelecer um bom *networking* não se solidifica uma ideia empreendedora. Isso leva tempo e é imprescindível ter paciência. Com a situação financeira da minha família, julguei que não teria tempo para aguardar e resolvi apoiar o meu marido em um novo negócio.

Há 15 anos sou sócia de uma pequena empresa de serviços voltados à saúde que poderia ter crescido quando o mercado estava aquecido, mas que errou quando concentrou todos os seus esforços em um cliente que representava mais de 85% de suas receitas. Quando em 2012 esse cliente internalizou tais serviços que prestávamos, quase perdemos a nossa empresa.

Aí, quando me dei conta de que eu, já bem amadurecida, me acomodara com o *status quo* acordando pelas manhãs, indo trabalhar para ganhar dinheiro e pagar contas e podendo consumir coisas para sustento ou comprar algo para minhas necessidades, resolvi mudar.

Acordei para a vida. Busquei através do autoconhecimento o aprofundamento de análises de questões a mim relacionadas, fiz da minha participação em grupos de afinidades e relacionamentos um compartilhamento de informações que pudessem ser comuns e comecei a olhar para dentro de mim mesma, aceitar-me mais e trabalhar as minhas fraquezas, chegando à conclusão de que eu posso reconhecer que não as conhecia, proporcionando-me forças suficientes para superar quaisquer obstáculos. Lição número três: antes de tudo se conheça e se aceite com qualidades e limitações.

A frase "Estude arduamente para trabalhar numa boa empresa", extraída do livro "Pai Rico Pai Pobre", me fez lembrar muito daquilo que meus pais procuravam expressar da forma mais rudimentar que tinham. Mas foi com a minha própria atitude para com o que eu dizia para minhas filhas que eu mais me identifiquei. Eu queria que nunca parassem de estudar, que tomassem gosto pela leitura e pelo conhecimento, para que pudessem alcançar altos cargos em grandes empresas ou fossem reconhecidas em uma determinada profissão que escolhessem.

Ingressei nos grupos Mulheres Empreendedoras, Mulheres Itaú, Mulheres Empresárias. que abriram perspectivas para dar a essa empresa uma "cara" nova, através de parcerias mais consistentes, diversificando a carteira de clientes, não importando com isso o porte, segmento ou região em que atuem.

Se o medo do desconhecido e o receio do insucesso emperram o crescimento das empresas, muito mais emperraram o crescimento de pessoas. Eu renasci e estou renascendo a cada dia.

Para renascer eu tive de aceitar que errar não era tão ruim e que o medo do erro me fez perder muitas oportunidades. Para que chegasse a essa consciência eu agradeço a Ana Fontes ter compartilhado humildemente suas experiências que me incentivaram a me libertar desse medo de errar. Hoje vejo com otimismo o meu futuro, pois sei o que eu tenho e também sei aonde quero chegar. Quem empreende não pode ter medo de arriscar, de errar ou de recomeçar. Mesmo que as pessoas possam julgar as suas atitudes, erros e recomeços, o compromisso deve ser com você mesmo.

A persistência e a perseverança com que me debruço hoje buscando o autoconhecimento e na participação de projetos com os grupos de que participo transformaram meu modo de pensar, de raciocinar, de me posicionar e de agir perante todas as situações que a vida tem me proporcionado. Todo o conhecimento pode ter aplicabilidade, seja no campo profissional ou pessoal, porém é fundamental discernimento para identificar o tempo ideal, serenidade para saber como e sabedoria para aguardar. Em muitos momentos me dei conta de que tinha o conhecimento, porém não identifiquei o momento certo de aplicá-lo, ou não tive paciência ou até mesmo não soube como usufruir do mesmo.

Tenho anseio e não mais receio de poder mostrar meu valor ao mundo, de ser alguém que agrega valor à sociedade, de vencer, de ser reconhecida. Isso me estimula e motiva a seguir e proporcionar um ambiente melhor aos meus netos. Do papel que desempenho hoje nesta vida, sou eu quem escreve o *script*.

E você, qual é o seu papel? Quais são seus objetivos? Aonde você quer chegar?

REFERÊNCIA BIBLIOGRÁFICA

GOLEMAN, Daniel; SENGE, Peter. O Foco Triplo. 1ª edição. Rio de Janeiro: Editora Objetiva, 2015.

CARNEGIE, Dale. Como Fazer Amigos e Influenciar Pessoas. 52ª edição. São Paulo: Companhia Editora Nacional, –2012.

KIYOSAKI, Robert; LECHTER, Sharon L. Pai Rico Pai Pobre. PDF retirado do: www.portaldetonando.com.br

FORBES, Jorge. Você quer o que deseja? 5ª edição. Rio de janeiro: Editora Best Seller Ltda, –2005.

WNNICOTT, D. W. Natureza Humana. Rio de Janeiro: Imago Editora Ltda,– 1988.

EMPREENDEDORAS DE ALTA PERFORMANCE

33

Milena Cavichi

Milena Cavichi

Fotógrafa e proprietária da empresa Equipe de Fotografia Milena Cavichi.
Escritório com sede em São José dos Campos, SP.
Graduada em 2006 pela Universidade Paulista UNIP, São José dos Campos.
Indicada ao Lente de Ouro 2016 pelo Inspiration Photographers na categoria fotógrafa mais premiados do ano.
Está entre os 150 melhores fotógrafos de casamento do mundo pelo SLR Lounge.
Foto premiada em primeiro lugar pela FineArt Association na categoria Distanciamento.
Foto premiada em primeiro lugar pela FineArt Association na categoria Crianças e Newborn.
Indicada ao Lente de Ouro em 2015 pelo Inspiration Photographers em duas categorias, Fotógrafa Revelação e Fotógrafa mais premiada do ano.
Nove fotos premiadas pela FineArt Association até o momento.
19 fotos premidas pelo Inspiration Photographers até o momento.
Membro premiada da FineArt Association.
Membro premiada do Inspiration Photographers, diretório dos melhores e mais talentosos fotógrafos de casamento do mundo.
Fotógrafa de eventos sociais e corporativos, de família, gestante e newborn.
Fotógrafa de casamentos desde 2009.

(12) 3933-2694 | (12) 98126-9158
contato@milenacavichi.com.br
www.milenacavichi.com.br

Fotografia – uma história de amor

Uma história de amor é sempre inspiradora. O convite e a oportunidade de participar deste livro me soaram como um desafio. Seria um desafio colocar em palavras toda minha trajetória profissional. Resgatar na memória momentos bons e ruins, contar histórias. E, por considerar minha relação com a fotografia uma história de amor, acredito que mereça ser contada. Nessa longa caminhada, fui colecionando sonhos. Cada momento capturado através das minhas lentes era um sonho eternizado. E, assim, continuo colecionando sonhos.

Milena Cavichi por Milena Cavichi Marra Noronha

Escrever sobre nossa própria vida é um tanto quanto engrandecedor. É buscar no nosso âmago todas as lembranças.

No princípio, o que eram lágrimas, frustrações, desânimo, incertezas hoje se tornam sorrisos, alegria, realizações e, acima de tudo, certezas. Certeza de estar no caminho certo, de saber aonde se quer chegar e a certeza de que desistir nunca será a opção para quem quer vencer.

Nasci e cresci em São José dos Campos, onde meus pais, que são naturais do Sul de Minas Gerais, se estabeleceram após se casarem para trabalhar e iniciar uma vida nova.

Passei parte da minha infância na casa dos meus avós, momentos especiais que jamais serão esquecidos.

Na adolescência, logo após o ensino médio, vivi uma experiência incrível, quando fui morar fora do Brasil. Morei na Nova Zelândia, onde fiz intercâmbio cultural, com o intuito de aprimorar meu segundo idioma, o Inglês. Adquiri experiências culturais e pessoais que foram fundamentais para projetos profissionais internacionais futuros.

Após o intercâmbio me formei em Turismo, me especializando no mercado de eventos.

Casei e, por coincidência do destino, a família do meu marido também era natural do Sul de Minas, sua infância foi muito parecida com a minha, pois, embora tenha nascido em São José dos Campos, passou a infância na casa dos pais e avós.

Os primeiros passos

Após me formar, tive minha primeira experiência profissional, na área de vendas. Fiz diversos cursos de capacitação que contribuíram de forma expressiva na minha futura área de atuação.

Em seguida, recebi um convite para um teste que seria realizado numa agência de fotografia, onde trabalhava meu primo, fotógrafo profissional, que sabia do meu interesse nesse segmento que sempre julguei fascinante.

Fiquei entusiasmada com a proposta, estava diante de uma grande oportunidade, porém sabia que para essa finalidade precisaria de todo um aparato com relação a equipamentos. E como acredito que tudo conspira a favor daqueles que se dispõem a tentar, coincidentemente meu pai (a quem devo eterna gratidão) estava em uma viagem a trabalho nos Estados Unidos. Ele, sabendo dessa oportunidade e do meu desejo de ingressar nesse mercado, se prontificou a comprar meu primeiro equipamento fotográfico. Lembro-me de que era o modelo mais indicado na época. Quando ele chegou, que alegria. Um sentimento misto de euforia e insegurança. Sentia-me feliz e ao mesmo tempo tinha muito medo de decepcionar meu pai, pois há algum tempo já havia me formado no mercado de eventos, porém ainda não tinha trabalhado na área. Mas sempre acreditei na necessidade de acumular conhecimentos e experiências, são valores que nunca serão demais. Agarrei aquela oportunidade e considerei como um desafio a ser vencido.

Então, já munida de todo o equipamento, mãos à obra!

Matriculei-me num curso de fotografia, estudei muito, em busca de conhecimento e técnicas.

Criei um material e enviei à agência, agendamos uma entrevista e no dia seguinte já estava trabalhando. Era uma agência voltada para fotografia de moda. Lá pude aprender muito e me capacitar nesse segmento.

Estar imersa nesse universo fotográfico me fez ver que estava seguindo o caminho certo. Sentia que a escolha pela fotografia não tinha sido uma iniciativa minha. Na verdade, a fotografia me escolheu.

Depois de nove meses de trabalho na agência e algumas divergências ideológicas, decidi me desligar. E hoje sei que foi a atitude mais acertada.

E agora o que fazer? Por onde começar?

O voo solo

Eu sabia do meu amor pela fotografia e era esse o caminho pelo qual eu queria trilhar. Eis que então uma amiga me procurou, pois sabia que eu estava trabalhando com fotografia e mencionou o seu interesse para que eu fotografasse a sua cerimônia de casamento civil. Mais uma vez um desafio se fez presente, visto que o segmento da fotografia de casamentos era novidade para mim. Percebi então que era hora de iniciar um novo ciclo da minha vida profissional. Senti que era o momento de considerar outras oportunidades. No popular, caminhar com minhas próprias pernas, e aceitei.

A partir daí fui percebendo que estava pronta para abrir minha própria empresa de fotografia e mais uma vez, sem que eu notasse ou escolhesse, fui direcionada para outro segmento, a fotografia de casamentos. Vi então que esse universo compartilhava dos meus objetivos, pois tinha a plena certeza de que seria capaz de entregar muito mais do que o contratado, eu conseguiria surpreender meus clientes com o resultado do meu trabalho.

O mundo dos casamentos é fascinante. Ver nos olhos dos noivos o sonho, a expectativa, o sentimento real e que muitas vezes se expressa nos detalhes. Tudo isso me encanta! A possibilidade de fazer parte desse momento tão desejado, planejado me move e me inspira.

Sempre me coloco no lugar do próximo, em tudo o que faço. No casamento, momento tão íntimo na vida dos noivos, familiares e amigos, eu estaria lá, junto deles, como espectadora, captando cada detalhe, cada olhar, sem interferência e através das minhas lentes registrar e eternizar esses momentos.

Meu foco como empreendedora seria realizar um trabalho diferenciado, que vai muito além da técnica e do simples ato de fotografar. Meu desejo era entregar aos noivos fotos que falam por si só, que transmitem muito mais que imagens. Fotos que retratem o sentimento de cada momento. Buscando sempre oferecer um trabalho de qualidade, que consiga atender e superar as expectativas dos clientes e, principalmente, que inspire confiança.

A boa fama sempre chega antes, por isso deve ser cuidada e protegida. Parece um conceito antigo, ultrapassado, mas acredite, ele é real e atemporal.

Logo de cara nessa empreitada, me deparei com a primeira adversidade. Recebi uma ligação para participar de uma revista, para fotografar mulheres, profissionais de sucesso, que seriam homenageadas. Como ainda não tinha um portfólio, resolvi criar um com a ajuda de amigas. Aluguei um estúdio, dediquei tempo e criação. Estava entusiasmada, não tinha dúvidas quanto à qualidade do meu trabalho. Porém para minha surpresa, a dona da revista folheou o material, agradeceu e disse que eu não havia atingido a expectativa dela. Ironia do destino, não?

Diante desse acontecido, foquei em mostrar a qualidade do meu trabalho. Eu iria viver para isso. Hoje, quando relembro esse episódio, vejo o quanto aquela frustração me desafiou como empreendedora. Naquele momento, ela foi a ferramenta que me impulsionou a seguir. Eu tive motivos para desistir, porém a minha persistência foi maior.

E foi então que continuei com o meu sonho. Com a ajuda da minha mãe, que sempre foi o meu braço direito, que me acompanhava nos casamentos, na pós-produção e nos atendimentos domiciliares.

Vale mencionar que 100% dos *prospects* (a partir do momento em que você verificar o *suspect*, e percebe que este possui as condições necessárias para se tornar um cliente do seu negócio, como capacidade financeira, sensibilidade às vantagens de seu produto ou serviço, e capacidade de tomada de decisão, ele passa a ser qualificado como *prospect*) com quem eu conseguia agendar visitas presenciais eram convertidos em contrato. Esse percentual de desempenho pode ser justificado como fruto das minhas técnicas de vendas e também pela confiança que meus clientes depositavam em mim. Eu tinha tanta certeza da qualidade do trabalho que eu seria capaz de prestar que eles se convenciam disso.

E, convencidos disso, consegui entregar o meu melhor e surpreendê-los. Fazendo então que acontecessem diversas indicações, que me levaram a fechar muitos contratos e seguir colecionando sonhos.

Aumenta a demanda, aumenta a equipe. E para a minha alegria, ela cresceu em família. Fiz o convite para meu primo, que foi o responsável para que eu montasse meu primeiro escritório na casa dos meus pais, no momento em que aceitou vir trabalhar ao meu lado. Minha irmã e meu esposo que, para minha felicidade, resolveram me acompanhar nessa jornada. Estiveram sempre presentes nas minhas conquistas pessoais, agora fariam parte também das conquistas profissionais.

Constantemente participávamos de capacitações e treinamentos. Na minha profissão, a evolução é rápida e constante, portanto, não há tempo a perder. É necessário estar sempre atento e conectado às novidades.

E foi então, fechando muitos contratos, aprimorando nossas técnicas e nos aperfeiçoando dia a dia, que conseguimos montar um vasto portfólio, o qual foi o responsável por atrair ainda mais clientes.

Buscando novos desafios

Graças ao reconhecimento do nosso trabalho, tivemos incríveis oportunidades e abraçamos todas elas. A nossa sede de colecionar sonhos não se saciou, e saímos da zona de conforto.

Está aí uma grande dica, nunca se aprisionar na zona de conforto.

Equipamentos e bagagem nas costas, saímos para o mundo, para registrar sonhos. Como eu gostaria de descrever aqui todas as histórias de amor que encontramos e registramos! Mas não quero me estender, quem sabe em outro livro eu narre todas essas aventuras?

Las Vegas, Nova York, Argentina, Paris, Caribe, Orlando puderam presenciar o amor sendo exaltado e, através das nossas lentes, sendo eternizado.

Nossos trabalhos internacionais nos proporcionaram ainda mais visibilidade, e com isso ganhamos destaque nas mídias nacionais e internacionais.

A começar pelo portal *Inspiration Photographers*, considerado o melhor e maior diretório de fotógrafos profissionais de casamento do mundo, que entrou em contato me convidando a participar da associação, pois atendia todos os critérios rigorosos que eram necessários para ser membro. E de imediato aceitei, pois era uma grande oportunidade, desejada por muitos e conquistada por poucos.

Ao longo do ano, tivemos várias fotos premiadas e destaque no nosso trabalho, que renderam duas indicações ao prêmio Lente de Ouro, que nada mais é que o Oscar da fotografia de casamento, celebrado em uma incrível noite de gala, em Balneário Camboriú, Santa Catarina, nas categorias de revelação do ano e fotógrafa mais premiada no ano. Esse ano com certeza foi um marco na minha carreira profissional, pois é o reconhecimento de tanto esforço. O que me motivou a me dedicar ainda mais e aprimorar o olhar, tornando-o ainda mais sensível, atento e criativo.

Foi então que recebi a notícia, através do *blog SLR Lounge,* que no ano de 2016 eu estava entre os 150 melhores fotógrafos de casamento do mundo e também recebi mais uma indicação ao Lente de Ouro como fotógrafa mais premiada do ano, pelo diretório acima citado. Com certeza, pude soltar um suspiro de que mais uma vez todo suor havia sido convertido em lágrimas de alegria.

O reconhecimento é o impulso para o aprimoramento.

A crise

Desaceleração do crescimento do País, economia em constante declínio, o desemprego presente em porcentagens alarmantes e, como consequência, o investimento no setor de serviços passou para segundo plano. Foi quando sentimos na pele a crise que assolava o nosso país. Medo, insegurança, impotência, porém resolvi nadar contra a maré e fiz o meu maior investimento. Comprei a minha sala comercial. O que no início era um escritório num cômodo na casa dos meus pais, hoje se tornava um ambiente mais estruturado, moderno e sofisticado, localizado num bairro nobre da cidade. Visando sempre o conforto, comodidade e apresentação aos meus clientes.

Em momentos de crise, também se abrem portas para bonança, e foi justamente o que aconteceu. Com a queda dos investimentos em fotografia para casamento, que é o nosso carro-chefe, tivemos uma alta expressiva na procura de ensaios fotográficos para gestantes e *newborns*. Famílias que estavam se formando, e que tivemos a honra de acompanhar, desde a união, confiando novamente no nosso trabalho, para registrar mais esses momentos de tamanha importância em suas vidas.

Então, resolvi investir também nesse segmento, me aperfeiçoei, estudei e comecei a realizar ensaios de família, gestantes e *newborn*, segmento em que, para nossa surpresa, também fomos premiados pelo diretório *FineArt Association*. Mais uma consagração e reconhecimento, para um trabalho que foi feito com muito empenho e dedicação.

Considerações finais

Fica aqui uma reflexão: é importante sempre analisar todas as atitudes que iremos tomar, somos responsáveis por colocá-las em prática, de forma consciente e da melhor maneira possível, pois ela poderá servir de aprendizado e inspiração para os demais. E digo isso tanto no aspecto pessoal, profissional e em todas as esferas da nossa vida.

Devemos dar sempre o nosso melhor.

Quero continuar colecionando sonhos, e o que me motiva é buscar sempre a satisfação dos meus clientes. De poder fazer com que o meu trabalho, o meu esforço e dedicação eternizem sonhos, momentos, pessoas e sentimentos. E que minha história possa servir como ferramenta de instrução, superação e realização.

    E por último, mas não menos importante, quero agradecer a Deus pelo dom que me concedeu, aos meus pais, meu marido e minha família por serem sempre o meu alicerce e por nunca deixarem que eu esmorecesse; aos meus amigos, colaboradores e parceiros, por me acompanharem nessa jornada, e aos meus queridos clientes, que sempre acreditaram e confiaram no meu trabalho, minha eterna gratidão!

34 EMPREENDEDORAS DE ALTA PERFORMANCE

Mônica Pires

Mônica Pires

Chief Financial Officer e Chief Operation Officer do Laboratório de Pesquisa da IBM Brasil. É graduada em Ciências Contábeis pela UFRJ e Direito pela Universidade Cândido Mendes, com mestrado pela Coppead-UFRJ, MBA pela Fundação Dom Cabral, pós-MBA pela Kellogg Mgmt School – Northwestern University e Certificado de Global Business Administration pela Thunderbird School of Mgmt - US.

Trabalha há mais de 25 anos na IBM e sua experiência inclui controladoria, formação de preços, impostos, compliance, M&A, operações, liderança em projetos de integração de empresas, transformação e centralização de finanças e atividades administrativas. É presidente do Comitê de CFO do WTC-SP, membro do Comitê Estratégico de Finanças da Amcham-SP, presidente do Comitê de Mulheres Executivas do WTC, membro do Women Corporate Directors (WCD) e membro do IBEF-SP.

É casada e mãe de Marcelo Gabriel, um lindo menino de quatro anos.

monicaptorres@hotmail.com
www.linkedin.com/in/monicapiressilva

Desde pequena percebi que, para realizar meus sonhos, eu teria de estudar e também trabalhar muito. Filha de um português que deixou a família em seu país natal para tentar a vida no Brasil e de uma fluminense do Interior sem instrução, vivi uma infância de muitas dificuldades financeiras.

O que já era difícil piorou quando, aos meus dez anos, meu pai veio a falecer de um câncer. Minha mãe teve de trabalhar mais ainda na máquina de costura para pagar o aluguel. Meu pai não deixou nenhum bem e sua pensão do INSS foi dividida entre uma outra companheira que, para minha surpresa, tinha também uma outra criança que eu até então desconhecia. Com isso, minha mãe ficava com apenas ¼ de um salário de INSS, que mal dava para pagar o curso de Inglês.

Eu vivia em um bairro de classe média alta e desde pequena tive de conviver com frustrações, tais como as tão sonhadas bonecas Tippy que nunca tive e a desejada bicicleta que só veio aos dez anos quando uma amiga da minha mãe fez um crediário na Mesbla e ajudou a pagar 50%. Todos os presentes que as outras crianças que brincavam comigo ganhavam nos aniversários e Natais eu não podia ter. Mas aprendi a ver essas situações como um incentivo para o meu crescimento.

Ao final do primeiro grau, a maioria dos meus amigos saiu da escola pública e seguiu para uma escola particular preparatória para o vestibular. Esse momento representou um momento de ruptura e desafio para mim. Mudei para uma escola pública de ensino profissionalizante. Optei pelo curso de Contabilidade, pois me ajudaria a conseguir um emprego. Porém o curso profissionalizante não me dava base para passar no vestibular e cursar uma faculdade, que era meu sonho.

Aos 15 anos de idade, percebi que precisava fazer um planejamento de vida e carreira. Como tinha a compreensão de que o colégio era fraco para o vestibular, decidi que eu seria a melhor aluna de todas as matérias e estaria sempre à frente das lições dos professores. Eu sentava na primeira cadeira e ao final da aula tirava dúvidas das lições seguintes com os professores. Eles percebiam meu interesse e me ajudavam. Porém tinha um problema, a grade curricular não incluía todas as matérias do pré-vestibular. Como eu iria estudar?

Descobri que nas bancas de jornais eram vendidos fascículos semanais de pré-vestibular da Editora Abril. Com o dinheiro que eu ganhava vendendo produtos da Avon, passei a comprar todos os fascículos. Minha rotina era ir para a escola, sair da escola e ir para o Senac para complementar minha formação profissionalizante, fazendo outros cursos, tais como: contabilidade de custos, secretariado e datilografia (cheguei a bater 180 toques por minuto, o que me ajuda muito hoje no computador), chegava em casa e estudava meus fascículos.

Uma das minhas vizinhas, além de me deixar praticar a datilografia em sua máquina IBM (quando o nome IBM começou a fazer parte da minha vida!), ela também permitia que eu estudasse na Enciclopédia Barsa, melhor fonte de consulta na época. Cheguei à conclusão de que seria difícil conseguir aprender tudo dos fascículos sozinha, pois chegava a um nível em que eu não tinha base para evoluir. Percebi que o vestibular considerava desvio padrão para classificar os alunos. Ou seja, se eu fosse muito boa em algumas matérias, superando a média dos demais candidatos, eu teria uma pontuação e melhores chances para me classificar para uma faculdade pública.

Considerando que o Português do colégio era bom, eu conseguiria gabaritar a prova. Quanto ao Inglês, eu fazia curso. Química e Física eu adorava e era a melhor aluna. Ou seja, mesmo não tendo o currículo completo, eu conseguiria acertar algumas questões da prova. História era possível estudar sozinha. E este foi meu plano! Com ele consegui passar para o curso de Contabilidade da UFRJ, para o 2º semestre. Nesse momento passei a ter outro desafio. Eu morava em Niterói e a faculdade era no Rio. Além do custo dos livros, tinha o custo das passagens.

Consegui um estágio em um escritório de contabilidade até o início da faculdade e guardei todo o dinheiro para iniciá-la. O dinheiro era suficiente para o 1º semestre da faculdade. Era de dia, o que me limitava a começar a trabalhar. Ao término do 1º ano do curso, fui uma das melhores alunas da matéria Método e Técnica de Pesquisa e por isso fui convidada pelo professor a ser auxiliar de pesquisa de uma professora que fazia doutorado na Coppead/UFRJ. Este foi o meu primeiro contato com a Coppead/UFRJ, instituição de ensino onde fiz o meu mestrado posteriormente.

E assim eu comecei minha longa trajetória como executiva empreendedora. Na minha opinião, atrás de toda executiva existe uma empreendedora. E é esta "empreendedora" que dá a força para a executiva seguir na sua trajetória. O dia a dia de uma executiva não é fácil. Não conheço nenhuma mulher que tenha chegado a um cargo executivo sem ter trabalhado e se dedicado muito. Temos vários desafios a cada dia.

Sendo mulher, além de lidar com o trabalho, que por si só já ocupa grande parte de nosso dia, temos a missão de organizar a casa, cuidar do marido (que muitas vezes requer mais atenção do que um filho), cuidar dos filhos, muitas vezes dos pais idosos e cuidar de nossa aparência. Diferentemente dos homens, nossa agenda precisa ter um horário para ir à manicure toda semana! A ginástica também não pode faltar! Temos de estar em forma e saudáveis para aguentar o dia de *stress*. E os amigos e familiares? Não podemos deixar de ter uma vida social!

Ou seja, somos verdadeiras equilibristas, vivemos equilibrando nossos "pratinhos". Quando um está caindo, a gente corre e segura outro, reequilibra os demais e assim vai seguindo. São tantas atividades que às vezes achamos que não vamos dar conta. A administração da agenda de uma mulher executiva é um desafio constante. Mas mulheres são multitarefa por natureza e conseguem realizar vários ofícios ao mesmo tempo. Porém devemos ter cuidado com o excesso. Precisamos aprender a dizer "não" e precisamos aprender a delegar tarefas. Delegar e dizer "não" é difícil para nós devido à nossa característica de multitarefa. Porém não podemos querer ser supermulheres.

Uma experiência profissional de que nunca me esqueço foi quando assumi a posição de gerente de impostos na IBM quando eu estava cursando o 1º ano da faculdade de Direito. Eu havia iniciado o curso de Direito porque na posição de Gerente de Preços senti a falta de conhecimentos jurídicos para analisar os contratos. Eu estava na IBM há nove anos, com uma sólida carreira profissional na área financeira. Porém o mundo de impostos era totalmente diferente. Saí da minha área de conforto. Passei de uma posição de total controle, em que eu conhecia tudo o que os meus funcionários financeiros faziam, para uma posição de total insegurança. Todos os meus funcionários, na maioria advogados experientes, conheciam muito mais do que eu.

De início, tive uma frustração, pois antes eu conseguia controlar tudo, poderia fazer a atividade de qualquer um dos funcionários. Além da parte técnica desconhecida na profundidade exigida, tive o desafio também de lidar com prazo de resposta totalmente diferente do prazo que eu tinha em finanças. Dependendo do assunto, um advogado demora dias para analisar, pois requer análise, consulta a outros advogados especializados e muitas vezes consulta ao Fisco. E o resultado da análise não era mais o mesmo que eu tinha em finanças, onde 2 + 2 eram sempre 4. No jurídico, o resultado poderia ser 0, 1, 2, 4 etc. Foi nesse momento que comecei a explorar mais minha característica de líder. Essa experiência foi muito rica para a minha trajetória profissional, pois aprendi a administrar pessoas com características e conhecimentos diferentes do meu, aprendi a delegar e desenvolvi ainda mais minha característica de líder.

Durante meus 25 anos na IBM tive vários desafios. Trabalhar em uma empresa global e inovadora significa que você precisa aprender a se reinventar todos os dias. Adicionalmente, a cada mudança de área parece que você mudou de empresa e precisa aprender coisas novas. Um dos grandes desafios da minha carreira foi trabalhar com integração de processos de empresas após serem adquiridas em nível global. Integrar processos por si só já é difícil pois requer tempo e cuidado para não destruirmos o passado. Porém o maior desafio não são os processos, mas sim a integração de pessoas com culturas corporativas diferentes. Esta é a tarefa mais difícil de uma integração de empresas. Uma comunicação clara é essencial quando falamos de culturas diferentes.

Na minha opinião, a vida profissional não é tudo. Precisamos também ter uma vida pessoal equilibrada. Cada uma de nós tem o seu conceito de vida equilibrada. Para mim, esse conceito sempre foi ter uma família, que inclua irmãos, irmãs, pais, marido e filhos. Perto de chegar à idade da loba, ao mesmo tempo em que desfiz meu primeiro casamento, eu ganhei uma família. Conheci meus irmãos de Portugal, uma família linda com a qual eu sempre sonhei. O Natal de 2003 foi o Natal mais feliz da minha vida, foi de fato o primeiro Natal. Eu, que sempre tive vontade de ter irmãos, encontrei minha família em que eu tinha um irmão, duas irmãs, dois cunhados, uma cunhada, vários sobrinhos(as) e até uma madrasta! E netos(as). Eu era tia-avó antes de 40 anos. Que coisa gostosa era ser chamada de tia! Algo que para mim era até então impossível se tornou realidade.

Lembro-me, como se fosse hoje, do dia em que entrei sozinha no avião e decidi passar o Natal com minha família até então desconhecida, com apenas poucas conversas ao telefone. Lembro-me de que ao sair do avião pensei: "Nossa, como sou louca, nem conheço eles. Será que vão me receber bem?" Mas minha coragem e a vontade de ter uma família completa (ou quase, pois ainda faltavam o marido e o filho) eram mais fortes do que o medo. Em 2015, descobri, ou melhor, ela me descobriu, mais uma irmã, esta no Brasil. Hoje não posso reclamar da falta de uma família. Sou muito abençoada.

Aos 40 anos eu estava realizada profissionalmente e com minha família, porém havia uma "falta" dentro de mim que eu não conseguia preencher. Percebi que todos os meus irmãos tinham montado a sua própria família e eu ainda não. Então, em 2012, conheci meu marido e com ele veio logo a seguir meu grande projeto de vida: Marcelo Gabriel. Um menino lindo, alegre e inteligente que renovou minhas energias para continuar minha trajetória executiva e empreendedora. No entanto, junto com eles, vieram responsabilidades e logísticas com que até o momento eu não estava acostumada.

Tenho a sorte de trabalhar na IBM, uma empresa que valoriza e entende a mulher executiva-esposa-mãe. Tenho a sorte também de ter um marido que é um superpai e decidimos tudo sobre o Marcelo Gabriel em conjunto. Embora minha agenda executiva seja muito lotada, eu tenho flexibilidade. Eu nunca deixei de levar meu filho ao médico ou de ir a uma reunião na escola. Sou uma mãe muito presente. Muitas vezes saio do trabalho às 16 horas para atender uma demanda do meu filho e às 20 horas, quando ele já dormiu, abro meu computador para responder os *e-mails* e fazer aprovações pendentes. Aprendi também a impor limites, raramente aceito convites para eventos profissionais noturnos.

Muitas mulheres desistem da carreira quando engravidam. Ao longo da minha como gerente de pessoas, noto que algumas mulheres ao engravidarem não se programam para o retorno ao trabalho. Não planejam onde e com quem vão deixar o filho. Não pensam na logística que terão. Aqui vai minha dica: se você deseja participar dos primeiros anos de seu filho, more próximo ao seu trabalho e escolha uma escola e médicos próximos. O equilíbrio entre a vida profissional e a pessoal é essencial para sua felicidade; não é fácil, mas é possível sim ter uma vida executiva empreendedora e ser mãe e esposa. Disciplina, organização e planejamento são essenciais.

Para as jovens executivas empreendedoras que estão começando suas carreiras eu deixo minha mensagem para não desistirem ao longo da jornada. Muitos serão os desafios. Uma carreira executiva não é feita só de glórias. Temos altos e baixos. Administrar os "altos" é fácil. O difícil é administrar os "baixos". Temos de ser automotivadas por natureza. Não pensem que uma carreira de sucesso não tem baixos. Tem, e muitos! Procurem por *feedbacks*. Pensem na imagem que estão transmitindo. Percepção é tudo. E usem a capacidade dos camaleões, ao ouvir um *feedback* negativo, é sinal de que algo não está funcionando, seja no resultado esperado ou na forma de conseguir o resultado. Ao invés de retrucar ou sair pelos corredores reclamando, parem, pensem, façam diferente e se reinventem.

Fala-se muito em desafios da mulher no mercado de trabalho. Quando iniciei minha trajetória, esses desafios eram bem maiores. Na faculdade de contábeis eu era uma das poucas meninas. No mestrado, em uma turma de aproximadamente 50 alunos, éramos dez. O meio executivo por essência é um meio masculino. Quando olho para o início da minha carreira, percebo que eu queria inconscientemente ficar parecida com os homens para ser aceita. Lembro-me dos meus famosos terninhos pretos. Lembro-me de algumas amigas que optaram por uma atitude mais dura para ficarem parecidas e serem "aceitas" no mundo masculino. Hoje, a nova geração não precisa mais disso. Não precisamos mais de terninhos pretos nem sermos duras. Entretanto, ainda restam desafios às mulheres. Precisamos aumentar nossa representatividade nas posições de nível C, bem como nos Conselhos de Administração.

Espero que minha história de superação ajude também outras pessoas a verem que com dedicação, persistência e fé é possível realizar os seus sonhos. Não desistam nas primeiras dificuldades que surjam. Usem os desafios como molas propulsoras. Sejam automotivadas. Não deixem que o medo supere a coragem.

Do meu pai herdei a coragem e da minha mãe herdei persistência e fé em Deus.

E saibam que minha trajetória não para aqui. Adoro desafios e estou pronta a assumir novos.

35

EMPREENDEDORAS DE ALTA PERFORMANCE

Natália Leite

Natália Leite

Apaixonada por livros, idiomas e viagens, Natália Leite é curiosa e otimista incorrigível. Intensa, mergulha 100% em seus projetos e não descansa até ver plenamente realizado o que sonhou. Ama Filosofia, Psicologia e a poesia de Cora Coralina. Mestre em Ciência da Informação, é jornalista, escritora e empresária, sendo cofundadora da Escola de Você, plataforma de cursos online para mulheres, e da Sonata Brasil, empresa de treinamentos corporativos e formação para liderança.

natalialeite@escoladevoce.com.br
www.escoladevoce.com.br

Se você alguma vez conversou com um estudante de jornalismo, na década de 90, conhece essa história. Naquela época, *internet* era novidade no Brasil, não havia por aqui *bloggers* ou *youtubers* e o sonho profissional na área de comunicação vinha num pacote fechado: apresentar telejornais, participar ao vivo de grandes coberturas e viajar para lugares exóticos em busca de reportagens emocionantes. Uma meta difícil de alcançar.

Estudei mais, trabalhei mais, deixei de participar de tantas comemorações em família para as quais, a um certo ponto, deixei de ser convidada. Empreendi na carreira que escolhi e realizei o que era, até então, meu projeto de vida. O jornalismo me levou da Tanzânia à Suécia, me fez mergulhar nos casos policiais em São Paulo, na política em Brasília, da reportagem à bancada na TV.

Eu, individualmente, já estava contente em ser uma boa jornalista. Mas acredito que toda pessoa tem uma missão.

Acredito também que a combinação entre o que cada indivíduo tem como potencial inato e suas experiências de vida cria uma equação distinta. E algumas combinações abrem mais possibilidades e responsabilidades.

Ter vindo ao mundo neta de uma mulher retirante da seca no Nordeste, obrigada a se casar aos 13 anos para ter o que comer, teve um impacto importante. Queria entender o porquê de minha avó ser tão amarga. O comportamento feminino e as dificuldades impostas a nós pelo simples fato de sermos fêmeas me interessou desde a infância. A função de repórter me concedeu um ponto privilegiado de observação. Por mais de 15 anos, pude conversar, diariamente, com mulheres das mais diferentes condições culturais e sociais - das moradoras de rua às poucas presidentes de nações e empresas que encontrei.

Aos poucos, fui notando, a começar por mim, o roteiro da subutilização da inteligência feminina que traz prejuízos tão graves para todos - mulheres e homens. Percebi que, independentemente de contexto, meninas são "programadas" culturalmente para cumprir um *script* que não escolheram. O medo de não ser amada, de incomodar e de ficar só se mistura com imposições estéticas impossíveis de alcançar e alimentam a sempre crescente comparação. A comparação não é consigo mesma, em busca de progresso pessoal. É com a outra – a amiga, a irmã, a vizinha, a colega. E quando a referência está sempre fora, é mesmo difícil construir autonomia e autoestima.

Nascia ali, nos bastidores das reportagens, uma faísca de inconformidade. Uma espécie de inquietação com a previsibilidade e a irracionalidade do modo como formamos nossas meninas e mulheres. Se queremos que nossas filhas sejam profissionais realizadas, por que damos a elas apenas bonecas e brinquedos de casinha? A brincadeira forma a criança e assim como os meninos têm inúmeras possibilidades – policial, super-herói, cientista, piloto – as meninas precisam de mais do que bebês e panelinhas cor-de-rosa para conhecer e tomar posse de seus próprios talentos.

Não somos educadas a ser quem somos. Não somos educadas a nos conhecer. O tempo passa e logo estamos repetindo o script que aprendemos com as mulheres que vieram antes de nós. Nem paramos para pensar sobre qual é a razão para julgarmos umas às outras constantemente – cabelo, roupa, bumbum, marido. Por quê? Levamos a programação adiante sem sequer parar para pensar: o que ganho com isso? Convém?

Mergulhei em História, Filosofia e Psicologia na tentativa de compreender a mim mesma. Entendi que de forma irracional repetimos hoje, num contexto completamente distinto, um modelo velho de ser mulher. Um século atrás, em nosso país, as mulheres não tinham formação ou liberdade para se sustentar. A relação com um homem podia fazer a diferença entre o abandono e uma vida confortável, com filhos. Naquela época, não casar e não ter filhos era um estigma gigantesco.

Esses aprendizados foram semeando em mim um desejo de fazer algo, embora não soubesse o que, para simplificar as escolhas e melhorar as vidas das mulheres do meu tempo. Eu sabia que quanto mais estudasse e crescesse, mais poderia ajudar outras mulheres a perceberem a irracionalidade de certos comportamentos que prejudicam a todas nós e são repetidos no piloto automático. Sabia também que minha experiência jornalística de traduzir assuntos complexos em reportagens simples seria útil para adaptar conteúdo clássico importante para a construção de uma nova Pedagogia capaz de levar real empoderamento e autonomia às mulheres do meu tempo.

O desejo era desenvolver um modelo simples de educação, capaz de ajudar cada mulher a rasgar rótulos impostos e descobrir a melhor versão de si mesma. Sabia que sozinha não conseguiria realizar o que sonhava. E sabia também que havia muitas outras mulheres inquietas, inconformadas, sedentas por transformação. Fui em busca de conexão com essas mulheres para dar vida ao sonho. Ana Paula Padrão, então colega de emissora, hoje sócia e cofundadora da Escola de Você foi a primeira delas. Sem a Ana, certamente esse projeto que já alcançou mais de 100 mil mulheres não existiria. Ana Fontes, da Rede Mulher Empreendedora, Patrícia Tucci, da Estilo Pessoal, e Soraia Schutel, da Sonata Brasil, foram as especialistas que imediatamente abraçaram a causa e começaram a trabalhar antes mesmo de entender exatamente como funcionaria a tal plataforma de cursos gratuitos para mulheres.

Acredito que a busca pelo melhoramento é indissociável do humano. Assim, cada um de nós é apelado, em algum momento da vida, a cumprir algo que vai além de sua zona de conforto individual. Para mim, desenvolver esse modelo de aulas em vídeos curtos para dar ferramentas de autoconhecimento e desenvolvimento de carreira para mulheres faz parte do meu dever com a espécie. A Escola de Você é uma escola de bom senso, uma escola que ensina o óbvio que ignoramos. Em dois anos impactamos tantas vidas que fomos reconhecidas internacionalmente como inovação pedagógica pelo Banco Interamericano de Desenvolvimento e pela organização acadêmica *Academy of Management*.

Todos os dias nos chegam histórias de alunas que superaram seus próprios limites com os cinco minutinhos por dia de vídeos. As aulas trazem dramatizações de cenas do dia a dia e levam cada uma a refletir sobre os resultados dos próprios comportamentos, mas sem culpa ou cobrança. Nossa lógica é estender as mãos, não apontar o dedo. Essa dinâmica de pertencimento e colaboração gera uma conexão profunda. As alunas passam a se reunir em suas cidades e, com o tempo, compartilham transformações relevantes como voltar a dirigir, abrir o próprio negócio, deixar relacionamentos abusivos ou decolar na carreira. Esse é o nosso combustível. Provocar a descoberta de habilidades esquecidas realimenta, de maneira exponencial em mim, a vontade de aprender e realizar mais.

Uma escola, uma loja, um serviço de qualidade – não importa qual é o empreendimento. O empreendedor será sempre a ponta da lança, o que abre caminhos para si e para os demais. É um tipo de indivíduo que enxerga o resultado antes que seja visível aos demais e cria as condições para realizar. O empreendedor não se assusta com o abismo. Reconhece, estuda, se prepara, encontra as alianças necessárias e constrói a ponte até o outro lado. Pela resiliência dessas pessoas, todos nós ganhamos. E é claro que, assim como qualquer humano, o empreendedor sofre, tem medo, cai. O que o diferencia é a capacidade de se levantar e recomeçar onde a maioria enxerga razão para desistir.

O que aprendi observando e conversando com empreendedores de todos os tamanhos, em meus anos como jornalista, é que eles têm uma capacidade incomum de se manterem motivados. Com um banqueiro absolutamente brilhante e generoso, aprendi uma técnica simples e eficiente que quero compartilhar com vocês. Ele sabe que sua maior tarefa não é fazer contas. Há economistas mais treinados que ele para isso. A maior missão dele é estimular o melhor em cada um dos colaboradores. E são milhares. Sabe o que ele faz? Todos os dias de manhã, enquanto escova os dentes diante do espelho, ele repassa mentalmente todas as razões pelas quais ele é grato à vida e também as razões pelas quais ele se orgulha de si mesmo. Deste modo, em vez de começar o dia esvaziando "o tanque de entusiasmo" com as preocupações, ele inverte a lógica e "turbina" o próprio combustível. Gosto de passar essa dica adiante porque é a prova da desculpa da falta de tempo. Todos nós vamos escovar os dentes ao acordar, certo? Então, que tal usar esse momento para criar um hábito capaz de alimentar sua chama empreendedora?

Pode parecer simples demais. Mas a cada dia tenho mais convicção de que a simplicidade é o grande motor para realização. Tenho certeza de que as escolhas individuais repercutem no coletivo. E que o bem ao coletivo beneficia principalmente e primeiramente ao indivíduo que decide fazê-lo. Essa é a beleza do empreendedorismo: quanto mais faço bem a mim mesma, mais gero a abundância que faz mais pessoas realizadas.

EMPREENDEDORAS DE ALTA PERFORMANCE

36

Rachel Maia

Rachel Maia

Formada em Ciências Contábeis, pós-graduada na USP em Finanças e com cursos de especialização em Vancouver - Canadá e Harvard - EUA, Rachel iniciou sua carreira na Seven Eleven como controller, onde trabalhou durante sete anos, depois atuou na Novartis Pharmacy por quatro anos e na Tiffany & Co., da qual foi responsável pela chegada ao Brasil e onde ficou por oito anos como CFO.

Hoje, a CEO Pandora Brasil faz parte do Conselho Geral do Consulado Dinamarquês e Câmara Dinamarquesa, bem como é membro do comitê de presidentes na Câmara Americana de Comércio. Rachel é mãe de uma menina de quatro anos e pretende adotar mais um filho. Entre suas atividades prediletas nas horas de lazer estão as brincadeiras infantis e a leitura. Também dedica seu tempo ao trabalho assistencial: já trabalhou por oito anos como voluntária de famílias carentes da periferia para Sociedade dos Vicentinos, em São Paulo, e se dedicou por 12 anos aos jovens da Igreja Católica. Hoje apoia a Fundação Cafu e outras instituições sem fins lucrativos.

Sobre a Joalheria Pandora:

Foi fundada em 1982 em Copenhague, Dinamarca, e é uma das maiores joalherias do mundo. Desenha, fabrica, distribui e vende joias a
preços acessíveis com um modelo de negócio integrado. A marca está presente em mais de 100 países nos seis continentes, com aproximadamente 9.000 pontos
de venda, incluindo 1.800 lojas conceito, além das vendas por meio de seu e-commerce.
A Pandora está no Brasil desde 2009, finalizou o ano de 2014 com 35
lojas e em 2015 praticamente dobrou este número, fechando o ano com 69 lojas conceito.

www.pandorajoias.com.br
www.pandora.net
www.pandoragroup.com

Uma história de fé no trabalho

O sonho era ser aeromoça. Fiz curso, tirei licença até para trabalhar em Boeing 737, mas meu pai, técnico de voo de alta competência e que começou a trabalhar muito cedo, foi taxativo: só depois de fazer faculdade, exigência para todos os sete filhos. E não seria a caçula quem iria contrariar. Prestei vestibular, estudei Ciências Contábeis, comecei a trabalhar na área e, alguns MBAs em Finanças depois, voei de um jeito diferente, na direção brasileira de uma das mais importantes joalherias do mundo: a dinamarquesa PANDORA.

Hoje, reconheço a importância da insistência paterna. Negro, apesar de suas qualidades profissionais, sofreu muito preconceito e não queria que seus filhos passassem por situações semelhantes, vendo no estudo a oportunidade para que se destacassem. Comecei a trabalhar cedo, como menor aprendiz, ainda quando cursava escola pública. Depois me formei como técnica contábil, antes do curso superior, e fui fazendo estágios. Foram dois anos no Banco do Brasil, vindo em seguida meu primeiro emprego de longa duração, sete anos na 7-Eleven, onde cuidei da contabilidade da rede, que chegou a ter 13 lojas no Brasil.

Quando saí da rede de lojas de conveniência, peguei todo o dinheiro da rescisão e fui para o Canadá estudar línguas na University of Victoria, em Vancouver. Fiquei lá um ano e meio e ao retornar trabalhei na Novartis como *controller* da unidade de negócios de lentes de contato. Era apaixonada pela área industrial e esperava trabalhar sempre neste setor.

Quatro anos depois decidi viajar novamente para fora do País, agora para os Estados Unidos. Fui estudar Finanças por quase um ano e aproveitei para viajar e conhecer várias cidades norte-americanas. Apaixonada por Pablo Picasso, morava com meu irmão Evaldo Maia em Miami quando, navegando na internet, descobri que Paloma Picasso, a filha do grande artista, estaria em São Paulo para o grande evento de inauguração da primeira loja própria Tiffany & Co. na América do Sul, que seria em São Paulo no conceituado Shopping Iguatemi, na avenida Faria Lima.

Não tive dúvidas: retornei ao Brasil e fiquei na frente da loja, no Shopping Iguatemi, apenas para ver a filha do meu ídolo. Na época, em 2001, eu mal imaginava que pouco tempo depois viria ser a gerente financeira da Tiffany & Co. no Brasil. Retornei a Miami e seis meses depois estava novamente no Brasil, pronta para voltar a trabalhar na área industrial, quando um *headhunter* que tinha conhecido na época da Novartis me chamou: tinha três opções de trabalho, duas na indústria e uma no mercado de luxo.

Foi por insistência do *headhunter* que eu fui fazer a primeira entrevista na joalheria Tiffany & Co. Queria mesmo ficar na área industrial. Eu me lembro de que fui a última a ser entrevistada e que estava de má vontade. Esse encontro demorou apenas 20 minutos. Dois dias depois um telefonema: um convite para nova conversa na Tiffany & Co.

Novamente fui a última a ser entrevistada e achei que estava lá apenas por formalidade. Mas nesse momento fui avisada de que iria falar por telefone com o CFO global, que, para minha surpresa, perguntou sobre assuntos gerais que ocorriam no mundo e eu abordei a questão do mercado de artes, que estava abalado por negociações envolvendo empresas fraudulentas. E nessa história estavam obras de Picasso.

Por mais insistência ainda do *headhunter*, fui para a terceira entrevista e contratada. Embora tivesse planejado ficar apenas dois anos no novo trabalho, fui CFO por mais de sete anos, tendo chegado a assumir duas vezes interinamente o cargo de CEO por aproximadamente oito meses.

Querendo adotar uma criança, decidi ter mais um tempo para mim e saí da Tiffany & Co. em 2009. Mais seis meses nos EUA, onde tinha um namorado que conheci nas inúmeras viagens internacionais. Estive em várias cidades daquele país e decidi voltar ao Brasil e trabalhar novamente.

Ainda quando estava na Tiffany & Co., tinha sido sondada pela Pandora para o cargo de CFO. Como tinha o desejo de adotar uma criança, expliquei isto em meu primeiro contato e a negociação não prosseguiu. Ao retornar ao Brasil, procurei meu amigo *headhunter* e disse que estava aberta a novas possibilidades no mercado de luxo. Depois de alguns dias chegava a informação de que aquela mesma posição na Pandora estava disponível. Estranhei, achando que aquilo era um indicador negativo.

Na verdade, a Pandora estava procurando um profissional que em pouco tempo deveria ser CEO, já que a operação brasileira estava iniciando e deveria crescer muito. Nessa nova entrevista, achei que não seria aprovada, pela negativa anterior diretamente ao presidente, Daniel Bensadon, mas não foi o que aconteceu. Começava então uma nova história.

Seis meses depois de iniciar na Pandora, a Justiça liberou a adoção de uma criança para mim. Eu poderia iniciar o processo e entrar na fila para aguardar a adoção de uma criança. Só que o destino me reservava uma surpresa. Uma linda surpresa. Aos 40 anos de idade eu estava grávida.

Sarah Maria estava a caminho. E eu fui conversar na Pandora. Não achava justo prosseguir dentro de um novo momento que poderia prejudicar a empresa.

Ao sentar para conversar após um evento em Brasília, quando coloquei meu cargo à disposição ainda como CFO, eu não só fui mantida na empresa como fui promovida para CEO, cargo em que estou até hoje, comandando uma das maiores expansões de mercado que a Pandora fez recentemente no mundo.

Para mim, o primeiro grande desafio de qualquer gestor é nunca se acomodar. Como CEO nunca se deve descuidar do próximo passo e nunca se deve ser apenas mais um gestor. Deve sempre se qualificar, olhar ao seu redor. Temos de ter em mente que devemos observar naturalmente não só para trás, mas para o entorno e saber que as pedras que você colocou no seu percurso ainda estão lá. Temos de construir nosso legado. Nunca podemos deixar de nos qualificar, de falar com todas as pessoas, de fazer *coach*, de respeitar todos. Os cabelos brancos e as cicatrizes merecem respeito.

Saber escutar e silenciar na hora certa foi uma das principais habilidades que aprendi nesses anos. Antes eu ouvia, hoje sei escutar. Aprendi a pluralizar mais, quando as pessoas falam com você e você usa a primeira pessoa do singular não está passando uma boa mensagem. Não me furto a uma decisão rápida, mas é importante ter o "nós" em mente a todo momento. E, justamente por isso, minha principal motivação não é apenas o *business* de forma isolada, mas, sim, olhar o próximo inserido no *business*.

Eu me defino como muito objetiva, com uma grande sede de aprendizado e uma de minhas principais motivações é sempre me qualificar, em todas as áreas. O ser humano tem de estar em constante aperfeiçoamento, seja no conhecimento material, seja na fé, que tenho muito forte. Como devota de Nossa Senhora de Fátima, vejo em todas as religiões a base do que prego: "Amar ao próximo em todos os momentos".

Sobre metas para o futuro, não tenho uma especificidade. Eu considero a vida tão dinâmica que o hoje estando bem feito a meta está sendo cumprida. Sempre verei o melhor para minha família, sempre desejarei o melhor para o próximo, sempre farei o melhor com transparência e integridade. Combater o bom combate no dia a dia é o melhor trabalho. *Check the box.*

Para mim, o foco é ainda algo sendo trabalhado. Nem sempre o melhor caminho é uma reta. Tenho meus objetivos, mas se precisar fazer um zigue-zague para chegar lá e se para meu percurso tem pessoas na ponta que me chamam, vou fazer esse zigue-zague. Não sei se é ruim, mas não sou uma pessoa que segue em linha reta.

Empoderar-se é o meu grande conselho para quem está iniciando agora. Mulheres não são apenas executivas, mulher é mãe, é dona de casa, esposa, tem outras atribuições que os homens não têm. Se você quer ser executiva, deve se questionar até que ponto quer chegar na sua vida como executiva. O mercado não irá te punir se você definir um limite, que quer ser analista, coordenadora, gerente ou diretora, o que importa é que sua decisão contemple felicidade. Empodere-se nisso. Se você definiu como topo de sua carreira ser gerente, é sua meta individual. Seja exemplar no que definir para você.

Segredos? Sempre se qualificar. Nunca deixar de procurar se aprimorar. Ligar-se ao próximo. Deixar Deus na dianteira. O modelo de gestor que bate na mesa, que grita, que chama o funcionário de nomes pejorativos está hoje fadado ao fracasso, fadado a não ter lugar no mercado para ele.

Sou reconhecida como uma executiva de sucesso, mãe solteira que gostaria de ter mais tempo com minha Sarah Maria, mas que vivo intensamente o amor que tenho pela minha filha a cada minuto. Sou negra, alta, altiva, de personalidade própria, e procuro força em Deus e em meu empoderamento para enfrentar e superar preconceitos e vencer meus desafios.

Sou uma das faces da diversidade.

EMPREENDEDORAS DE ALTA PERFORMANCE

37

Reny Okuhara

Reny Okuhara

THGO Plus.
Graduada em Engenharia Elétrica pela UNESP (Universidade Estadual Paulista – Campus Guaratinguetá). Pós-graduada em Administração de Empresas pela ESAN (FEI) e em Marketing pela ESPM. Estudou MBA Executivo Internacional com ênfase em Direito Empresarial pela FGV e na Universidade da Califórnia Irvine (UCI/USA). Possui experiência como Executiva Operacional, de Estratégias e Comercial em multinacionais americanas e chinesa. Atualmente é consultora e mentora empresarial, coach e fundadora da THGO Plus.
Membro do grupo Mulheres do Brasil (Comitê Cultura), do TECO (Empretecos) Norte e Centro e do Comitê Jovem Empreendedor - CJE da FIESP.

(11) 4116-0221
reny@thgoplus.com.br
www.thgoplus.com.br

Quando eu tinha por volta dos três anos de idade, comecei a ter as primeiras aulas de negociação, de praticidade, de proatividade e de honestidade, na prática!

Nessa época, a minha mãe retornou ao mercado de trabalho e como eu não ia para a escola, passava os meus dias na casa dos meus avós maternos. Eles vendiam pastel em feiras livres de manhã. À tarde eu acompanhava o meu avô às compras, depois eu via a equipe preparando os ingredientes dos pasteis e deixando-os prontos para o dia seguinte.

Eu seguia o meu avô aonde ele ia e aprendi com ele como fazer uma negociação ganho-ganha; como sintetizar tudo o que precisa fazer para não ter retrabalho, sendo prático e direto no que realmente interessa a todos; como ajudar ao próximo por mais que você esteja atolado de coisas a fazer e o que você sempre pode aprender quando ajuda ao outro; e como quando as coisas são feitas com honestidade e sinceridade o universo conspira e traz para você o melhor cliente, as melhores pessoas, as melhores oportunidades.

Claro que naquela época eu não tinha noção de nada disso, mas me encantava em acompanhá-lo e vê-lo falando com as pessoas, resolvendo problemas e sendo solicitado para ajudá-las. Seu gênio sempre foi muito forte, mas tinha uma candura no coração, que fazia com que ele sempre parecesse uma pessoa iluminada. E por ter o poder da palavra e a coerência nas suas ações, acredito que fazia com que a maioria das pessoas ao seu redor o escutasse e fizesse o que ele sugeria.

Sem dúvidas, ele foi o meu primeiro grande herói! Apesar de nunca ter pensado em ser como ele, muitas das minhas ações hoje são baseadas no seu jeito de ser.

Desde pequena, eu sempre escutei a minha mãe dizer que eu não precisava me preocupar em ganhar, pois se eu quisesse eu conseguiria... Estas palavras me empoderaram de tal maneira que simplesmente não tinha bloqueios ou dúvidas de que eu conseguiria o que eu quisesse desde que dependesse de mim.

Com esse pensamento, ao acabar o ensino médio entrei na Unesp, em Engenharia Elétrica, e fui morar em Guaratinguetá, a cerca de 180 quilômetros da cidade de São Paulo.

Com pouco menos de 18 anos, tive de aprender a administrar o meu tempo entre aulas, estudos, compras e fazeres domésticos; pagamentos de contas *in loco* (já que o meio eletrônico mal existia); vida social na faculdade; retorno a São Paulo; convívio familiar e com os amigos de São Paulo. Sem contar com a administração financeira, já que apesar da faculdade ser pública, havia o custo da moradia, da alimentação e afins, que a minha família precisava arcar e só tinha condição para pagar o que realmente eu necessitava para me manter.

No final do último ano da faculdade, eu iniciei o estágio obrigatório e, desde então, passei a me sustentar financeiramente. E ainda ajudava a pagar contas na minha casa, pois o meu pai já tinha alguns problemas de saúde e o que ele mais a minha mãe ganhavam não era o suficiente, mesmo a minha irmã mais velha também ajudando financeiramente. Desse modo, eu assumi responsabilidades financeiras e isso fez com que eu adiasse meus maiores sonhos.

Mesmo assim, eu nunca fui escrava das empresas em que trabalhei. Nunca tive receio de ser despedida. Sempre acreditei que, se eu perdesse um emprego, arranjaria outro melhor e rápido. Que eu tinha capacidade para isso! E, por isso, conseguiria cumprir as responsabilidades financeiras assumidas.

Acredito que veio da minha mãe também a mensagem de sempre ir atrás das oportunidades.

Seis meses após terminar a faculdade, entrei numa pós-graduação de Administração para engenheiros. Para mim, foi fundamental essa pós na minha carreira. Éramos 21 alunos e o nosso TCC era montar uma empresa com sete departamentos, pré-estabelecidos pela escola, com três integrantes em cada departamento. Ou seja, só existia um TCC, com toda a sala envolvida.

Tivemos de aprender a nos organizar cronologicamente, pois um departamento dependia do outro para fazer sua parte. Não havia uma liderança, todos eram como "pares" numa empresa, por isso todos precisavam se entender, respeitar as opiniões alheias e "cobrar" atitudes dos grupos em débito quando alguém atrasava sua parte no trabalho.

Para mim, foi um ano em que eu entendi como era trabalhar em equipe, como era liderar e não mandar, como uma atitude implicava a consequência de outra ação. Além disso, eu tive a oportunidade de conhecer cada um mais de perto e entender o que faziam. Onde o engenheiro podia trabalhar. Tinha engenheiro igual a mim, com meio ano de formado, assim como outros com dez anos de formados. Tinha engenheiro na área de engenharia, de *marketing*, de RH, de vendas, da produção, da qualidade, em bancos... E com tantas opções eu decidi que queria trabalhar na área de vendas!

Porém eu trabalhava com orçamento técnico. Ou seja, não comercializava, só fazia o levantamento das necessidades e especificava o que precisava ser feito feito na parte elétrica. Então, toda vez que eu era chamada para uma entrevista, já que tinha um bom currículo, era reprovada quando me perguntavam sobre a minha experiência na área comercial.

Não tive dúvidas, procurei algum emprego em que eu poderia entrar sem experiência e achei os programas *trainees* que não exigiam experiência. Nas seletivas, já descartei das minhas opções as redes de varejo, por não estar dentro do foco que eu procurava.

Acabei entrando numa multinacional americana, na área de *Marketing* numa divisão que era responsável pela abertura e manutenção de lojas de componentes para o produto acabado. Lá aprendi desde planejar a abertura de uma loja, abri-la literalmente, até realizar o acompanhamento do seu faturamento e dos estoques após aberta. Aprendi a tornar a divisão uma franqueadora e a dar suporte aos franqueados. Além disso, o nosso departamento era responsável pelas campanhas promocionais, pela divulgação dos produtos, pelas comercializações com os fornecedores das gôndolas, entre outras coisas. Foi pouco mais de um ano de muito trabalho e aprendizado.

Daí eu fui convidada para ir para a área de vendas de produtos na mesma empresa. Era necessário ser engenheiro, pois todos os cargos eram de engenheiro de vendas. Um dos meus primeiros desafios foi ampliar as vendas no interior de São Paulo. Para quem não tinha experiência em vendas até que fui bem, pois no ano seguinte recebi o prêmio de melhor performance em vendas na minha divisão.

Depois de alguns anos de desafios na área de vendas, onde eu era a única mulher, eu não só era responsável por vender, fazia também as análises comerciais dos meus clientes e algumas vezes da minha divisão em São Paulo, coordenava os novos representantes comerciais e era responsável pelo programa de qualidade na área comercial. Além disso, sempre procurava me atualizar, seja fazendo pós-graduações ou estudando línguas.

Então fui convidada para ir para a divisão responsável pelo *Marketing* Estratégico da América Latina. Na divisão LATAM, aprendi o quão grande é o mundo empresarial. Tive oportunidade de conversar e ouvir pessoas de outras plantas da empresa ao redor do mundo; de estar com executivos internacionais e entender como eles pensam e agem; de aprender sistemas que não existiam no Brasil; de ver a figura maior e entender onde cada ação impactaria na empresa; de conhecer novos produtos e mercados. Para quem é uma maluca por novidades, foi o máximo!

Mas a minha alegria acabou pouco mais de um ano depois, pois a Operação América Latina (LAO) foi para Miami e só os diretores foram expatriados. Retornei para a operação Brasil, mas não encontrei mais desafios que me motivassem nessa empresa.

Pouco mais de um ano depois aceitei um desafio de comercializar serviços para pessoas físicas e passar de empregada a franqueada, numa outra multinacional americana. Lá aprendi como ser muito mais organizada, planejada, convincente e argumentadora. A minha meta era semanal e os meus desafios diários. Nesse período tive de aprender a trabalhar não só esses novos desafios, mas principalmente com o meu psicológico.

Acredito que não estava preparada para ser empreendedora nem para a rejeição das pessoas que conviviam comigo por estar deixando uma carreira tão promissora e em ascensão para ser dona de um negócio próprio...

Como sempre, a minha mãe foi a minha maior apoiadora e incentivadora, superei essa fase, os desafios e quando eu decidi que queria mudar de ares o universo novamente me agraciou com um convite para eu retornar para o antigo mercado, mas num concorrente. Comercializaria o único produto que não tinha tido a oportunidade de vender na antiga empresa, já que iniciaram a venda desse produto quando já tinha saído da área de vendas.

Foi uma rápida passagem numa empresa na qual eu tive a oportunidade de colocar em prática tudo o que tinha aprendido sobre liderança. Nessa época eu já tinha começado a estudar uma filosofia de vida que fazia com que eu me tornasse mais decidida a me tornar não só uma líder melhor, mas um ser humano melhor. E que usava o processo de *Coaching* como ferramenta para crescer espiritualmente.

A empresa que me contratou teve divergências com a fornecedora internacional e, como eu era responsável pelas vendas nacionais, fui demitida juntamente com outros profissionais. Foi um choque, pois isso nunca tinha acontecido antes e eu realmente não esperava naquele momento que tal fato ocorreria.

Mas foi a melhor coisa que poderia ter ocorrido, pois eu aprendi muitas coisas interessantes com esta demissão. Principalmente a me levantar rapidamente e ir atrás de novas oportunidades.

Nessa época em que estive em "férias permanentes", tive a oportunidade de conhecer lugares, culturas e situações bem diversas, e que eu sempre quis conhecer; dar atenção a uma pessoa mais que especial na minha vida que veio a falecer nesse período, que foi o meu avô materno; e utilizar o poder do meu *networking* para retornar ao mercado de trabalho.

A ideia era que eu implantasse um novo departamento na área elétrica numa multinacional chinesa, mas acredito que o principal dono chinês viu algo a mais no meu potencial e me convidou para implantar a filial da empresa no Brasil.

Foi um desafio incrível, pois coloquei em prática tudo o que eu tinha estudado e orientado aos meus clientes. Claro que tive de ir atrás de informações, de mentores, de cursos, de casos de sucesso, para fazer a empresa acontecer, mas apesar do árduo trabalho e de muitas cobranças, aprendi como nunca a estruturar, administrar, gerir e ampliar uma empresa.

Sem contar com o aprendizado cultural. O modo como os chineses pensavam e administravam uma empresa era bem diferente das empresas em que eu tinha trabalhado ou estudado. Eu precisava explicar impostos e leis brasileiras, formas de negociação e de pagamentos (parcelamento) para a *controler* chinesa. No início fazia muita viabilidade financeira para convencê-la de que estávamos trabalhando corretamente.

Foi durante o período em que eu estive nessa empresa que perdi o meu segundo grande alicerce masculino, meu pai! Ele me ensinou muito do que sou hoje, principalmente que todos podem se tornar pessoas melhores, se quiserem! Quem soube aprender com ele foi feliz!

Todo esse aprendizado somado às minhas experiências anteriores, permitiram-me sentir bem confortável quando decidi abrir a minha consultoria empresarial, após pedir demissão da empresa chinesa.

Logo no início, como queria ter base teórica também para ser aplicada na prática, fiz o Empretec, curso de *Coaching* e de Consultor. Busquei orientações de consultores do Sebrae, de um grande amigo e mentor em RH e paguei para passar pelos processos de *Coaching* e de Mentoria para poder saber o que os meus clientes sentiriam.

Hoje eu sei exatamente como um novo empresário se sente quando decide abrir sua empresa; ou quando era um executivo de uma multinacional e decide empreender; ou as dificuldades que um gestor enfrenta no seu dia a dia. E assim eu consigo ter a empatia para assessorar meus clientes a enfrentar os desafios que eles enfrenam nas suas empresas, principalmente nesses últimos tempos com a nossa economia mais conturbada.

Continuo os meus aprendizados participando de congressos, seminários, palestras, cursos, *workshops* que são interessantes à minha consultoria. Acabei recentemente o curso de especialização em Medicina Comportamental na UNIFESP e participo mensalmente de pelo menos três grupos de negócios.

Para conseguir fazer tudo o que eu quero, tive também de analisar o que realmente era importante na minha vida e de pouco mais de um ano para cá tenho retirado e evitado tudo e todos que não contribuem nem para meu crescimento pessoal nem profissional.

Continuo dividindo o meu tempo entre os clientes e os aprendizados; busco utilizar umas horas da semana para firmar parcerias e ajudar pessoas com dúvidas nas suas carreiras; dedico boas horas da semana à minha família e aos amigos; e também ao meu lazer e à minha espiritualidade.

Quando consigo ver os meus clientes crescendo, realizando seus sonhos, aprendendo que podem muito mais, fazendo seus negócios acontecerem e felizes com as trajetórias que escolheram, eu tenho certeza de que sou realizada, feliz profissionalmente e posso me considerar uma empreendedora de alta performance.

EMPREENDEDORAS DE ALTA PERFORMANCE

38

Roberta Ramalho

Roberta Ramalho

Filha do saudoso empresário do segmento náutico Gilberto Ramalho, assumiu o cargo do pai na presidência da Intermarine em 2014, após um ano passando por todas as áreas da companhia. Nesse breve período, a jovem empresária e economista, hoje com 23 anos, realizou significativas mudanças e tem demonstrado o mesmo vigor do pai como líder de uma das mais representativas marcas brasileiras: reestruturou a produção do estaleiro, ampliou sua distribuição, aprimorou serviços de assistência técnica, fortaleceu a presença da marca através de ações de marketing e tem lançado produtos. Para 2017, Roberta confirma a entrada da empresa de quatro décadas no mercado externo. Os barcos são trabalho e também paixão. Roberta é amante de velocidade e adrenalina e sua embarcação particular é a nova Intermarine 48 Offshore, que chega a 54 nós, cerca de 108 quilômetros por hora – velocidade incrivelmente potencializada na água. Outra paixão, que quase se tornou profissão, são os cavalos. Roberta é exímia amazona, participou de importantes competições e sempre que pode pratica salto.

www.intermarine.com.br
instagram.com/intermarine

A minha trajetória como empreendedora começou em 2013. Aos 19 anos e ainda terminando o curso de Economia na PUC-Campinas, ingressei na empresa da minha família, a Intermarine, estaleiro líder em embarcações de luxo no Brasil. A minha vinda já era planejada pelo meu pai e por mim, mas acabou sendo antecipada pela sua morte precoce, em 2009, quando eu ainda tinha 15 anos. Durante um período de quatro anos a gestão da empresa ficou sob responsabilidade de um amigo da família. Ao final desse período eu finalmente iniciei na Intermarine, com o suporte de um grupo gerencial e de diretores que já trabalhavam com meu pai há muito tempo.

Naturalmente, comecei com bastante ansiedade. O meu maior desejo, compartilhado pelos meus pais, era justamente estar ali. Ter o suporte da minha mãe, principalmente depois da partida do meu pai, é fundamental. Na contramão do que muitas vezes acontece, eu e minhas irmãs mais velhas, do primeiro casamento do meu pai, nos tornamos ainda mais unidas. O apoio delas também é muito importante.

A minha relação com a Intermarine não poderia ser mais íntima. A empresa foi adquirida pelo meu pai em 1985. Ele já era um empresário de sucesso no ramo de autopeças e, empreendedor e visionário como era, mudou de setor para trabalhar com sua grande paixão: os barcos. Eu nasci em 1993 e vivi intensamente o envolvimento do meu pai com a Intermarine. Ele, vendo minha paixão pelos barcos e pelo mar, sempre apoiou o meu desejo de um dia trabalhar no estaleiro e, enquanto pôde, me preparou para isso. Passei por todos os departamentos da empresa durante um ano para ter uma visão geral do negócio, para depois de fato assumir a presidência.

Os desafios que já tive de encarar desde o primeiro dia não foram poucos. Por ser muito jovem, herdeira e mulher em um meio essencialmente masculino, a minha entrada gerou bastante curiosidade e, por que não dizer, desconfiança. Somado a isso, o mercado de barcos passava por uma crise. Entretanto, ao mesmo tempo em que houve certo receio, também fui recebida com uma agradável surpresa, o carinho pelo fato de ser filha do Gilberto Ramalho, que sempre foi um profissional admirado.

Não é exagero dizer que todas essas dificuldades só serviram para me dar mais motivação para trabalhar muito. Nas horas vagas sempre tive como *hobby* o hipismo e competir para mim é um prazer. Toda essa sede gigantesca de vencer se virou para os negócios e é a eles que dedico todo o meu foco desde então. Muitas vezes acordo no meio da noite com a solução para algum problema, que já anoto em seguida.

Hoje posso afirmar que o maior desafio em uma empresa é fazer com que todos os colaboradores remem na mesma direção que você. Que cumpram suas metas e trabalhem pelos seus propósitos. É extrair o melhor de cada um para ser usado em prol da organização. No fim, poder trabalhar com pessoas, se relacionar, aprender e ensinar é também uma grande motivação.

O fato de ser mulher impõe algumas barreiras, mas também traz vantagens. Por termos a nossa forma de nos comunicar, de agregar as pessoas e ainda a capacidade de lidar com vários projetos e assuntos ao mesmo tempo, nos destacamos. A fórmula ideal é ter um equilíbrio entre homens e mulheres na organização.

O melhor termômetro de que a companhia está no caminho certo é o mercado. Temos tido sucesso, principalmente no segmento dos barcos grandes. Voltamos a vender embarcações "na planta", ainda no pré-lançamento, como fazíamos na época do meu pai. Ampliamos nossa distribuição, *marketing*, assistência técnica. Aprimoramos a produção. Estamos desenvolvendo novos produtos. Mesmo enfrentando um mercado turbulento, estamos vendendo e entregando. Ter novamente a confiança do mercado é a nossa maior conquista. E não vamos parar por aí: além de liderar o mercado no Brasil, nossa meta é ter uma sólida presença internacional, vendendo em mercados-chave como Estados Unidos e Oriente Médio. Temos estrutura, produtos extremamente competitivos e fortes diferenciais para isso.

Vendermos um produto que proporciona felicidade é extremamente gratificante, construímos sonhos. Mas, simultaneamente, temos uma fábrica verticalizada e um produto de certa forma artesanal que proporciona empregar, direta e indiretamente, um número alto de colaboradores e realizar os sonhos deles também. Gerar empregos. Dar oportunidades. Ou seja, realizamos sonhos nas duas pontas do processo. Dessa forma, nós nos realizamos também.

Meu pai tinha dois lemas principais que carrego, em que confio e que pratico no meu dia a dia. O primeiro é: "O amanhã será aquilo que você quiser". Acredito que quando temos metas estabelecidas, foco e determinação para atingir nossos objetivos, trabalhando os alcançamos. O segundo é: "Se for fazer, faça direito". Tudo que é feito da maneira correta, com cuidado e perfeccionismo, dá certo. Para tudo, dentro e fora da empresa, estabeleço minhas metas e procuro executá-las da melhor maneira possível. Esse é o conselho que sigo e que daria a quem me pedisse. Claro que quando se faz o que se gosta esse processo fica menos difícil. O que seria obrigação torna-se sede por realização.

Outra crença que minha experiência profissional vem confirmando a cada dia é que ninguém faz nada sozinho. Para chegar longe é necessário ter humildade e reconhecer que as conquistas são sempre frutos do trabalho de uma equipe. Valorizar essas pessoas é parte inerente de qualquer conquista.

O segredo para ser uma empreendedora? Para mim, são vários. Dentre eles, estabelecer metas, ter garra para se manter firme (pois momentos difíceis fazem parte de qualquer trajetória), lutar pelo que se acredita e trabalhar. Trabalhar além do que imagina que seja suficiente.

EMPREENDEDORAS DE ALTA PERFORMANCE

39

Simone Caggiano

Simone Caggiano

Possui mais de 25 anos de experiência trabalhando para grandes companhias nas áreas da agricultura (Usina Costa Pinto Açúcar e Álcool S.A., atual Raizen), telecomunicações (Vivo S.A.) e indústria automotiva (AUDI do Brasil), desenvolvendo atividades relacionadas a marketing e vendas, branding, gestão e fidelização de clientes. Presidente da Associação de Estudantes Brasileiros na Universidade Texas A&M, College Station, durante o programa de PhD. Primeira mulher a trabalhar para a Usina Costa Pinto, que atuava no mercado há mais de 50 anos. Vice-presidente do LIDE Mulher – Grupo de Mulheres Líderes Empresariais. Cofundadora do Mulheres Executivas para AHK – Câmara do Comércio Brasil–Alemanha. Membro do CJE - Comitê de Jovens Empreendedores – FIESP. Membro das Mulheres Líderes pela Sustentabilidade – MMA e do Grupo Mulheres do Brasil. Marketing, ESPM - Escola Superior de Propaganda e Marketing, 2001. Mestre em Ciência Animal; Esalq - Escola Superior de Agricultura Luiz de Queiroz, USP, 1992. Bacharel em Engenharia Agronômica, Esalq, 1984.

(11) 99666-2000
scaggianos@gmail.com

Nos últimos oito anos a pergunta mais frequente que me fazem, e, acredito que vocês também querem saber, é: "Como uma mulher conseguiu sobreviver ao mundo machista da Agronomia e chegar à posição de *Head of Customer Experience* da Audi?" A resposta para esta pergunta vocês vão saber logo mais. Antes, quero dizer que não é preciso passar pelo que eu passei para conquistar seus sonhos. Enfrentei muitas rejeições nesse universo do *agrobusiness*, do campo, de peões e capatazes. Tive de provar o tempo todo que eu era capaz, mas, no fim, tudo me levou a ser a profissional que hoje sou. E agora, com boas doses de emoção, entusiasmo e expectativa, convido vocês a conhecerem um pouco mais sobre mim. Nas linhas a seguir, compartilho com vocês minha trajetória profissional e três lições que aprendi nesses meus 30 anos de carreira. Sejam todos muito bem-vindos!

Já formada em Engenharia Agronômica pela Escola Superior de Agricultura Luiz de Queiroz (Esalq-USP), passei meses ligando para a Usina Costa Pinto, localizada no interior de São Paulo, na região de Piracicaba. Até que um dia, após tantas e tantas negativas do tipo "aqui não contratamos mulheres", fui visitar a Usina e saí empregada! Meu trabalho iniciou-se na área agrícola e terminei como gerente da pecuária, que era o meu grande sonho! Madrugar para sair de casa antes do nascer do sol e já estar em plena atividade quando os primeiros raios se levantavam era a minha rotina. Com toda a pressão e desafios do rústico universo do campo e, especialmente de uma usina de açúcar e álcool, eu era feliz e me realizava com cada obstáculo vencido. Os assédios também faziam parte do meu dia a dia, porém desenvolvi habilidades como astúcia e perspicácia, que me faziam navegar em águas muito perigosas, mas com a maestria necessária para me manter no emprego. Foi então que sofri um grave acidente, que me fez repensar toda minha vida.

Costumávamos fazer feno para os cavalos e raramente conseguíamos terminar o dia com uma carga de caminhão, pois sempre havia problemas com a enfardadeira, máquina que acondicionava o capim em fardos. Bem, nesse dia, tudo estava a nosso favor e adentrei o campo de feno após ter corrido o pasto com os peões. Era por volta das quatro e meia da tarde e todos já estavam cansados, especialmente um velho tratorista que encerrava sua carreira naquele dia para se aposentar. Ele era um homem muito alto e quis ajudá-lo a jogar capim na enfardadeira para que o trator não tivesse de dar mais uma volta no campo. E foi aí que, ao repetir os movimentos dele, caí entre a enfardadeira e o trator, sendo puxada e torcida pela tomada de força do equipamento. Foi terrível!!! Quando conseguiram desligar o trator eu me encontrava sem roupa, coberta de graxa e ensanguentada dos pés à cabeça. Não sabia o que estava acontecendo, mas vi o meu dedo polegar pendurado na enfardadeira e muito sangue por todo lado. Com todas as minhas forças consegui sair dali e o motorista do caminhão jogou sua camisa para me cobrir. Todos os outros homens que estavam no campo naquele momento correram e se esconderam, não sei se de pavor ou respeito para não ver a chefe sem roupa. Saí da fazenda no fim da tarde e, após receber os primeiros socorros na cidade de Piracicaba, cheguei em São Paulo somente às dez horas da noite, onde minha família me esperava na porta do Hospital Sírio Libanês. Nessas cinco horas, repensei toda minha vida.

Esse acidente me mostrou que eu não tinha de provar nada a ninguém; me mostrou que eu era capaz e que eu podia fazer qualquer coisa que eu quisesse fazer. E a partir de então, em vez de querer provar o meu valor para os outros peguei nas mãos as rédeas da minha vida e encarei de cabeça erguida todos os desafios que encontrei pela frente mesmo sem o meu polegar esquerdo que perdi para sempre. E querem saber? Foi muito bom ter enfrentado todos esses desafios, porque eles me trouxeram até aqui hoje!

Passado esse capítulo do acidente e cinco anos de muito aprendizado na Usina Costa Pinto, era hora de seguir na busca por mais conhecimento e novas experiências profissionais. Movida pela intuição e pela paixão em lidar com cavalos, escrevi uma carta contando quem eu era aos quatro top treinadores de cavalos Quarto de Milha nos Estados Unidos. Nessa carta, eu fazia a seguinte proposta: "eu trabalho para você e você não me paga, e você me ensina e eu não te pago". Recebi resposta de todos (uau!) e escolhi o top dos quatro. E, assim, lá fui eu rumo ao Texas! Não preciso dizer o quanto me arrependi em me desfazer de toda a vida confortável e estruturada que eu tinha em Piracicaba. Mal eu entendia o que os texanos falavam e não imaginava o quanto era duro selar e treinar cavalos, mas após quatro meses decidi que dali eu nunca mais sairia. Era o paraíso!!!

Não demorou muito para eu me conectar com amigos e pessoas influentes; fui terminar meu mestrado em Ciência Animal na Texas A&M

University (concluído em 1992) e, quatro anos depois, iniciei meu doutorado. Assim passaram-se sete anos com um acontecimento que marcou para sempre minha vida: o nascimento da minha filha Isabella, uma autêntica texana!!!

Pouco depois, já separada do pai da minha filha, eu dava aulas de Biologia para me manter, pois não tinha bolsa. Foi então que minha mãe não tardou em me convidar para ficar no Brasil: "Ao menos por um tempo...", ela dizia. Por trás desse convite estava arquitetado um grande plano: me tirar da Agronomia. Minha mãe achava que eu deveria ser uma grande advogada ou uma relações públicas, pois enxergava em mim grande habilidade em me comunicar e lidar com pessoas. E, assim, logo que cheguei ao Brasil para umas férias, fui muito a contragosto para uma entrevista de emprego na Portugal Telecom que minha mãe havia agendado.

Na entrevista, um português, o Luís Avelar, sentado atrás de uma mesa, apenas levantou seus oculinhos redondos e perguntou: "E a menina, o que sabe fazer?" Respondi: "Cuidar de cavalos". Para minha grande surpresa, ele não teve dúvidas em me responder: "Está contratada. Pode começar!" Era para ser um emprego temporário de meio período. Porém em duas semanas estava eu mudando para Brasília com bebê, babá e todas as parafernálias de uma casa com criança. Um tempo depois, quando a Telesp Celular foi comprada, não demorou nada para vir o Luís novamente com minha nova função: "A menina fala bem o Inglês e vai trabalhar na área de Relações com Investidores. Vamos abrir o capital na bolsa e você vai receber os investidores". Fiquei de cabelo em pé! Relações com Investidores? Nunca tinha ouvido falar nisto! Mas abracei a causa! Um ano depois, um outro português, o Bernardo Pinto, veio e me disse: "A menina tem jeito para *marketing*. Não quer trabalhar comigo?" Respondi: "Não sei nada de *marketing*!" Diferentemente de mim, ele então com toda calma disse: "Não faz mal, você tem muito jeito". Foi quando me matriculei na Escola Superior de Propaganda e *Marketing* (ESPM).

Passados quatro anos, desenhei um projeto para atender os cinco mil clientes mais rentáveis da Vivo (ex Telesp Celular) com uma equipe de *key accounts*, na qual os colaboradores atuariam como gerentes de banco. Nessa ocasião, a diretora do atendimento, Cláudia Langoni, me fez um convite: "Você não quer vir para o atendimento e tocar o projeto?" Não entendo nada de atendimento!" Ela me deu uma promoção e aceitei mais um novo desafio!

Após cinco anos, um cliente alemão me chama para um café da manhã. Ele nada mais era do que Andreas Deges, o presidente da Audi Brasil. Durante o café ele me contou que estava reestruturando a empresa e queria que eu fosse trabalhar com ele. Ai meu Deus!!! Como assim?!!! "Mas não entendo nada de carros!!" E ele com toda a tranquilidade me disse: "Não faz mal. Quero alguém para fazer o trabalho que você faz na Vivo; sobre carros, você aprende depois". E assim respirei fundo e assumi mais um desafio: ser a Embaixadora da Audi no Brasil. O que isso significava eu não sabia, mas iria escrever uma nova história da marca no Brasil!

Quatro meses depois, o presidente foi demitido e fiquei em apuros, mas logo me chamaram e me disseram que precisavam desse trabalho de aproximação com o público *target* e que eu ficasse sossegada. Criei e implementei a política de vendas *Vips* e em seguida me deram um novo desafio: criar o departamento de CRM. Eu disse a eles: "Não entendo nada de CRM!!" Entretanto, àquelas alturas, eu já não me surpreendia mais com nada. E, assim como em todas as outras vezes, abracei o esafio!

Um ano depois, com a chegada do novo presidente, o Paulo Sergio Kakinoff, minha demanda aumentou muito, pois novos e inusitados desafios se apresentavam e eu os abraçava com toda vontade! Passei a fazer eventos de relacionamento, eventos internacionais, desenvolver projetos de parcerias, patrocínios e embaixadores de marca; tudo isso além do CRM (Customer Relationship Management), vendas *Vip* e *Vip Management* que eu já fazia. Ufa! Inchei!! Com a saída do Kakinoff e a chegada do Joerg Hofmann, nosso atual presidente, estruturei a área de *Customer Experience*. E, em meio a tudo isto, veio o Audi *Lounge*, nossa loja conceito na Rua Oscar Freire.

Um ano após sua abertura, nosso presidente me chamou e disse: "Estou muito aborrecido com esta loja. É um grande investimento e acredito que precisamos ali de uma pessoa com profundo conhecimento da marca e com relacionamentos. Esta pessoa é você!" Quase me descabelei!! Loja na Oscar Freire?? Não entendo nada disto!! Porém mais uma vez abracei o desafio e tornei o Audi *Lounge* um lugar vivo, com uma programação robusta, uma alta ocupação e cada vez mais e mais atrativo!

E, assim, chego no ponto da minha trajetória profissional onde estou hoje. Acho importante dizer que não tenho pretensão de ser um exemplo e tampouco que minha história seja a história certa. Simplesmente, quero servir como inspiração. Dividir com vocês que não é preciso passar por um problema ou uma tragédia como a minha para fazer o que se deseja e realizar sonhos.

Agora compartilho com vocês três lições que foram fundamentais para mim e que podem ajudá-las a enfrentar os desafios de suas carreiras:

1) **Encare desafios.** Nós nunca estamos prontas para o próximo desafio. Se você esperar o dia em que se sentir pronta, talvez não fará nada, ou muito pouco. Você estará pronta depois que fizer; e quando nós nos propomos a abraçar as oportunidades, as pessoas reconhecem, admiram, convidam e abrem as portas para nós. Portanto, não tenham medo de encarar o novo e aceitar desafios.

Steve Jobs já dizia isso e hoje percebo muito claramente em minha vida. Não espere ver sentido antes, ele vem depois que você encarar os desafios que a vida te colocar.

2) **Faça aquilo que ama.** Uma coisa que aprendi na vida é que nós somos as nossas escolhas e a única maneira de realizar um trabalho extraordinário é fazendo aquilo que amamos. E aqui entra um fator muito importante que é a resiliência. Parece-me que na maioria das vezes seguir o que amamos é mais difícil do que fazer o que o mercado remunera bem. Mas, se você encarar os desafios e for resiliente, com certeza será bem-sucedido.

3) Por fim, segundo Einstein, há dois tipos de pessoas no mundo: as inteligentes, que aproveitam a experiência dos outros para dar passos mais rápidos e avançar na vida, e as que acham que podem fazer tudo sozinhas. Por isso, digo a vocês: **busquem mentores, elejam modelos, tracem objetivos e persigam-os.** Dessa forma, tenho certeza que o sucesso chegará para vocês!

40 EMPREENDEDORAS DE ALTA PERFORMANCE

Solange Ribeiro

Solange Maria Pinto Ribeiro

É diretora-presidente do Grupo Neoenergia, o maior grupo privado do setor elétrico brasileiro em número de clientes, com mais de 10,5 milhões de unidades consumidoras nos estados da Bahia, Pernambuco e Rio Grande do Norte. Ela ingressou na Neoenergia em 2004, implantou e dirigiu a área de Regulação e Meio Ambiente do grupo até setembro de 2012, quando assumiu a presidência da holding. Graduada em Engenharia Elétrica pela Universidade Federal de Pernambuco, e com mestrado na mesma área pela PUC-Rio, foi pesquisadora visitante do Imperial College of Science, Technology and Medicine, em Londres. É membro do Conselho de Administração do Operador Nacional do Sistema (ONS) e do Conselho Consultivo da Associação Brasileira de Infraestrutura e Indústrias de Base, além de ser titular do Conselho de Administração da Norte Energia S.A., da Força Eólica do Brasil e das demais empresas do Grupo Neoenergia. Exerceu cargos de alta liderança em grandes empresas, como Chesf (1983-1998) e Eletropaulo (2000-2004). Nesta última, ocupou a Vice-Presidência de Assuntos Regulatórios e Negócios de Energia. Também atuou como consultora da National Economic Research Associates – NERA, em Washington (1998-2000).

varaujo@neoenergia.com
www.neoenergia.com

EMPREENDEDORAS DE ALTA PERFORMANCE

Em um levantamento feito pelo *site* da revista Veja, publicado em março de 2016, das 200 maiores empresas do Brasil apenas três eram comandadas por mulheres. Além de mim, a bancada feminina tinha Claudia Sender, da TAM, e Sinara Chenna, da Copasa.

Os postos de comando são ocupados, majoritariamente, por homens. Esse é um bloqueio histórico que as mulheres, gradativamente, começam a romper. E eu me sinto muito bem por fazer parte dessa mudança cultural.

Para se entender os motivos de haver tão poucas mulheres em postos de comando é preciso lembrar que, embora venha crescendo nos últimos anos, a participação das mulheres no mercado de trabalho formal ainda é recente. Nos anos 1960, o percentual das mulheres que estavam no mercado formal de trabalho no Brasil era de 16,5%. Em 2013, esse percentual saltou para 43%, segundo dados do IBGE.

Outras vertentes evidenciam o desequilíbrio entre homens e mulheres no mercado de trabalho, como a remuneração. Segundo o Relatório de Desigualdade Global de Gênero 2016 do Fórum Econômico Mundial, divulgado em outubro de 2016, em Genebra, a diferença salarial entre mulheres e homens no Brasil é uma das maiores do mundo. Entre 144 países avaliados na pesquisa no que se refere à igualdade de salários entre gêneros, o Brasil ocupa a 129ª posição, atrás de nações criticadas por violações aos direitos das mulheres, como o Irã e a Arábia Saudita.

As empresas têm avançado na transformação de suas culturas internas para reduzir esse desequilíbrio. No caso da Neoenergia, temos um Código de Ética que contempla o respeito à diversidade e não permite nenhum tipo de discriminação ou preconceito em razão de raça, cor, sexo, ideologia, nacionalidade, religião ou qualquer outra condição pessoal, física ou social de nossos colaboradores. Há igualdade de condições para homens e mulheres em termos de ascensão profissional, qualificação e remuneração. Também procuramos dar suporte aos colaboradores quando do nascimento de filhos: a licença-maternidade é de seis meses e o auxílio-creche é universal, válido para pais e mães.

Esses são conceitos e benefícios que, espero, cheguem a todas as empresas do País. E que também se espalhem pelo mundo, pois o quadro de desigualdade não é restrito ao Brasil. Segundo o relatório Mulheres no Trabalho: Tendências de 2016, divulgado pela Organização Internacional do Trabalho (OIT) em março deste ano, o percentual médio de mulheres no mercado de trabalho global é de 46%. Ou seja, do total de mulheres em idade produtiva no mundo, só 46% estão no mercado de trabalho. No caso dos homens, esse percentual é de 72%. Foram 178 países pesquisados, incluindo o Brasil, onde a proporção apurada pelo relatório foi de 51,1% para mulheres e de 74,1% para homens.

O estudo da OIT revela que, em alguns países, a desigualdade é ainda mais acentuada. Na Guatemala, enquanto 40% das mulheres estão no mercado de trabalho, o percentual de homens trabalhando é de 81,5%. No Paquistão, a proporção é de 22% de mulheres para 78% de homens, enquanto na Índia é de 25,8% para 76,4%. São raros os países onde os percentuais se equivalem, como a Finlândia (50,% de mulheres e 55,7% de homens) e o Panamá (67% de mulheres, 69% de homens).

Por que tão poucas mulheres no comando? Podemos refletir sobre algumas explicações. Há o fator cultural, histórico, que mencionei há pouco: o mercado de trabalho, sobretudo em posições de comando, é majoritariamente masculino. Culturalmente, a visão da mulher que trabalha ainda é a de uma equilibrista: há a expectativa de que, além de suas funções profissionais, ela assuma as responsabilidades com a família e as tarefas domésticas. É a conhecida dupla jornada.

Muitas mulheres abrem mão de seu posicionamento profissional para não deixar de cumprir seu papel em casa. Em termos de mobilidade é também um traço cultural a mulher acompanhar o homem quando ele é transferido de cidade ou de país em seu emprego. Ele continua cuidando do seu trabalho, sendo o provedor, enquanto ela cuida da casa e da família. Essa é uma configuração clássica. As estruturas organizacionais de trabalho ainda estão muito ligadas a uma ótica masculina e refletem necessidades masculinas.

Mas há um processo de mudança em curso, em busca da igualdade. Para mim, o desafio da mulher é a busca pelo equilíbrio, não apenas na carreira, mas também em sua vida pessoal.

Os homens têm um papel fundamental nessa guinada feminina em busca de igualdade de condições no mercado de trabalho. No meu caso, meu marido foi e é fundamental para esse equilíbrio entre os campos profissional e pessoal. Ele também trabalha, conhece e gosta do meu trabalho, e divide comigo as responsabilidades da casa. É uma parceria plena.

Acho que esse é o caminho. A expectativa é de que as novas estruturas familiares, com o compartilhamento de atividades e responsabilidades, contribuam para ampliar a participação feminina no mercado de trabalho, inclusive em posições de alta performance.

É claro que com a agenda profissional atribulada que cumpro diariamente, inclusive com muitas viagens, tenho uma estrutura em casa que me permite deixar de cuidar de tarefas delegáveis, como a escolha do cardápio do jantar, por exemplo. Adoro o meu trabalho, sou inteiramente dedicada ao que faço. Mas não abro mão de estudar com minha filha, de repassar com ela as lições de Matemática, de ir a reuniões de pais no colégio, de passear com minha família no fim de semana. É esse equilíbrio que me realiza, essa é a plenitude que persigo.

Para chegar à posição que cheguei, eu me preparei muito. Fiz muitos cursos, foi um processo de qualificação continuado. Sou engenheira eletricista, construí minha vida no Recife, trabalhei na Chesf durante 15 anos. Depois atuei na Eletropaulo, onde ocupei cargos de liderança, inclusive uma das vice-presidências. Também fiz um mestrado no Rio de Janeiro, morei em Londres, Washington e São Paulo. Conhecer gente diferente, jeitos diferentes de fazer as coisas, e ter disponibilidade de ir para vários cantos me ajudaram a chegar onde estou hoje. Quando fui mãe, aos 41 anos, já tinha uma carreira consolidada. Essa disponibilidade, contudo, não é a mesma para mulheres que são mães mais cedo.

Temos de buscar mais mecanismos para que a maternidade não seja vista como um entrave ao crescimento profissional – porque não é e não pode ser. É um momento especial na vida de qualquer mulher e tem de ser vivido em sua essência, sem que para isso a mulher tenha de abrir mão de seu trabalho e de suas aspirações profissionais. Isso não deveria ser um dilema. Maternidade, família e trabalho não podem ser incompatíveis e para isso o mercado tem de ampliar políticas de estímulo: creches, limitações de viagens, flexibilidade de horários e adoção de *home office,* programas de compensação de horas para atender a necessidades da família, tudo isso deve ser pensado.

Com as novas estruturas familiares e as mudanças culturais no mercado de trabalho, tenho convicção de que será ampliada uma percepção que cada vez mais vejo presente em nossas empresas: uma grande valorização das mulheres que desenvolvem suas carreiras equilibrando a vida pessoal com a vida profissional. Que respondem a todas as necessidades da posição sem abrir mão de sua vida pessoal.

Hoje em dia temos duas coisas reconhecidas. A primeira é que a diversidade nas empresas é importante. Por isso, naturalmente, a presença da mulher vai se ampliando nas corporações. Na Neoenergia, não temos uma política deliberada de contratação de mulheres, não temos cotas. Contratamos quem é melhor, quem está mais qualificado para o cargo. Temos esse olhar igualitário, de respeito à diversidade.

A segunda coisa reconhecida pelo mercado é a percepção das qualidades que as mulheres podem oferecer às instituições. A mulher tem habilidade para tarefas variadas, um olhar mais detalhista e sensível. Características femininas como a temperança, a habilidade de negociação e a flexibilidade começam a influenciar os modelos de gestão empresarial. Por isso, não tenho medo de arriscar: daqui a algum tempo, espero que brevemente, não seremos mais apenas três mulheres entre 200 executivos em postos de comando de grandes empresas no Brasil.

EMPREENDEDORAS DE ALTA PERFORMANCE

41

Tais Pereira Fortes

Tais Pereira Fortes

Tem 34 anos. Nascida e crescida em Jundiai (SP). Tornou-se modelo aos 17 anos quando se mudou para a cidade de São Paulo. Dois anos depois começou uma carreira de modelo internacional. Morou em Tóquio, Paris, Milão, Singapura, Bangkok, Taipei, China e Hong Kong. Passou os últimos oito anos morando Hong Kong.
Correntemente Morando em Paris.
Viajou pelo mundo todo principalmente pela Asia, onde realmente ficou bem conhecida e teve uma carreira estável em Hong Kong.
Com seu super look de modelo e sua personalidade vibrante e sempre pé no chão, é sempre vista na mídia e regularmente em páginas sociais de revistas atendendo eventos de marcas de luxo ou ligados à arte e em encontros com a high society.
Com todos os atributos de uma modelo celebridade, personalidade incrível e intelectual ela também criou amizades com inúmeras marcas de alto luxo.
Abri minha empresa de consultoria chamada Fortes Limited, em 2015, e busco por marcas e novas empresas para trazer para Hong Kong e Asia, principalmente do Brasil.

(11) 5097-3840 - Comercial
tatimoraes1973@gmail.com
www.forteslimited.com

Com 17 anos comecei a carreira de modelo na cidade de São Paulo. Nasci e cresci em Jundiaí e a mudança para São Paulo para ser modelo foi uma mudança total na minha vida. Dois anos depois comecei minha carreira de modelo internacional e primeiro morei em Tóquio, Paris, Milão, Taipei, Bangcoc, Hangzhou (China) e Hong Kong. Hoje com base na França, no Brasil e em Hong Kong. Foram muitas agências de modelo, eram muitas modelos lindas vindo do Brasil todo, cidades de que eu nunca ouvi falar, era realmente outro mundo para mim. A competição era muito grande, mas como todo esforço tem uma recompensa, cada desafio, obstáculo e cada batalha, cada bolha no pé valeu a pena! Toda experiência que vivi para mim é apenas um preparo para o que vem a seguir, por isso acredito em se reinventar, acreditar e apostar em si mesmo e nunca desistir. Toda profissão é competitiva, hoje em dia todos os campos de trabalho e todos os tipos de indústrias parecem saturadas, mas acredito que tem espaço para todo mundo e para mim e para você se soubermos nos destacar. Só nos destacamos com: honestidade, autoconfiança, persistência e acreditando em tudo que fizermos com muita originalidade.

Não importa se você é a única pessoa que acredita na sua ideia e todos pensem que você é louca, aposte e invista no que você acredite, aposte e invista no seu sonho, se você não apostar quem irá? Hoje eu estou com 34 anos, com base em Paris-Hong Kong-São Paulo, minha empresa registrada em Hong Kong e ainda trabalho como modelo. Fácil? Não, não é nada fácil! Meu filho tem apenas três anos, eu amo cada desafio e cada dia é um novo dia, um novo começo, toda manhã tenho a oportunidade de decidir "quem sou eu", "no que eu acredito" e "o que quero e como chegar lá". E cada dia é um aprendizado. Se você acreditar, terá a capacidade de torná-lo realidade. O foco é essencial, não podemos nunca perder o foco.

Em São Paulo depois de meses batalhando, indo de *casting* em *casting*, muitos modelos para cada trabalho, competição difícil mesmo porque no Brasil como sabemos tem muitas mulheres e modelos lindas, mas quem se destaca e quem tem algo a mais, uma atitude diferente, uma personalidade que agrade e uma boa estratégia ajudam com certeza. Outra coisa que acabou me ajudando muito foi que aos 18 anos de idade eu tive apendicite, foi feita uma laparotomia após três dias com muita dor, muita dor mesmo, e tenho a cicatriz até hoje, 15 pontos do umbigo para baixo, fiquei dois meses me recuperando em Jundiaí, estava com depressão, achei que nunca mais pudesse ser modelo por causa da cicatriz na minha barriga, mas nunca fiz muitos trabalhos de lingerie ou biquíni e poderia continuar e sobreviver sem fazer esses trabalhos. Em vez de continuar em depressão, com a ajuda e carinho da família e amigos decidi não desistir de ser modelo. Voltei para São Paulo mais forte do que nunca e dei valor à minha vida como nunca antes. Quando fiquei sabendo de casos de pessoas que morrem com apendicite eu passei a ver como uma segunda vida que Deus me deu, então dessa segunda chance eu mais do que nunca teria de dar o meu melhor em tudo que eu fazia. Depois de um tempo, quando eu chegava em *castings* em que havia muitos modelos para o trabalho, eu com o cabelo curto preto e meus olhos que parecem de mestiça, sem dúvida meu *look* não era muito convencional mas era diferente, eu numa boa chegava até o produtor direto e dizia "olha, eu tenho um trabalho tal hora ou uma prova de roupa ou ensaio para outro trabalho e realmente não tenho tempo para esperar". Sem brincadeira, tinha dias em que havia 100 modelos na minha frente, estou falando de 16 anos atrás, a competição já era grande! Imediatamente eles me olhavam, já davam uma analisada e diziam "ok, fica aqui então e você é a próxima, você encaixa em um dos nossos perfis e não temos muitas modelos com o seu *look*". Quando chegava minha vez eu ia com autoconfiança, eu respirava fundo e atuava ou interpretava de acordo com o que eles pediam e na maioria das vezes eu pegava o trabalho.

    E assim comecei a ter trabalhos regularmente, eu sempre quis muito viajar para fora, conhecer o mundo mesmo, esse seria meu próximo passo, meu próximo investimento em mim mesma para minha carreira e aos 19 anos comecei a viajar. Mais um sonho começando a se realizar, eu sempre acreditei e com fé de que um dia isso aconteceria, e aconteceu. Primeira viagem para Tóquio, no Japão, só quem já esteve lá para entender o quanto aquela cidade é incrível. Dinâmica, única e muito especial. Fora a competição que ainda era maior porque havia muito mais agências, muito mais modelos e modelos do mundo inteiro! Aprender a falar Inglês, me acostumar a escutar japonês e outras diversas línguas de outras modelos, muita distração, mas me esforcei bastante para manter o foco, pegar os trabalhos. Adaptar-me com a disciplina japonesa, sempre pontual, com a maneira de eles conversarem, com a comida, os restaurantes não têm apenas sushi e sashimi, inclusive é o que eles menos comem! Então, além de lidar com a competição e com pessoas de culturas diferentes, eu não podia estar em lugar mais longe do Brasil e de São Paulo, a não ser que eu fosse para outro planeta! No começo foi difícil de me adaptar com a distância, o choque cultural foi grande, mas no final me adaptei bem, no entanto, depois de três meses em Tóquio fiz amizades e chorava me despedindo. Amei minha primeira experiência em Tóquio, me lembro como se fosse hoje e está fazendo 15 anos. Quando cheguei em Paris pela primeira vez, meu apartamento arranjado pela agência se localizava a cinco minutos a pé da Torre Eiffel, era surreal! A adaptação foi muito mais rápida em todos os sentidos, logo me acostumei com franceses falando Inglês e aprendi um pouco de Francês, mas Inglês era o que eu mais usava. Por seis anos eu viajei e morei entre a Ásia e a Europa, cheguei em Hong Kong em 2007 e fiquei morando lá até o ano passado. Hong Kong é uma das minhas bases, onde meu filho nasceu, onde minha mãe me visitou quatro vezes nos momentos mais difíceis e nos mais felizes, onde eu me casei e me divorciei, onde cresci e virei mulher, evoluí e criei conexões muito fortes.

Em Hong Kong trabalhei muito bem como modelo e comecei a ser mais exposta na mídia e no círculo social, mais do que em outros países em que já tinha trabalhado antes. Eu comecei a ser convidada para eventos exclusivos de marcas de luxo, lançamentos de produtos ou abertura de lojas, coquetéis e jantares, inclusive em outros países, e sempre conhecendo e socializando com estilistas, diretores criativos, celebridades embaixadores das marcas e presidentes da maioria das marcas europeias e americanas, cada evento, carpete vermelho, coquetel, jantares de gala. Eu poderia e ainda posso escolher muitas das marcas mais famosas e minhas favoritas. Em São Paulo, 16 anos atrás, tive poucas experiências assim e também a maioria dessas marcas não tinha lojas no Brasil ainda, o mercado no Brasil cresceu muito na última década.

Eu me mantive a mesma pessoa que sempre fui e que sou até hoje, sendo eu mesma, sincera e uma garota que saiu de Jundiaí sem medo de correr atrás de seus sonhos. Comecei a conquistar a simpatia de todos e ser considerada uma das modelos celebridades voltada mais para o círculo social de Hong Kong. Sempre ganhava (até hoje ainda ganho) produtos de diversas marcas pois uso, visto em volta de pessoas de influência. Ao mesmo tempo, meu noivo na época fazia parte de uma revista social e dos restaurantes e clubes mais badalados em Hong Kong, então eu estava sempre entretendo pessoas importantes, muitas vezes depois dos eventos das marcas eu convidava o time todo para ir tomar um champagne, relaxar e descontrair em um desses locais. Então a vida estava bem corrida, tudo isso antes de eu me tornar mãe. Aí, de novo, minha vida mudou, então houve muitas distrações, mas mantive meu foco, beber champagne, uma a duas taças no máximo, socialmente mesmo, senão ninguém te leva a sério. Não acabar tarde, se cuidar é fundamental, acordar bem e *looking good* é mais do que necessário para uma modelo. Então eu fui focando o meu trabalho de modelo, estar bem, bonita e o que é muito importante também é estar de bom humor. Aproveitei para observar e absorver o máximo que eu pude convivendo com essas pessoas tão talentosas, de sucesso, bem influentes, comer tudo que é tipo de comida, conversar com todo tipo de gente e de diversas profissões, aprendi muito mesmo, com foco e dedicação.

E algumas vezes era contratada para ajudar em alguns eventos, convidando e cuidando de *socialites* (*tai tai*, expressão em Hong Kong usada para esposas da alta sociedade) e entretendo os convidados, em coquetéis ou jantares para algumas marcas famosas. Sendo elas todas amigas e conhecidas, era um trabalho muito prazeroso. Durante a visita do Amauri Junior em 2010, tive o prazer imenso de participar de uma das gravações para o programa dele em Hong Kong, inclusive em um dos restaurantes do meu noivo na época. Foi maravilhoso participar das gravações com ele e seu time. Esse também era outro ramo que eu acompanhei de pertinho, restaurante e os dois lugares mais badalados de Hong Kong, onde "todo mundo" vai. Foi uma experiência incrível acompanhar arquitetos famosos no projeto, assim como o time todo de garçons, chefes, funcionários trabalhando juntos.

Eu também passei a ser convidada para participar de eventos beneficentes. Muitas vezes trabalhando como modelo para algum almoço ou jantar de gala beneficente eu fazia de graça ou por um valor simbólico. A caridade que mais me tocou o coração foi a *Women Helping Women,* que arrecadava fundos para ajudar mulheres que sofriam violência doméstica, programas que ensinavam mulheres a usar computador e coisas básicas para poder arranjar emprego e não ter de depender de um marido violento. Sendo mulher não tem como não se apegar a esse tipo de causa. Eu cheguei a fazer parte, me envolvi um pouco mais do que ajudando como modelo, ajudei com as doações de produtos de marcas ou outros tipos de doações de diversas empresas e coisas desse tipo. Eu ficava sempre muito feliz em ajudar mesmo com pouco.

Depois de ter me tornado uma pessoa bem relacionada, quando estava grávida eu trabalhei de modelo até os três primeiros meses e a partir do segundo trimestre eu atendia menos eventos e dediquei meu tempo me cuidando e me preparando para a chegada do meu filho Gabriel. Eu cuidei dele com pouquíssima ajuda de babá e valeu cada segundo dedicado a ele, meu filho é muito feliz, inteligente, de bem com a vida e me enche de orgulho. Hoje ele com apenas três anos de idade e eu já me sinto uma mãe muito realizada! Me divorciei com meu filho ainda bebe, um relacionamento de 6 anos se acabou e um lindo fruto que veio disso tudo foi meu filho que hoje mora comigo em Paris, mas foi um ano e meio de divórcio e no final entramos em um acordo e hoje vivemos em paz. Trabalhando esporadicamente desde que ele nasceu, eu pensei no meu próximo passo, e agora? Sou mãe e depois de tantos anos eu ainda curto trabalhar de modelo, mas é hora de fazer algo mais, e hora de realizar mais sonhos, correr atrás, aquela adrenalina de lutar por algo novo e aceitar desafios, novos obstáculos e finalmente ter meu próprio negócio. Com 33 anos, comecei a passar na minha cabeça um filme de tudo que já tinha vivido, tudo que já presenciei, todas as pessoas que conheci e pensei que era só o começo! Nesses últimos tempos eu fui procurada por diversas pessoas e empresas para saber se eu conhecia alguma empresa que produzia tal coisa, se eu conhecia alguém que vendia tal coisa e pensei "por que não fazer disso um negócio? Já tenho o voto de confiança das pessoas para elas chegarem até mim, por que não?!" Viajei ao Brasil em busca de inspirações, ideias e conceitos.

Sempre me interessei por arte e sempre quis dedicar tempo para aprender e conhecer mais. Tive a oportunidade de aprender sobre arte francesa do século XVIII, objetos de arte e móveis do período dos reis Louis XIV, XV e XVI e algumas peças do período do rei Louis XIII. Estava acontecendo essa exposição em Hong Kong pela primeira vez, direto de Paris, da galeria mais antiga e mais discreta de Paris. Com meu filho ainda pequeno e sem poder ir para escolinha de período integral, eu passava ainda a maior parte do tempo com ele e arranjava tempo de colaborar com projetos culturais e com caridades em um período. No ano seguinte essa mesma exposição se repetiu num museu de móveis chineses também do mesmo período e foi muito bacana aprender um pouco da arte chinesa. Madeiras chinesas lindas e de muito luxo como a Zitan e Huanghuali que foram introduzidas no final da Dinastia Ming.

    Depois da minha viagem ao Brasil no ano passado (2015), com a ajuda do meu, hoje, assessor, foi que comecei a fazer diferentes tipos de consultoria não apenas ligadas à moda. Trabalho com marcas e conceitos do Brasil, Europa e Ásia. Registrei minha empresa no meio do ano passado e ainda estou aprendendo bastante, são muitos desafios e o prazer de realizar cada negociação é fantástico, indescritível. Com a ajuda do meu assessor no Brasil, temos projetos e parcerias fantásticas! Brasil-Europa-Hong Kong e assim por diante, temos uma variedade de produtos e empresas de alimentos saudáveis, *fashion*, acessórios e arte, seja encontrar o distribuidor ou *wholesaler* e às vezes também o investidor certo para cada cliente, cada cliente tem uma necessidade e cada cliente é um caso diferente que trato com muita atenção e procuro sempre o melhor para cada um de acordo com sua necessidade. Estou tendo experiências incríveis e criando oportunidades para o futuro da minha empresa, seja passar a ser distribuidora, lojista ou até ter minha própria marca, eu tento também sempre pensar no que vem depois e isso vai depender no que se desenvolver melhor nesses próximos anos, mas estou muito feliz em saber que só tenho a crescer.

    Sendo mulher, mãe e ter que trabalhar não é fácil. Temos de dar bons exemplos para nossos filhos, qual tipo de mãe eu serei? Decidi ser uma mãe presente ao máximo que eu puder, uma mãe que trabalha e batalha, que sabe o que quer e que vai atrás do que quer, meu filho viaja comigo sempre, acostumado com países diferentes. É muito importante o papel que vivemos aos olhos dos nossos filhos, eles vão se espelhar em nós, eles vão seguir o que fazemos e o que acreditamos.

    Nem sempre é fácil saber o que queremos, o que devemos fazer, que caminho seguir, mas mantendo a calma, com fé, se conectando com você mesma e acreditando em você mesma, você conseguirá ouvir seu coração e terá a coragem suficiente de começar algo novo, o que você acredita que seja seu destino. Se não tentarmos, nunca iremos saber. Quando algum projeto que escolho não vai adiante, não fecha negócio, eu não vejo como um fim ou um fracasso, embora muitas pessoas vejam dessa maneira, eu prefiro aprender com a experiência, penso que não estava preparada ou não era o tempo certo, sigo adiante, bola para frente. Aprendi também a não deixar a cobrança feita muitas vezes pela família, amigos ou ente queridos, pessoas à nossa volta, a me colocar para baixo. Ninguém melhor do que nós mesmos para cuidarmos de nós, ninguém melhor do que nós mesmos para seguir nossos sonhos e torná-los realidade, todos temos uma força interior muito grande e parte da nossa missão com certeza é saber usá-la. O tempo que passamos nos questionando, nos sentindo para baixo, nos criticando, estamos perdendo, ao invés de construir, de continuar, e o tempo é precioso.

Recebi a confirmação do convite deste livro maravilhoso e escrevi minha história e dicas/conselhos aqui em Paris, é muito bom estar aqui de volta, vim para passar aqui nas temporadas de semana de moda e alta costura, em busca de inspirações e possíveis marcas e oportunidades para levar para a Ásia e o Brasil, tenho eventos para atender e desfiles para assistir e decidi ficar por aqui, voltei a morar aqui e também voltei a modelar. Estou sempre fazendo novos contatos e criando novas oportunidades. Meu foco é sempre em oportunidades de trabalho. Procuro sempre me movimentar, crio oportunidades, faço um plano e penso como poderei executá-lo, se for do meu alcance, viável e lucrativo eu sigo adiante, preparo minha proposta e me esforço até atingir as metas e fazer acontecer. Adoro um desafio.

Trabalhando no mundo da moda há 17 anos eu vi a diferença e a mudança com o passar dos anos nessas quase duas décadas. O aumento de consumo de "marcas", muitas vezes com preços muito altos, e hoje vejo a caída do consumismo em valores altos, muitas pessoas começaram a consumir diferente, com mais consciência devido à crise, eu diria que a crise émundial à própria segurança para si mesmo e sua família. Hong Kong mesmo com a crise ainda é o destino para fazer compras na Ásia e também a capital *fashion* depois do Tokyo. E hoje os novos fashionistas querem cada vez mais produtos com qualidade, preço acessível e se sentir especiais, com certa exclusividade, ter sua própria identidade em tudo que usam, produtos sendo personalizados e que possam fazer a pessoa se sentir única. Está cada vez mais difícil manter uma marca ou iniciar uma nova marca, mas como eu disse antes, tem sempre lugar para originalidade e fazer o que você acredita que é certo. *Fashion* é bom e todo mundo gosta, vejo as pessoas cada vez mais fazendo escolhas melhores, procurando mais qualidade no material, no caimento da roupa e de acessórios, se identificando de acordo com sua personalidade e simplesmente a maneira de ser. Acho que devemos, sim, expressar quem nós somos ou como nos sentimos em como nos vestimos, mas sempre se vestindo de acordo com nosso corpo, cores que realcem nossa cor e tom de pele.

Estou apenas no começo da minha jornada. Se eu tivesse desistido nos momentos mais difíceis no início da carreira eu nunca teria me tornado uma modelo no Brasil e internacionalmente como sempre quis. Se eu tivesse desistido antes de aprender a falar Inglês e voltado ao Brasil antes, eu teria voltado com certeza decepcionada, se eu tivesse desistido em cada momento difícil de adaptação com lugares e culturas, nunca teria aprendido a conviver, aceitar e respeitar cada uma delas, ou desistido com cada crítica de algum cliente por não ser alta o suficiente, ou ter alguma espinha, por não ter olhos azuis (como um fotógrafo da China falava), eu nunca teria concretizado ou atingido nenhum objetivo ou sonho, ainda mais quando somos jovens, temos mais tempo, mais energia, mais paciência. Sou grata por tudo que vivi até hoje, as vitórias e as derrotas, nos altos e baixos, tudo serve como aprendizado. Tudo que já fiz, sendo modelo em São Paulo, em diversos países da Europa e Ásia, todas as minhas experiências e oportunidades que tive de acompanhar de perto e envolvimento em restaurantes e *lounge*, no mundo da publicidade, eventos sociais, arte, por onde eu passei me ensinaram e me mostraram coisas. Na cultura, nos costumes, nas pessoas locais, a maneira de cada nacionalidade pensar e ver a vida, seus valores e na comida, adoro comida local, quando saí de casa aos meus 17 anos mal gostava de pimenta do reino, hoje em dia adoro comidas *spicy*, principalmente a tailandesa e a indiana. Eu sempre tenho de provar a comida local, pois é sempre tão cheia de sabores e muito original. Se vou a um país e não como em um lugar local, para mim não conheci o lugar. Tudo que já vivi me serve de aprendizado nessa minha nova aventura e 2016 já teve muitas novidades boas, a oportunidade de participar deste livro, a confirmação do local da exposição de móveis e objetos franceses do século XVIII. Tenho muito que aprender e muito a seguir. Ser mulher, mãe, trabalhadora, e honesta e digna não é fácil, mas sim um dom.

Tudo é possível, com esforço, garra e foco conseguimos atingir nossos objetivos.

EMPREENDEDORAS DE ALTA PERFORMANCE

42

Tatiana M. O. Ponce

Tatiana Moraes de Oliveira Ponce

Carioca de nascença, atualmente mora em São Paulo. Tem dois filhos adolescentes, um menino de 16 e uma menina de 13 anos de idade que são suas maiores fontes de inspiração. Ama viajar e jogar tênis, além de ser apaixonada por sorvete e cavalos. Valoriza o equilíbrio entre vida profissional e pessoal, acredita ser esse o verdadeiro caminho para o sucesso profissional e sentimento de plena realização. Adora gente e acredita fortemente no poder do trabalho em equipe. Ah, também é responsável pelo melhor brigadeiro de pistache de que se tem conhecimento!

É graduada em Comunicação Social com ênfase em Marketing pela Anhembi Morumbi (1995) e tem MBA em Gestão de Negócios pelo IBMEC – Instituto Brasileiro de Mercado de Capitais (2009). Atualmente é vice-presidente de Inovação para Américas e diretora de Marketing Brasil da companhia alemã Beiersdorf, grupo que inclui as marcas NIVEA e Eucerin. Anteriormente atuou em diversas outras companhias como O Boticário, Reckitt Benckiser Brasil, Colgate-Palmolive e J. Macedo Alimentos. Dentre as principais competências estão o planejamento estratégico, gestão de marketing e análise de mercado.

(11) 5097-3840 - Comercial
tatimoraes1973@gmail.com

Juquinha quando quer bala... não para

Minha história começa no dia 21 de agosto de 1973. Parece lógico, afinal é o dia do meu nascimento, mas com o que brinco aqui é que já começava ali a minha relação com "mudanças". Durante a gravidez de minha mãe eu me chamaria Lília, mas ao nascer meu pai olhou para mim e disse: "Ela tem carinha de Tati, de Tatiana" e assim foi... Nasci no Rio de Janeiro e mudei mais de 11 vezes de cidade, dez delas pelo trabalho do meu pai e a décima primeira já pela influência da minha carreira.

Caçula de uma família de três filhos (junto com meu irmão mais velho, Rogério, e minha irmã do meio, Flávia), sempre fui muito sapeca e declaradamente inconformada. Como toda boa pimenta devo ter sido responsável por parte dos cabelos brancos da minha mãe.

Entre quedas e tombos, coleciono 30 pontos divididos graciosamente entre nariz, bochecha, joelho e pés! Nessa época em que colecionava pontos eu tinha entre um e cinco anos, mas continuei somando novos até os 37 anos! Como declaradamente inconformada, ganhei o curioso e carinhoso apelido de Juquinha do meu pai. Juquinha era uma bala vendida na época pelo baleiro que passava na frente da nossa casa no Rio e que cantava: "Juquinha quando quer bala, não para, não para..."

Você já entendeu que eu não sossegava enquanto não conseguia o que queria, certo? Minha mãe, por sua vez, me dizia que nunca ouviu tantos "por quês" na vida desde que comecei a falar. Eram tantos "por quês" seguidos dos outros que ela pensava: "Meu Deus, onde desliga essa menina?"

Curiosa por natureza, vivia a querer coisas novas e a defender minha posição de caçula. Cheguei por último, então vivia buscando meu espaço – a começar pelo "jogo de bafo". Certo dia jogávamos bafo Rogério, Flávia e eu e nossa babá só os observava querendo me passar para trás e eu fingindo que não estava entendendo. Uma hora cansei, peguei todas as figurinhas, rasguei e verbalizei: *"Ponto, agora ninguém binca mais"*.

Menina pimenta e curiosa, fui crescendo e vivenciando a experiência de mudanças contínuas de cidade (em média a cada três anos). Junto com elas novos amigos, perdas de amigos, amigos para sempre.

Junto com as mudanças, meu espírito inquieto, independente e desbravador se manifestava. Lembro de uma experiência engraçada quando morava em Ribeirão Preto (SP), então com cinco anos de idade.

Briguei com minha prima Kika, que passava férias em nossa casa. Minha mãe insistia que eu pedisse desculpas, caso contrário, ficaria de castigo. Pois então fiquei, não pedi perdão (coisa boba, hoje dou tanto valor a saber perdoar e ser perdoada, não existe nada mais libertador que isso). Chateada com o castigo, decido fugir para o circo. O circo sempre me fascinou por suas cores, mistérios e malabarismos. Eu achava aquela vida cigana um verdadeiro fascínio. Juntei minhas coisas prediletas: meu lençol de gatinho, algumas peças de roupa – dentre elas uma regatinha de reloginhos que eu amava –, revistinhas e perfumes de folhas de pêssego que eu fazia para vender. Achei que eu sobreviveria assim. Andei por uns bons metros e, cansada, estendi meu lençol na frente de uma casa e lá fiquei até ser resgatada por meu irmão e seu amigo Zé Mario de mobilete.

Desde essa época eu vivenciava, sem saber, uma palavra que muito tempo depois se tornou uma das mais importantes no mundo atual e também para um bem-sucedido caminho na estrada do mundo corporativo ou do "mundo" que qualquer de nós tenha escolhido trilhar: "Resiliência".

Eu certamente não imaginava que ela seria tão importante na carreira que escolhi, assim como no desafio de conciliar os demais papéis da minha vida ou de qualquer pessoa que opta por uma carreira no mundo corporativo, mas necessita conviver com os demais ou até os mais amados papéis, como os de mãe, mulher, amiga, amante da vida.

Sei que pode soar como puro clichê, verdade, mas tão clichê que continua sendo um dos grandes desafios de nossas vidas hoje.

Ao receber o gratificante convite de fazer parte deste livro foi tudo isso que me veio à mente e senti como quem assiste a um filme para pensar e refletir como a minha vida tinha se desenrolado.

Nasci numa família de classe média alta e tive acesso – graças à importância que meus pais davam a isso – a ótimas escolas e a uma formação muito sólida espiritual e de valores que me foram passados.

Até que de repente a vida deu uma guinada e meu pai, de uma condição bastante favorável numa bem-sucedida carreira, foi alvo da famosa "reengenharia" que acometeu a tantas famílias.

Comecei a trabalhar aos 16 anos para poder prosseguir meus estudos e o presente aqui foi minha irmã que já trabalhava e me indicou para ser demonstradora (impulsionadora) dos produtos Nestlé em supermercados, eventos e na famosa Casa Mappin no Itaim Bibi. Fui Mamãe Noel, vesti uniforme de marinheira e de "volta às aulas", abasteci as gôndolas do supermercado e decorei todas as frases de um videolivro de receitas que eu vendia na loja do Mappin do Shopping Morumbi.

Logo comecei a faculdade de *Marketing* também por influência da minha irmã. Eu a via trabalhando e achava curioso e que eu tinha jeito para a coisa.

Quem me conhece assim como meu querido paizinho tanto me conhecia, sabe que quando desejo realizar algo não desisto.

Comecei a estagiar logo no primeiro ano de faculdade, pois queria ter a oportunidade de vivenciar todas as "áreas de *marketing*" e até porque não trabalhar não era uma opção válida.

Nesse período trabalhei em Relações Públicas, Comunicação, fiz atendimento em agência de publicidade, vendas. Depois passei por *Marketing* de Produtos e ali me apaixonei.

Ainda muito jovem conheci pessoas especiais que foram e são responsáveis por depositar na minha história grandes exemplos de liderança, criatividade e estratégia. Exemplos de gente de bem que vibra por ver o outro se desenvolver e não faz economia para dividir conhecimento. Gente que ao dividir multiplica.

E assim fui trilhando meu caminho, me apaixonando pela área em que atuo e vendo a minha carreira acontecer de forma natural. Junto com ela novas paixões como a "arte da perfumaria" sendo agregadas. É tão bacana quando você consegue achar um significado maior do que apenas o seu sustento naquilo que faz! Tive o prazer de trabalhar n'O Boticário e aprender coisas incríveis, ser exposta a experiências que jamais sonhei e ao mesmo tempo ver um novo *hobby* nascer. Assim como hoje na NIVEA, fazer parte de uma marca que tem cuidado em seu DNA e em tudo que faz, que me possibilita participar de projetos que realmente impactam a vida das pessoas além de um produto é especial, gratificante e faz toda a diferença.

Trouxe meus filhos comigo para cada pedacinho da minha vida. Eles conhecem uma mãe forte, mas também alguém que passa por momentos difíceis, que não desiste na primeira barreira. Não esconda das pessoas suas fraquezas, não é necessário, não te faz mais forte. Ao compartilhar nossos medos, anseios, lágrimas, dificuldades, ganhamos aliados.

Fiquei pensando por que faria sentido eu estar num livro de "mulheres empreendedoras" e refleti. Talvez porque a paixão e a vontade de prosseguir sempre foram maiores do que qualquer tronco, buraco ou tempestade no meio do caminho.

Não existe sucesso sem paixão, e não existe sucesso sem pessoas, por isso deixo aqui meu agradecimento profundo para cada pessoa que passou, fez ou faz parte da minha vida.

O que eu aprendi com elas?

- Que talento mais determinação provocam os melhores resultados;
- Que pessoas que vão mais longe sonham grande e não se conformam;
- Que disciplina é a ponte que liga nossos sonhos às nossas conquistas;
- Que quanto mais suarmos no treinamento menos sangraremos na batalha;
- Não desista, ande mais uma milha. Está fechado? Bata na porta!
- A vontade de se preparar tem de ser maior do que nosso desejo de vencer;
- Que todas – sim –, todas as experiências são válidas e um dia lá na frente vai perceber que valeu a pena;
- Que carinho, cuidado e a forma fazem toda a diferença nas relações humanas;
- Que nada é mais importante do que deitar a cabeça no travesseiro e dormir em paz por ter tentado tudo e ter sido fiel aos seus valores. Dinheiro ou poder nenhum no mundo devolvem sua reputação;
- Que errar é realmente importante, mas persistir no erro não é uma opção inteligente;
- Que desistir não é uma opção disponível;
- Que é possível alcançar o equilíbrio;
- Que excelência e atenção aos detalhes fazem a diferença;
- Que praticar empatia é uma tarefa difícil, mas é uma excelente ferramenta que nos torna muito mais humanos e um lenitivo minimizador de conflitos;

- E por fim o mais importante: uma vida com Deus é a chave de todo sucesso e Ele é a fonte de toda sabedoria e vida.

Muitos anos depois continuo me lembrando das balas Juquinha e agradecendo imensamente este apelido, porque nos momentos mais azedos da vida meu "doce" lado insistente de Juquinha fez toda a diferença, e as mudanças que às vezes parecem tão assustadoras são as grandes alavancas das nossas vidas, provocam reflexão e ação, nos tiram do piloto automático e nos levam a viver um dia a dia de empreendedorismo.

E aqui nestas últimas linhas eu gostaria de deixar dois agradecimentos: à minha mãe querida, minha gratidão por ser um exemplo de mulher guerreira, que faz tudo com excelência e que me ensinou o caminho da graça e do amor e ao meu pai querido que se foi há quase dois anos. Tenho a certeza de que ele estaria vibrando por ler o que escrevi aqui. Era tão lindo ver o quanto ele ficava feliz por cada conquista nossa e o quanto do que ele me ensinou e me incentivou faz parte da minha história!

Pai, te amarei para sempre, com todo amor do mundo, da sua Tatinha Juquinha.

EMPREENDEDORAS DE ALTA PERFORMANCE

43

Tatyane Luncah

Tatyane Luncah

Empresária, publicitária, Coach, e comunicadora por natureza, ama escrever artigos para diversos blogs e revistas, dar palestras, e no seu canal no Youtube Dicas Inspiradoras conversa com diversas executivas e empresárias, compartilhando histórias, dicas e informações sobre o empreendedorismo no Brasil, é especialista em eventos corporativos, sua grande paixão, e nas horas vagas estuda Feng Shui, Astrologia e Filosofia. Fundadora do Grupo Projeto 10 em 1, grupo de empresas na área de comunicação, organização de eventos corporativos, catering e marketing promocional. Há 15 anos vem cuidando atentamente do desenvolvimento de suas empresas, com bastante pioneirismo, dinamismo e excelência. Dentre alguns prêmios que recebeu estão o Mãos e Mentes que Brilham, 2011, Executiva do Ano, 2012, e Mulher do Ano, 2014 e 2015, recebidos pela ADVB. Os maiores investimentos e valores dentro de sua empresa são sua paixão por pessoas, frutos e crença da presidente.

(11) 5533-8848
tatyane@grupoprojeto.com
www.grupoprojeto.com

Prazer, eu sou mais uma empreendedora inquieta, apaixonada pelo propósito e o desejo real de fazer mais e melhor a cada dia.

Empreender, na minha visão, é uma cultura, é uma atitude, é o poder de transformação para tirar as ideias do papel e materializá-las. Eu penso que não é preciso abrir uma empresa para ser uma empreendedora e, sim, ter a coragem de fazer, ter engajamento e visão de dono dentro da empresa em que você trabalha. Isso é o intraempreendedorismo, que faz toda diferença no sucesso de qualquer profissional.

E foi essa paixão pelo desenvolvimento e a admiração por essas executivas que estão aqui no livro que me fez aceitar o convite da Andréia Roma, diretora da editora Leader, para coordenar com muita honra esta obra junto com a Vanessa Cotosk.

Empreendedoras de alta performance

Acredito que alta performance é exercer a excelência. É o agir constante em busca de melhores resultados. Viver em alta performance é atingir todo seu potencial e poder desfrutar de tudo que suas habilidades possam lhe proporcionar.

Destaco aqui algumas competências para se sair da mediocridade e alcançar a alta performance que tanto almejamos;

1. Propósito

Sem saber aonde queremos chegar, não devemos nem sair do lugar. Para alcançarmos o resultado, é preciso ter foco em nossos objetivos, na nossa intenção, no nosso intuito e plano de ação. Com um bom propósito, fica mais fácil a compreensão e liderança da equipe e as metas se tornam visíveis e mais fáceis de serem realizadas. Precisamos ter propósito na vida, no trabalho, em tudo. Só assim definiremos o nosso ponto de partida.

2. Clareza

Ter clareza e traçar prioridades é essencial para o sucesso profissional. Dessa maneira, você seleciona o que é muito importante, o que é meramente importante e o que não precisa ser feito agora. Assim, você foca no que realmente interessa para cumprir as funções do dia a dia. Ordenar a nossa rotina de uma maneira fácil nos ajuda a cumprir nossas metas diárias e a nos tornar mais produtivos.

3. Produtividade

Produtividade é a capacidade de se produzir mais, num período menor de tempo. Menos esforço e mais tranquilidade e, consequentemente, felicidade. Para isso, precisamos colocar regras e horários em cada dia e cumprir o que foi proposto como trabalho.

4. Presença

É importante que sejamos presentes de corpo e alma em tudo o que fazemos. Para motivar sua equipe, um empreendedor precisa ter notoriedade, precisa falar com o coração. Só assim as pessoas enxergarão sua verdade e você se tornará uma motivação para sua equipe. Não adianta estar no trabalho, com a cabeça em casa, ou vice-versa. Se você está 100% presente em alguma coisa, isso se expande, cresce, se materializa.

5. Entusiasmo

Adoro essa palavra, do grego "Deus está dentro de você". Para mim, faz total sentido: é o estado de espírito de forma positiva e a empolgação é a energia de forma boa e a força positiva que contagia para que outros sigam os seus passos e diretrizes. É acreditar em suas metas e estratégias e, com força de vontade, ir junto com sua equipe cumpri-las.

E a motivação, do latim *optimus*, que significa "melhor", só comprova que as pessoas otimistas estão sempre à procura do melhor em cada situação.

Quando uma pessoa otimista perde o emprego, por exemplo, ela vê nesse "problema" uma oportunidade para conseguir um emprego melhor ou até criar o seu próprio negócio.

6. Mudança do *mindset*, da mentalidade

É a linha de raciocínio que direciona a vida das pessoas, com crenças, valores, regras e necessidades. Mentalidade tem a ver com o nível intelectual e, principalmente, com a cultura que possuímos. Para alcançar a alta performance, é necessário que sua mente esteja preparada e trabalhada para que alcance o sucesso, para que supere barreiras e consiga coisas que antes eram impossíveis. É ir muito mais além do que a sua capacidade te diz que é possível.

7. Cuide do seu corpo

Tão importante quanto trabalharmos todos os dias é cuidar da nossa alimentação e saúde. Ter o hábito de alimentação saudável, a prática do descanso, de exercícios corporais e a utilização de técnicas de relaxamento voltadas para o autoconhecimento, para que possamos perceber melhor nosso potencial e limites.

Essas são práticas que favorecem a serenidade, o pensar, o criar e o agir para que se decida melhor diante de conflitos ou de situações inesperadas. Um cliente meu faz caminhadas pela manhã e é durante seus exercícios que ele consegue resolver problemas da empresa. São momentos ora de total desligamento do cotidiano, ora de ociosidade em que, de repente, surgem ideias e resoluções.

8. Não se contente com seus planos antes de realizá-los

Sabe aquela história de que quando você conta os seus planos para uma pessoa e eles não acontecem é porque a pessoa colocou "olho gordo"?

Não, essa não é a verdade...

Como você ficou empolgado em dividir seus planos, está associado à sensação da realização, desencadeando as seguintes substâncias relacionadas ao prazer: oxitocina, endorfina, dopamina e serotonina, mais conhecida como hormônio do prazer, o que faz com que você sinta que aquilo já tenha sido realizado, deixando um pouco de lado esse projeto que está na sua cabeça e, assim, prolongando, adiando.

9. Disciplina

É até meio óbvio dizer que as pessoas de alta performance têm níveis elevados de motivação. Mas elas sabem que há um hábito muito mais poderoso do que a simples motivação: a disciplina.

Quem busca conquistar grandes coisas age de forma massiva mesmo quando não está com vontade.

Eu não quero colocar uma ordem de importância nessa lista de características, mas talvez a disciplina seja um dos hábitos mais poderosos das pessoas de alta performance.

A disciplina é uma das "chaves mágicas" que abre todas as portas para você e faz com que as tarefas e os objetivos mais difíceis se tornem possíveis.

Através do poder da disciplina, uma pessoa normal pode chegar muito mais longe do que outras pessoas até mais talentosas e inteligentes do que ela, porque sem a disciplina todo conhecimento e sabedoria que alguém pode possuir são reduzidos ao campo da mediocridade.

10. Decidem ser a exceção

Ao estudarmos todas as pessoas que "respiram" a alta performance, podemos ver que elas decidem ser a exceção.

Elas não querem, de maneira alguma, se comparar à média das outras pessoas. São indivíduos obstinados a serem os melhores em tudo o que se propõem a fazer. Não é apenas uma simples vontade de ter sucesso, é muito mais do que isso. Eles acordam, comem, andam, pensam e vivem focados em se tornarem o máximo possível.

Não jogam para perder, jogam para ganhar. E isso faz uma total diferença em seus resultados.

A MINHA HISTÓRIA

Nasci em Santo André e venho de uma família de classe média. Sou filha do sonhador comerciante Anisio e da inspiradora Luzia, que sempre me educou mostrando o quão importante seria eu ter orgulho da minha profissão, nunca depender de ninguém financeiramente e buscar todos os meus sonhos.

Minha família sempre me apoiou em todos os meus projetos, mesmo quando eu quis começar a trabalhar aos 11 anos de idade, ajudando a família da minha melhor amiga a vender pastéis na feira. Um trabalho que considero muito importante para minha formação, já que foi nessas vendas que descobri o quanto eu gostava de atender ao público, de servir e ser prestativa. Ali nascia uma vendedora nata.

Depois da feira, trabalhei como *office girl,* recepcionista em eventos, elenco de apoio no SBT, atendimento comercial, até abrir a Projeto Eventos, minha primeira empresa, aos 21 anos de idade. Mesmo tão jovem, eu já me preparava estudando e me aperfeiçoando para superar todos os desafios, que não eram poucos.

O Grupo Projeto 10 em 1

Em 2001, fundei a Projeto Eventos, uma agência especializada em organização de eventos corporativos. Após um ano, abrimos a Supremo *Trade Marketing*, especializada em contratação de mão de obra temporária e ações de promoção. Em 2003, a Nectar Gastronomia, especializada em *catering*. Ao longo desses 15 anos, abrimos várias outras empresas, das quais algumas são *startups*. No grupo, ainda contamos com a Titanium Log, CRM Inc, Gaia Gifts, Scenografia, Crono Digital, Nix Ideias e Agência Coligada. Cada uma focada em um serviço, ao mesmo tempo em que se complementam.

Foi uma maneira que conseguimos de oferecer todos os serviços e atender nossos clientes de uma maneira 360º, com qualidade, grandes ideias e custos competitivos.

O Grupo vive um momento de reposicionamento e trabalho diário para nos mantermos cada vez mais firmes no mercado, mas também sinto que já construímos muito, para nós mesmos e nossos clientes.

Minha família

Eu tenho um ótimo exemplo de trabalho em família. Minha mãe foi a primeira colaboradora, acreditou e ainda acredita muito em mim, me dando a certeza de fazer um trabalho honesto, comprometido e melhor todos os dias. Meu irmão mais velho, Aguinaldo, veio trabalhar comigo depois de quatro anos de empresa e, hoje, é meu sócio.

Meu irmão mais novo, Tiago, aos 16 anos também ingressou em sua carreira aqui no Grupo. Depois vieram as cunhadas e o meu sobrinho por último. Posso dizer que é uma família empreendedora, mas não uma empresa familiar. Cada um trabalha em um departamento e o profissionalismo é sério, o tempo todo. Não misturamos os laços familiares, mesmo enxergando um amor muito grande.

As três coisas que mais amo são a minha família, meus colaboradores e meus clientes, para quem não meço nenhum esforço para continuar construindo sempre.

Amo gente, estar com pessoas, aprender com elas. É motivador, aprendo com meus colaboradores e clientes o tempo todo.

Eu empreendedora

Ser ágil, corajosa e determinada é fundamental para quem quer empreender. Eu nunca tive medo, e ausências de conflitos sempre foram características marcantes para mim. Eu tive um sonho, tracei um caminho e estou dando meus passos para chegar lá.

Erros e acertos do sucesso

Um dos maiores segredos para o sucesso é o reconhecimento absoluto dos acertos e erros. Quando você compreende que poderia ter agido de uma maneira mais sábia, mais tranquila, mais leve, tudo se torna mais fácil e você realmente aprende. Erros sempre serão cometidos, mas a diferença de um empreendedor para o outro é como esse erro é enxergado. Ele foi realmente compreendido? O real motivo que causou o erro é conhecido? Apenas a compreensão e aceitação absoluta do erro e do aprendizado que vêm com ele podem servir a favor do empreendedor e ficarem registrados para sempre em seu HD mental. Apesar de acreditar muito nisso, a palavra que vem em alto e bom tom na minha mente com relação ao segredo do sucesso é disciplina. Acredito que, se temos força de vontade, ausência de conflitos e disciplina, nada pode dar errado. Precisamos acreditar em nós mesmos, saber que tudo é possível e ter um objetivo de longo prazo. Conforme esse degrau seja vencido, subir para o outro.

Sonho

Todo empreendedor tem um sonho. Quando ele olha para o amplo, o pequeno não faz mais sentido. Eu sonho em me tornar uma empreendedora completa. Sinto que preciso trabalhar mais, até mesmo para o desenvolvimento do nosso país, que é carente e precisa de novas forças e talentos. Tenho um sonho de ajudar a outros empreendedores a permanecerem firmes em seus propósitos. Ajudar, principalmente, nos três primeiros anos, quando acontecem as maiores dificuldades. Empreender é algo muito solitário e precisamos de mentores, de apoio. Estou desenvolvendo um novo projeto e em 2017 daremos início a um trabalho bastante transformador na vida desses novos empreendedores.

Dicas inspiradoras

Neste ano de 2016, surgiu o convite da Natalia Leite, jornalista e sócia da Ana Paula Padrão na Escola de Você (uma plataforma e escola *online* fantástica para empreendedoras), de gravar um vídeo sobre o livro que saiu no ano passado, desta mesma editora, o "Dicas de Mulheres Inspiradoras". E foi depois desse vídeo, falando com a editora e motivada pela minha sócia na Crono Digital, que criei o meu canal no Youtube: Dicas Inspiradoras, onde converso com executivos, que compartilham suas dicas, pensamentos e aprendizados.

Eu sou fã de biografias e sou muito interessada em saber como cada empreendedor chegou lá, no tão sonhado lugar ao sol, acredito que através deste livro e do canal do Youtube possamos atingir milhares de pessoas, empoderando cada vez mais as pessoas a criarem a cultura empreendedora e assim teremos um país muito mais desenvolvido, uma vez que fomenta a inovação e a competitividade, operando como catalisador das mudanças estruturais na economia.

Eu, particularmente, não acredito em uma fórmula do sucesso, mas acredito em trabalho duro, boas ideias e muita realização.

Compartilho com vocês algumas Dicas Inspiradoras poderosas:

Foco

Tenha na sua lista no máximo cinco prioridades, dessa maneira você conseguirá cumpri-las e se tornar uma pessoa de execução. Procrastinação é algo que não deve existir no vocabulário de um empreendedor, você deverá ser o mais engajado no seu projeto.

Determinação e persistência

Seja persistente. Muitos "nãos" surgirão diariamente, mas se ontem não deu certo, amanhã pode dar. Foque no poder do agora, foque nos seus objetivos, na sua meta e no resultado. Vejo muitos empreendedores focando em algo de longo prazo, ou algo que não é tão usual. Fique atento para ver se o seu negócio é lucrativo.

Trabalho duro

Sacrifício. Nos primeiros sete anos do meu negócio, eu trabalhei todos os sábados de manhã, acordava às 5 horas. Enquanto alguns estavam em festas, eu estava trabalhando, estudando, estava criando o meu negócio.

Paixão

Você precisa amar verdadeiramente a sua ideia, o seu negócio, as pessoas que trabalham com você, seus clientes. Se você tem paixão, não reclame, muitos não têm. Paixão verdadeira precisa ser de ambos os lados, é necessário fazer com que seus clientes sintam o mesmo por sua empresa.

Responsabilidade

Não terceirize as oportunidades, o reclamar se torna um hábito. Traga as responsabilidades para você, assuma a sua vida.

Cerque-se de pessoas boas

"Cerque-se de pessoas fantásticas para o seu time e confie, tenha segurança." (Francesca Romana Diana, designer de joias)

Ter um time de ponta é aprender diariamente com os melhores, é ter uma entrega perfeita, é confiar que juntos irão mais longe. Ter um bom *networking* também é fundamental para o sucesso do seu negócio. Esteja com gente que te apoie, que confie em você e te motive.

Não entre no problema, foque na solução

Problemas acontecem diariamente, foque no resultado da mesma maneira que lhe foi colocado. Não desista e não se desespere. Pense, reflita numa nova possibilidade e ela virá.

Seja cara de pau

Busque referências daquelas pessoas que deram certo e que você acredita que sejam bem-sucedidas. Interesse-se por seus hábitos, o que leem, no que falam, quem são. Se elas conseguiram, você, da sua maneira, certamente também pode.

Goste de gente

"Não é possível empreender sem gostar de gente, você vai precisar delas para ser um bom empreendedor." (Sonia Hess, Dudalina.)

Princípios

"Descubra qual a sua essência e esta será a essência do seu negócio. Não abra mão dos seus princípios, da sua raiz, da sua família." (Luiza Helena Trajano, Magazine Luiza)

Como o caminho só se faz caminhando, não pare nunca. Comece e depois me conta aonde você chegou.

Sucesso sempre!

EMPREENDEDORAS DE ALTA PERFORMANCE

44

Telma dos Santos

Telma dos Santos

Nasceu em São Paulo, Capital, no dia 6 de novembro de 1973. Passou a infância em São Paulo e Jambeiro, vindo para São José dos Campos na sua adolescência. Cursou até o 2º grau no Colégio José Vieira Macedo. Estudando à noite e trabalhando durante o dia, iniciou essa jornada aos 15 anos de idade. Sua experiência em comércio de calçados, confecções e na loja de departamento Mesbla deram-lhe várias oportunidades de aperfeiçoamento em curso de atendimento. Trabalhou com Consultoria Cosmética em salões de beleza. Trabalhava como vendedora para os salões e atendia seus clientes de bicicleta, mas a empresa que ela representava estava migrando para o varejo, então, percebeu a necessidade de atender os profissionais cabeleireiros com exclusividade. Telma e seu marido Marcos viram a oportunidade e criaram a empresa Raiz Latina Cosmética Capilar Profissional.

(12) 98149-7673
raizlatina.com.br

A história da Raiz Latina começou a ser escrita há mais de 15 anos, quando o argentino Marcos Javier Pocardich e eu, brasileiríssima, acreditamos em um mercado aquecido, o da beleza.

Esse segmento, segundo especialistas, é sinônimo de prosperidade. Acreditando no potencial do Vale do Paraíba e em uma defasagem no atendimento ao profissional da beleza, apresentei ao mercado o Hidratante 5x1.

A decisão do lançamento desse produto se deu com a minha experiência em vendas e em muitas trocas de experiências com profissionais da área, que procuravam um produto que atendesse as necessidades do dia a dia dos salões. A aceitação desse produto no mercado de cosmética capilar profissional foi um sucesso!

A marca foi despontando no cenário empresarial como uma marca forte que leva consigo o conceito de "raiz", base importante para se ter solidez e nos remete à estabilidade e segurança. A diversidade latina, mistura de raças e complexidade dos tipos de cabelo, nos remete à nossa própria história e na aposta de uso dos milenares ativos como o mel, jaborandi, carqueja e a folha de mandioca.

Assim, nasceu uma marca forte e eu também nascia como uma empresária dedicada e sedenta por novidades que zela pela melhoria constante de seus produtos.

Assim como os cabelos possuem uma enorme diversidade e entendê-los requer tempo, a criação de uma marca e sua consolidação no mercado não é diferente. Antigamente, era difícil uma marca despontar e competir diariamente com os produtos importados, já conceituados entre os profissionais. O primeiro grande desafio é mostrar a qualidade de seu produto e os valores agregados a eles. Com essa etapa vencida, os investimentos constantes em pesquisa, tecnologia e inovação são os próximos passos para que sua marca se mantenha competitiva. Faço questão de escolher os ativos, as fragrâncias, as matérias-primas e participar pessoalmente do planejamento e lançamentos de produtos. Acredito que tomar decisões nem sempre é fácil e, na maioria das vezes, muitos não entendem a motivação para essas escolhas. Mas, como empreendedores, precisamos pensar mais à frente, estudar e, principalmente, conhecer o segmento de atuação.

Com todas as dificuldades externas como a economia, por exemplo, que influenciam diretamente em nossa atuação, é necessário se manter firme nas decisões e nos objetivos da empresa. E, infelizmente, alguns sacrifícios são necessários, entre eles, deixar de estar muito presente no convívio familiar, não ter tempo suficiente para praticar seu *hobby*, para viajar e viver muitas experiências pessoais. Mas acreditem que tudo vale a pena quando seu objetivo é consolidar sua marca para mais tarde desfrutar de tudo aquilo que você merece depois de anos de trabalho árduo. É necessário ter a clareza de que existe um tempo para tudo: tempo de esforço, tempo de crescimento, tempo para o otimismo etc.

A Raiz Latina é uma empresa de cosméticos voltada diretamente para os profissionais de beleza capilar. Esse segmento é muito assediado por marcas de renome internacional. Antes mesmo de empreender nesse mercado, existe essa supervalorização de produtos internacionais. Nós, brasileiros, possuímos algo que nos torna diferente deles, vivenciamos diariamente as dificuldades da nossa raça. Conquistar a confiança do público-alvo não é fácil. É necessário quebrar esse paradigma de que o que vem de fora é melhor. Nessa frustração foi que busquei me aperfeiçoar. Levando em conta o biótipo, alimentação e cultura, oferecemos soluções de cosmética capilar com qualidade e tecnologia igual ou superior aos produtos internacionais.

Hoje, exportamos matéria prima e experiências de *cases* de sucesso para aqueles que, um dia, estiveram à nossa frente.

O primeiro passo necessário foi conquistar a confiança de nossos distribuidores, afinal, são eles que levam nossos produtos aos mais de 7 mil salões do País. Apresentar um produto de qualidade, com preço competitivo e que ofereça muito mais que cuidados para o cabelo. Optamos por oferecer experiências e saúde aos fios das milhares de mulheres do Brasil.

A principal habilidade de um empreendedor é se reinventar todos os dias. Ter um olhar mais crítico sobre seu modelo de negócio faz a diferença. Ao longo desses 15 anos à frente da Raiz Latina, desenvolvi muitas habilidades que hoje me ajudam a gerenciar a empresa. Negociar talvez seja a principal delas. Em tudo é preciso negociar, seja na compra de matéria prima, na escolha de um produto, nas tarefas diárias de um colaborador da marca, enfim, negociamos o dia todo.

Sempre busquei posicionar a marca entre as melhores. Meu objetivo é ser a maior do País no segmento de beleza capilar profissional. Enxergar meios para isso é o diferencial de um empreendedor. Eu sempre vejo as oportunidades com otimismo. Sempre há uma maneira, uma saída. Basta olhar com cautela e saber aproveitar as parcerias e oportunidades. Ninguém chega a algum lugar sozinho. Os parceiros são os braços que te ajudam a ir adiante. E eu sempre contei com grandes parceiros e soube reconhecer seu valor. Espelhei-me em grandes profissionais, ouvi *experts*, contribuí com experiências e aceitei as experiências do outro como parâmetros de qualidade e inovação.

Sempre me inspirei em grandes mulheres, em histórias de sucesso. E em querer me tornar inspiração para muitas outras. Eu comecei em uma época em que as oportunidades eram mais restritas, não havia muitas opções de financiamentos empresariais, incentivos ou deduções de impostos. Trabalhamos duro e nos consolidamos no mercado de cosmética. Conquistamos a confiança do nosso público-alvo.

Hoje, trabalho arduamente para que minhas filhas tenham novas perspectivas e que as futuras gerações se inspirem em mulheres de garra e determinadas. Creio que deixarei um legado muito bom para minhas filhas. Espero que elas sigam o coração e aprendam a conviver harmoniosamente com as diversidades.

Acredito que a maior motivação para uma empresária é sempre fazer a diferença no seu meio profissional e convívio pessoal. Sempre procuramos mostrar o conceito da marca, responder às expectativas dos profissionais e entender todos os processos de mudanças pelos quais passamos ao longo dos anos. Antigamente, para ser um bom cabeleireiro observava-se o uso de produtos importados. Hoje, é lindo ver os salões com produtos nacionais, com produtos Raiz Latina. Em todas as ações é necessário manter o respeito e reciprocidade nas parcerias, agregando valores, aumentando a confiança, a cadeia produtiva e de distribuição dos produtos.

O que me mantém motivada como empresária é isso, poder ver e fazer parte das mudanças nas vidas pessoais e profissionais das pessoas, sempre com foco na inovação, qualidade e tecnologia.

O meu público-alvo é o salão de beleza. Assim, nós investimos na educação por meio de cursos e apresentamos produtos com mais qualidade, funcionalidade para resolver os diversos problemas relacionados aos tipos de cabelos. Com soluções de cosmética, nós oferecemos o que há de melhor no mercado. Nossos produtos são desenvolvidos por especialistas seguindo as mais diversas tendências do segmento. Essa é minha grande paixão: oferecer ferramentas para que os profissionais sejam criativos, com economia de produto e resultados espetaculares.

Essa é minha grande paixão: oferecer ferramentas para que os profissionais sejam criativos, com economia de produto e resultados espetaculares. Creio que as empresas precisam ser claras e objetivas com os resultados de seus produtos. Isso é algo que prezo na Raiz Latina. As informações precisam ser claras para que sejam bem compreendidas pelos profissionais na hora da aplicação. Assim, vamos nos diferenciando dentre as demais marcas.

Ao longo do tempo, buscamos referências no que há de melhor no mundo da cosmética. Nossa maior aposta foi o mercado italiano, berço das maiores tendências. Participei da maior feira de cosmética, a Cosmoprof. De lá, busquei inspiração para muitas inovações da Raiz Latina.

Desenvolver um produto não é simplesmente fazer sem ter o conhecimento e buscar os melhores resultados. Apresentar uma solução eficiente que os consumidores vão usar e obter os resultados esperados é o que faz a diferença no mercado. Afinal, quem não se sente abraçado quando vive uma boa experiência ao consumir um produto de qualidade? Essa é a proposta da Raiz Latina.

Eu me orgulho em ser brasileira e ter uma marca que se esforça dia a dia para fazer a diferença na vida das pessoas. Isso é a Raiz Latina. E agradeço a todos os que estão ao meu lado colaborando com esse crescimento.

Sim, com certeza. Porque além de aprender com a rotina e compartilhar as experiências profissionais, ensinamos aos demais a empreenderem. Isso é motivador e maravilhoso. Quando você faz algo de que não gosta acaba sendo um fardo. Quando fazemos algo que amamos e nos identificamos a tarefa se torna prazerosa.

Eu sou muito batalhadora. Busco melhorias a todo o momento, principalmente aquelas em que possuo menos conhecimento. E acredito muito nas parcerias. Gosto de estar entre diferentes empresários para discutir a situação do País e no mundo empresarial. Sou muito atuante e não sei ser diferente.

Desde o início nos dedicamos a conquistar nosso espaço no Brasil. A todo o momento oferecemos experiências e soluções para a saúde dos fios. Lançamos quase dez linhas de tratamento, cuidados e transformação do cabelo. Possuímos um portfólio com mais de 120 produtos.

Estamos implementando ferramentas que possibilitem o acesso mais fácil aos nossos produtos em locais onde não dispomos de representação. Chegar ao maior número de salões é e sempre será nosso objetivo principal.

Com toda a experiência e o *know-how* obtido com *cases* de sucesso, estamos trabalhando para iniciar a exportação de nossos produtos, a começar pela América Latina.

Como aprendi com meu querido amigo e conselheiro do curso Magna Jeremias Rodrigues, a precisão na formulação certa para o melhor produto somada à exatidão na aplicação, com o talento sem medida dos profissionais, transformam clientes em fãs apaixonadas pelas linhas e pelos profissionais que usam Raiz Latina.

EMPREENDEDORAS DE ALTA PERFORMANCE

45

Yazmin Trejos

Yazmin Trejos

Mais de 15 anos de experiência internacional e multicultural tanto em Comunicação Corporativa quanto em Governança da Sustentabilidade, interligando as duas áreas em importantes organizações multinacionais e liderando as áreas em projetos que renderam prêmios no Brasil, América Latina e Estados Unidos. Comunicadora, mentora e sócia-fundadora da consultoria boutique Satori Estratégia, que tem como missão compreender qual a verdadeira causa de uma organização, para desenhar estratégias, produtos e ações para o engajamento dos diferentes stakeholders.

(48) 8811-5353
yazmin.trejos@satoriestrategia.com
www.satoriestrategia.com

"Não dá para colocar duas mulheres trabalhando juntas."
"As mulheres puxam o tapete uma da outra."
"Quer briga? Ponha uma mulher de chefe."
"As mulheres não confiam umas nas outras."

Ao longo da minha carreira profissional e em diferentes ambientes e níveis hierárquicos, escutei algumas dessas frases. Tanto no Brasil como fora dele. E o mais curioso: as frases não vinham apenas de homens. As mulheres as diziam tanto quanto eles. Esses comentários estão tão interiorizados que soam como verdades absolutas expressadas, inclusive, no meio de uma reunião de diretoria e em avaliações de desempenho, por exemplo.

Tudo isso demonstra que o paradigma da rivalidade e separação entre mulheres é tido como um lugar comum, a ponto de a pessoa não sentir que esse tipo de comentário é inadequado.

De onde vem essa ruptura?

O pior "pecado" da humanidade é a ignorância. Se não houvesse tanto desconhecimento quanto à essência e ao poder feminino, nenhuma mulher se sentiria ameaçada pelas outras.

Tanto por nossas experiências pessoais como por formação cultural, perdemos a oportunidade de nos conhecer verdadeiramente e, geralmente, o que sentimos perante outra mulher é competição. Vivemos a rivalidade feminina em quase todos os âmbitos cotidianos: em nossas famílias, das mães para as filhas, entre irmãs, entre professora e aluna, entre amigas.

É como se respondêssemos a um instinto. Como se estivéssemos condicionadas a reagir e nos protegermos porque temos vivido dessa forma por muitas gerações (informação verbal). São mães e avós que viveram competindo entre si e se manipulando umas às outras porque houve um momento na história em que a verdadeira conexão feminina se perdeu. E o que é pior: nós deixamos que ela se perdesse.

É preciso entender de onde vem nossa força criadora e nossa união.

No passado, as deusas eram parte da estrutura religiosa e social de forma bastante marcante.

A Terra era entendida como mãe e todos os animais, plantas e seres humanos eram seus filhos, estando sujeitos às suas leis. A força criadora da mulher e seu ciclo feminino associado com o ritmo da lua, e este por sua vez ao ritmo das colheitas, faziam com que a Terra fosse entendida como um ventre, convertendo ambas em forças fecundadoras da natureza. Assim, a deusa mãe se expressava no mundo físico por meio da mulher.

'Éter'
Desenho de Carmen Zaglul
Nanquim sobre papel

Não é maravilhoso, portanto, que os povos primitivos se concentrassem em torno da oração e do rito, da mesma forma que a vida se concentra em torno da fonte de toda a criação, o ventre?

Para citar um exemplo, as culturas agrícolas que se instalaram na crescente fértil da Mesopotâmia desenvolveram uma religião cósmica, que implicava a renovação constante e periódica da vida. A deusa mãe era seu objeto de culto. A deusa primordial era única e incluía em sua figura todas as forças da vida, da morte e do renascimento. Todas as mulheres eram vistas como suas sacerdotisas, servidoras de sua vontade e manifestações terrenas do seu poder e sua magia.

Todas essas experiências estão impressas no inconsciente coletivo e marcam de forma profunda a vida de cada mulher. Elas produzem um impacto diferente em cada uma delas, mas são compartilhadas e transmitidas de geração em geração, mantendo o fio da trama que une todas as mulheres de forma inegável com a deusa que vive em nós.

Dependendo de quais sejam as vivências que tenhamos tido, assim como aquelas das mulheres que nos rodeiam, assim também será a forma como enxergaremos as possibilidades diante de nós.

Um novo *networking* feminino

Sempre ouvi dizer que as mulheres não se ajudam. Não foi minha experiência!

Nesses 15 anos, nos momentos mais decisivos da minha carreira profissional, conexões com várias mulheres fizeram uma indubitável diferença.

As situações são inúmeras, mas quero destacar aquela antiga cliente que me recomendou para meu primeiro cargo executivo. Ela mesma havia sido indicada, mas repassou a indicação para mim. Também me lembro daquela secretária que, no meu primeiro trabalho longe de casa, me deu sempre a maior força. Ou aquela imponente executiva que me permitiu aprender ao seu lado. Também me lembro daquela que facilitou a grande virada da minha carreira, me dando a oportunidade de virar executiva internacional e vir para o Brasil, aquela maestra que me ajudou no meu crescimento pessoal, minha companheira ou aquelas colegas em vários países com quem construí vários projetos de impacto.

Essas mulheres, segundo a crença popular, poderiam ter sido minhas rivais ou poderiam ter sido um obstáculo, mas o fato é que foram, todas, grandes facilitadoras.

Segundo um estudo da Universidade da Califórnia - Los Angeles (UCLA) chamado "Respostas femininas ao estresse: cuidar e fazer amizades, não brigar ou fugir", a amizade entre mulheres molda quem somos e quem seremos, nos acalma, preenche lacunas emocionais e nos recorda de nossa origem.

Até a publicação desse estudo acreditava-se que, quando as pessoas estavam sob estresse, seus corpos respondiam com uma série de hormônios que os levavam a lutar ou fugir o mais rápido possível da situação estressante. Seria uma espécie de mecanismo ancestral de sobrevivência, algo herdado dos tempos em que os humanos eram perseguidos por tigres dentes de sabre.

Porém o estudo sugere que as mulheres teriam um repertório comportamental mais amplo e aguçado do que o simples "lutar ou fugir". Isso porque perante o estresse liberamos um hormônio chamado oxitocina, que amortece a resposta do "lutar ou fugir", estimulando, ao contrário, a proteger-se, unindo-se a outras mulheres. Ao fazer isso, mais oxitocina é liberada, o que combate o estresse e produz um efeito calmante.

A mesma coisa não ocorre com homens, pois a testosterona – produzida em altos níveis por homens em situação de estresse – parece reduzir os efeitos da oxitocina.

Este tipo de pesquisa só prova que não existe, essencialmente, uma verdadeira rivalidade entre mulheres. Inclusive, fisicamente nos sentimos mais seguras quando nos aproximamos umas das outras, e eu sou a prova disso. É isso que eu quero compartilhar, nós, mulheres, somos parceiras e não opoentes, e temos sido desde o início dos tempos.

Resgate do poder individual

Para recuperar nosso poder individual e aproveitar toda essa capacidade relacional, iniciando a recuperação do vínculo entre nós, mulheres, é muito importante que cada mulher recupere a relação com sua "linhagem feminina" ou matrilinearidade (informação verbal). Isso significa que o poder feminino se transmite desde o começo, de mulher para mulher, de avó para mãe, de mãe para filha, de filha para neta. Isso, ao fim e ao cabo, levaria ao grande ancestral feminino.

Mas, para aproveitar todo esse potencial de conexões, precisamos estar preparadas. Sim, conheço meu poder, sei quem sou e sei o meu lugar. Portanto, também sei que a mulher que está na minha frente me completa, me ajuda e me acompanha!

O poder feminino é o poder da magnetização, da atração e da mudança, esse poder vem da mãe e de todas as mulheres em nossa família. Juntas, as mulheres são uma força criadora.

Segundo Bert Hellinger, filósofo e terapeuta alemão que desenvolveu o método da Constelação Familiar, o comportamento de nossos antepassados em relação às mulheres afeta nossa capacidade de construir boas relações. Ou seja, quando nascemos, não herdamos apenas o patrimônio genético de nossa família, herdamos também seu sistema de crenças e esquemas de comportamento.

Qualquer ruptura nessa linha de relações familiares, seja ela física ou emocional, gera implicitamente uma diminuição em nosso poder. É como se nosso *"networking* feminino original" fosse prejudicado.

Por isso, antes de fazer coro àquelas afirmações sobre como mulheres

não podem trabalhar juntas ou como esperamos ser traídas por elas, é importante que nos perguntemos como avaliamos nossa linhagem feminina:
- Como era a essência da relação entre eu e minha mãe?
- Como era a relação entre minha avó e minha mãe?
- As mulheres em minha família confiam umas nas outras?

"Quando uma mulher decide curar-se, ela se transforma em uma obra de amor e compaixão, já que não torna saudável somente a si própria, mas também a toda a sua linhagem." (Bert Hellinger)

Integrando nosso companheiro e aliado

Precisamos entender que esta ruptura e rivalidade entre mulheres foi fomentada por nós mesmas, e reforçada por gerações. Vermo-nos como uma ameaça vem do instinto porque vivemos assim por muito tempo e porque houve este momento histórico em que a ligação com o feminino se perdeu e deixamos que ela se perdesse.

Está em nossas mãos regenerar estes vínculos e fortalecer nossas relações com outras mulheres para irmos ao encontro de nossos companheiros homens e trabalhar com eles como nossos aliados, não como nossos donos. E, com esta força de mudança, educar novos seres que acompanhem essa virada do jogo!

Quando uma mulher acredita...

Esta é a era da mulher. Vivemos o momento de uma nova criação, de novos paradigmas. Somos mulheres empreendedoras porque estamos decidindo construir um novo projeto de vida, um novo negócio, uma nova carreira.

Há muita bibliografia acerca da importância do *networking* nos negócios, da vantagem de acessar o contato certo e trocar ideias. Isto é bastante aceito, e claro! Mas é preciso atentar também para aquele *networking* essencial feminino, que foi perdido e que pode trazer tantas vantagens quanto este, de que tanto já se fala.

Como empreendedoras, devemos ser capazes de ampliar todas as nossas possibilidades, aproveitar todas as possíveis conexões que nos permitam gerar progressos reais. Devemos procurar o apoio e a parceria de colaboradoras, mentoras, aliadas, obtendo delas opiniões, sugestões e críticas.

Nesse cenário, o *networking* feminino se traduz em uma grande oportunidade: o resgate de uma parceria milenar na qual, no mínimo, superaremos o que antes poderíamos identificar como o risco de trabalhar entre mulheres e com mulheres. Transformando um risco dos nossos novos projetos e negócios em uma oportunidade de troca e crescimento que, além de tudo, resgata nossa essência e nos desafia a avaliar nossas relações atuais.

Abandonando a ignorância, transformaremos nossa consciência individual e coletiva, deixando para trás o sentimento de sermos ameaçadas por outras mulheres e nos unindo a elas por um elo histórico e essencial. Seremos capazes de construir um *networking* único e transformador, crucial para qualquer empreendedora de alta performance.

REFERÊNCIAS BIBLIOGRÁFICAS

TAYLOR, S. E.; KLEIN, L.C.; LEWIS, B. P.; GRUENEWALD, T. L.; GURUNG, R. A. R. e UPDEGRAFF, J. A. Female Responses to Stress: Tend and Befriend, Not Fight or Flight. Psychology Review 2000, 107(3): 41-429.

CHOPRA, D.; FORD, D.; WILLIAMSON, M. Tradução: KLESCK, A. O Efeito Sombra. São Paulo: Editora Lua de Papel, 2010.

Documentos publicados na internet

GRABMEIER, J. Who do you trust? Men and women answer that differently. Research News, Ohio State University. http://researchnews.osu.edu/archive/gentrust.htm Acesso em: 07 de maio, 2005.

MOSS, M. O Movimento do Espírito na Constelação Familiar. Constelação Familiar | Celma Nunes Villa Verde. http://constelacaofamiliar.com.br/index.php/artigos/141-o-movimento-do-espirito-na-constelacao-familiar Acesso em: 2011.

CÍRCULO DE PLÁTICAS INFORMATIVAS. Arquetipos en las divinidades femeninas. http://mx.paganfederation.org/platicas/arquetipos_femeninos.htm

Conclusão

Um dos grandes desafios e uma das mais "tentadoras" perguntas é: "O que nós podemos fazer para aumentar nossa performance?"

O desafio é que aqui fica evidente a falta de entendimento do seu papel. A questão é que, se precisamos mudar, nós não mudamos, quem muda é você.

O papel da equipe é importante, mas corre-se o risco de você se esconder atrás de um grupo com desculpas, para a baixa performance, não se apropriando de que o sucesso da sua vida depende de você.

Quando você pergunta quem, certamente está procurando quem fez, alguém em quem colocar a culpa e culpar pode ser a pior escolha e a menos produtiva entre todas as práticas.

Você estabelece seus objetivos? Não! E por quê? Medo de fracassar!

Estabeleça e compartilhe, a responsabilidade pessoal ensina que cada um entenda o seu papel, seja protagonista e saiba fazer boas parcerias.

Juntos é mais fácil atingir um objetivo e você deve saber qual é sua parte. Aproprie-se do eu e dê um significado pessoal.

Determine uma tarefa que valha a pena!

Você é quem muda, escolhe e é responsável por seus comportamentos de alta performance. Comportamentos podem ser aprendidos, quem se dispuser, conquistará.

Prezado leitor,

Você é a razão de esta obra existir, nada mais importante que sua opinião.

Conto com sua contribuição para melhorar ainda mais nossos livros.

Ao final da leitura acesse uma de nossas mídias sociais e deixe suas sugestões, críticas ou elogios.

WhatsApp: (11) 95967-9456
Facebook: Editora Leader
Instagram: editoraleader
Twitter: @EditoraLeader